Michel QUITOUT

INITIATION À L'ARABE MAGHRÉBIN

Vocabulaire bilingue

Éditions L'Harmattan
5-7, rue de l'École-Polytechnique
75005 Paris - FRANCE

L'Harmattan Inc.
55, rue Saint-Jacques
Montréal (Qc) – CANADA H2Y 1K9

ISBN : 2-7384-7789-5

REMERCIEMENTS

Nous tenons à remercier tous ceux qui nous ont aidé, de près ou de loin, à réaliser cet ouvrage, en particulier nos informateurs et informatrices: Mohamed Ben Amor, Chadly Tizaoui, Ulfa Chakroun, Fatima el-Ghrabli pour la Tunisie ; Khaled Hammadi, Badia Zerfaoui, Fatima Darkaoui pour l'Algérie et Mohamed Zitouni, Atiqa Khatib, Latifa Quitout, Hafida Aoulad-el-MoKadem, Abdellah Benachir pour le Maroc.

Nos remerciements vont aussi à nos collègues du groupe de recherche AMAM (Analyses Monde Arabe & Méditerranée), en particulier, Edgard Weber pour ses conseils et ses encouragements, à Abedellatif Ghouirgate, Mansour Sayah et Jamal-Eddine Arbach. Ils vont enfin à Madame Dominique Caubet. Les uns et les autres ont bien voulu nous faire part de leurs observations et suggestions.

ABRÉVIATIONS ET SYMBOLES

éléments facultatifs ou explicatifs

possibilité de co-occurrence

notation phonétique

notation phonologique

littéralement

quelqu'un

emprunt

péjoratif

arabe

berbère

français

espagnol

allemand

anglais

masculin

féminin

marocain

algérien

tunisien

***

PRÉSENTATION

Malgré le peu d'intérêt que le discours officiel accorde à l'arabe dialectal, dans les trois pays du Maghreb (Maroc, Algérie, Tunisie), cette langue continue, conjointement avec l'amazighe, d'assurer l'expression intime, spontanée et quotidienne de la pensée et des sentiments de la quasi-totalité des Maghrébins y compris ceux-là même qui ne reconnaissent en elle qu'une forme dépravée et abâtardie de l'arabe classique.

Pourtant, l'arabe dialectal est une langue savoureuse, souple et ouverte sur le monde.

Lexicalement, elle a su assimiler, au cours de sa longue histoire, un bon nombre de vocables berbères (*sarūt*, clef ; *qub*, capuche ; *lālla*, ma maîtresse; *deġya*, vite ; *brem*, rouler), mais également français (*el-kāmyu*, le camion ; *el-būlīs*, la police ; *es-stilu*, stylo ; *et-trisinti*, l'électricité), espagnols (*es-sekwila*, l'école ; *el-playa*, la plage ; *es-serbisa*, la bière ; *el-fālḍa*, la jupe ; el-fālṭa, la faute) ou encore anglais (*el-wikānd*, le week-end ; *le goal*, le gardien de but).

Syntaxiquement, elle se joue avec bonheur de la rigidité de l'ordre classique de la phrase arabe. Tantôt elle emprunte des référents de la structure syntaxique de la phrase berbère, tantôt elle lui préfère (de plus en plus fréquemment) la forme canonique de la syntaxe arabe. Sans parler des expressions toutes faites qu'elle emprunte généralement au français comme : *qleb el-fista*, *rāndi es-serbīs*, soit respectivement : retourner sa veste, rendre service.

La richesse de sa structure vocalique et consonantique lui permet d'exprimer aisément des nuances phoniques inconnues en arabe littéral. Les phonèmes [p] (*kumpa*, campa ; *kumpin*, camping ; *parkin*, parking ; *pupuya*, poupée, *el-pipa*, la pipe ; *el-kāpu*, le capot ; *pamur*, point mort), [v] *dublvi*, W ; *el-vāz*, le vase ; *el-vūli*, le volley ; *kruva*, crever) en sont un exemple parmi tant d'autres.

C'est toute cette richesse que tente d'aborder ce lexique de l'arabe dialectal maghrébin* qui n'est point, notons-le, une méthode de langue au sens classique du terme, mais un outil d'auto-apprentissage destiné à un public d'apprenants moyens (étudiants ou professionnels). Il vise aussi bien la révision que l'acquisition d'un vocabulaire indispensable à la communication et à l'expression.

On peut, avec ce livre, travailler de manière autonome, choisir le rythme et le thème que l'on veut sans aucune contrainte. Le mouvement permanent entre l'arabe et le français, à travers un lexique bilingue, mais aussi à travers des locutions idiomatiques et des proverbes collectés par nos propres soins sur le terrain, permet à

---

* Il convient d'attirer l'attention du lecteur sur ce que l'on entend par cette appellation d'arabe dialectal maghrébin. Il s'agit en fait d'un terme générique recouvrant une réalité linguistique hétérogène et stratifiée. Grosso modo, on distingue au sommet les parlers des villes traditionnelles et/ou de la capitale représentant la norme sociolinguistique et les parlers d'ailleurs considérés comme inférieurs. (voir infra §2)

l'apprenant de progresser par lui-même tout en ayant un œil sur le référent culturel maghrébin en œuvre dans tout ce volume.

Nous avons essayé à chaque fois de donner les mots consacrés dans chacun des trois pays concernés. Très souvent, les mots ne changent pas. Les données sociolinguistiques, en effet, ont tendance à s'estomper suite à l'exode rural, les mass-média (radio, télévision, journaux), la scolarisation, le contact avec les autres langues : l'arabe littéral, le berbère, le français, l'espagnol et même l'anglais. Cependant, malgré cette koïnisation, les particularismes phonologiques et lexicaux, que ce soit d'un pays à l'autre ou à l'intérieur d'un même pays subsistent et trahissent immédiatement l'origine régionale ou nationale du locuteur. Dans leur majorité, ces particularismes, demeurent souvent compréhensibles aux locuteurs des trois pays, mais dans l'usage, on leur préfère d'autres vocables ou d'autres prononciations. Nous avons marqué par les lettres (M), (A) et (T) les termes correspondant à un pays (respectivement le Maroc, l'Algérie ou la Tunisie) plutôt qu'à un autre. Cette dialectalisation a plusieurs raisons. Entre autres, le degré et la forme d'emprunt aux autres langues ainsi que la profondeur du lien avec l'arabe littéral : le mot français "automobile" sera emprunté en Algérie sous la forme de *luṭu*; au Maroc, sous la forme de *ṭunubīl*, mais en Tunisie, on lui préfère le mot arabe de *kherba* soit "électricité".

Le mot français "vite" se dira *fī-sa'* (littéralement : dans une heure) en Algérie et en Tunisie, alors qu'au Maroc, on retiendra le mot berbère *deġya* (du berbère *dġi* = maintenant)

Pour le mot "maintenant", on dira en Tunisie *tawwa* ou taw (de l'arabe littéral : aussitôt, immédiatement), en Algérie *ḍṛuk* (contraction de *ḍṛek el-weqt* : rattrape le temps ou encore selon Ph. Marçais (1977, p. 254-255) de dāk el-weqt. Au Maroc, en plus du mot *ḍṛuk*, on dira *daba.*

La traduction peut paraître parfois inélégante par souci de conserver la correspondance entre les deux langues. Les thèmes retenus sont indépendants les uns des autres et sont décomposés en rubriques ayant une certaine unité de sens. Chacune de ces rubriques est précédée d'une lettre majuscule renvoyant à elle-même en bas de la page. Elle est suivie de phrases simples mettant en contexte le lexique de la rubrique en question. Tous les mots de ce lexique ne sont pas repris. Seuls les mots mis en caractères gras le sont. Pour ne pas mélanger les styles et les parlers maghrébins, nous avons décidé de partir, pour ces phrases, de l'arabe marocain.

A la fin de chaque chapitre, nous avons tenu à donner un ensemble d'expressions, de locutions idiomatiques et de proverbes pour mettre le lecteur dans l'ambiance du milieu en question. La littérature gnomique étant en effet un bon moyen de pénétrer l'univers symbolique et culturel des peuples. Nous espérons ainsi susciter en lui le désir d'un intérêt croissant.

Ce livre d'initiation à l'arabe maghrébin, tout en s'adressant en priorité aux francophones, pourra être utile également aux arabophones apprenant le français. Nous pensons notamment à la communauté maghrébine, plus particulièrement, aux jeunes générations issues de l'immigration. Il permettra aux uns et aux autres une maîtrise concrète et pratique de la communication orale de tous les jours.

SYSTÈME DE NOTATION USUELLE DE L'ARABE MAGHRÉBIN

LES CONSONNES

POINT ET MODE D'ARTICULATION	NOTATION	EXEMPLE
Bilabiale occlusive sonore	b	*bāb*, porte
Bilabiale occlusive sonore emphatique	ḅ	*ḅaḅūṛ*, bateau
Bilabiale occlusive sourde	p	*pupuya*, poupée
Labiodentale spirante sourde	f	*Fās*, Fès
Labiodentale spirante sonore	v	*mnirvi*, énervé
Bilabiale nasale sonore	m	*māt*, il est mort
Bilabiale nasale sonore emphatique	ṃ	*ṃaṣṣa*, masse
Dentale occlusive sourde	t	*tata*, caméléon
Dentale occlusive sourde emphatique	ṭ	*ṭīṛ*, oiseau
Dentale occlusive sourde	d	*dūd*, vers
Dentale occlusive sourde emphatique	ḍ	*qāḍi*, juge
Dentale nasale sonore	n	*nsa*, il a oublié
Alvéolaire spirante sonore	z	*zūj*, deux
Alvéolaire spirante sonore emphatique	ẓ	*ẓāṛ*, il a visité
Alvéolaire spirante sourde	s	*sedd*, il a fermé
Alvéolaire spirante sourde emphatique	ṣ	*ṣāfi*, clair, assez
Palatale spirante sonore	j*	*jāṛ-i*, mon voisin
Palatale spirante sourde	š	*šemš*, soleil
Palatale occlusive sonore	g	*gemra*, lune
Palatale occlusive sourde	k	*kās*, verre
Vélaire spirante sonore	ġ	*ġīra*, jalousie
Vélaire spirante sourde	ḫ	*ḫū-k*, ton frère
Uvulaire occlusive sourde	q	*qeṭṭ*, chat
Pharyngale spirante sourde	ḥ	*ḥūt*, poisson
Pharyngale spirante sonore	ʿ**	*ʿīd*, fête
Laryngale spirante sourde	h	*hdiyya*, cadeau
Apico-dentale latérale	l	*līl*, nuit
Apico-dentale latérale emphatique	ḷ	*ḅeḷḅeḷ*, marmonner
Apico-alvéolaire vibrante	r	*rāb*, il a écroulé
Apico-alvéolaire vibrante emphatique	ṛ	*ṛāḅ*, cailler (lait)

---

* En Algérie (surtout l'Algérie centrale), il existe une variante de cette consonne notée [ǧ] (dj), comme dans *ǧemʿa*, vendredi. Il n'en sera pas tenu compte ici. Il ne sera pas tenu compte non plus ni de [ṯ] ni de [ḏ] attestés localement au nord du Maroc et surtout en Tunisie : ṯlāṯa, trois; iḏa, si.

** Il existe une consonne laryngale notée [ʾ]. Elle n'a pas le statut de phonème à proprement parler. C'est un coup de glotte qui apparaît très rarement dans des mots empruntés à l'arabe littéral comme ʿāʾila, famille ; barāʾa, innocence ; zāʾid, plus ; Qurʾān, Coran. Elle apparaît aussi comme variante régionale du phonème /q/ : nʾeb, picorer ; nʾeṣ, baisser, sʾef, toit.

Les semi-voyelles :

Semi-voyelle bilabiale	w	*wālu*, rien
Semi-voyelle palatale	y	*yedd*, main

LES VOYELLES : on peut réduire le vocalisme de l'arabe dialectal au triangle vocalique suivant : /a/, /u/ (= ou français), /i/ plus le /ə/ noté ici, pour des raisons de commodité, /e/ et qui mérite un traitement à part.

Les trois premiers phonèmes ont une aire de dispersion très large. Ils se réalisent en plusieurs allophones dont le timbre est contextuellement conditionné. Exemples:

Le [a] de beldān (= pays) est moins ouvert que celui de *ġṛāḅ* (= corbeau) et ceci sous l'effet de la vélaire /ġ/ et de l'emphatique /ḍ/.

Le [u] de *ġṛūḅ* (= coucher) est réalisé [o] vu la présence dans l'environnement immédiat de la vélaire /ġ/ et de l'emphatique / ṛ/

Le [i] de *qṭīḅ* est réalisé [ɛ] pour des raisons d'emphase du /ṭ/.

Le /ə/ est souvent un phonème à part entière quand il permet de distinguer, par sa position, un verbe d'un substantif : *berd*, froid vs *bred*, il a froid; *ġres*, planter vs *ġers*, l'action de planter ou quand il s'oppose à l'autre voyelle brève : ḥeb, il a aimé vs ḥubb, amour.

Il peut être aussi un simple "lubrifiant phonétique", quand il ne sert que comme une simple voyelle d'appui permettant d'éviter la constitution de groupes consonantiques imprononçables i. e plus de deux consonnes successives : *sket*, se taire; *ṣeṛfeq*, gifler.

La durée vocalique : Il n'y a pas à l'heure actuelle de consensus entre les linguistes par rapport à cette question. Des chercheurs, comme Richard Slad Herrell, ne jugent pas nécessaire de noter la quantité vocalique. Ils distinguent des voyelles qu'il appelle "stables" et des voyelles "variables" : "The stable vowels are relatively long except at the end of words, where they are short. The variable vowels on the other hand are always quite short". (Harrell, p. 62)

J. Heath, pour sa part, refuse même l'idée de longueur et préfère le terme de "full vowels" (voyelles pleines) vs "short voyels" : "I am reluctant to call /i a u/ "long" vs, since they have no one-to-one relationship to short counterparts, and they are not especially prolonged phonetically".

L'auteur ajoute à propos des voyelles brèves : "In the most straightforward analysis, there are two vocalic phonemes that are appreciably briefer than the full Vs, display much variation in quality, and are vulnerable to syncope and absorption: unrounded /e/ and rounded short /u/". (Heath, p. 87)

Cependant, il serait peut-être prudent, en attendant que les résultats d'études mettant à profit des appareils de mesure électro-acoustiques fiables soient disponibles, de noter cette durée. Ainsi, les trois voyelles mentionnées ci-dessus, auront chacune une valeur longue notée par un trait suscrit (ā, ū, ī).

L'assimilation : L'article *al* de l'arabe classique devient *el* en arabe dialectal. Il se place devant le substantif qu'il détermine. Quand ce substantif débute par certaines consonnes, le *l* de l'article subit une assimilation à la consonne. Ce qui entraîne une gémination de la consonne initiale :

Voici les consonnes avec lesquelles on assiste à ce phénomène : n, r, ṛ, d, ḍ, z, ẓ, t, ṭ, l, ḷ, s, ṣ et š. Exemple : *el-nsa* devient *en-nsa* : les femmes ; *el-zīt* devient *ez-zīt* : l'huile.

La consonne j dispose d'un traitement à part, en ce sens que le l de l'article peut être assimilé ou non : *ej-jeḥš* : l'ânon ; *el-jafāf* : la sécheresse.

Le phénomène d'assimilation correspond aux grandes lois de phonétique générale. Il affecte aussi des phonèmes à l'intérieur des mots comme dans : ma ṣebtū-š (je ne l'ai pas trouvé) qui devient ma ṣettū-š et où le [b] est assimilé par le [t] ou encore dans šeft-u (je l'ai vu) qui devient šett-u. Le [f] étant assimilé par le [t].

La gémination : L'assimilation du l par la consonne suivante dans les exemples ci-dessus donne lieu à une gémination i.e. à un redoublement de la consonne. La gémination a lieu aussi bien au début des mots qu'au milieu : ṣeṭṭeṛ, souligner; kellem, interpeller etc.

L'emphase : L'emphase (ou la pharyngalisation) est l'accroissement de la cavité buccale de manière à ce qu'elle serve de caisse de résonance aux organes de phonation; la partie postérieure de la langue va toucher le voile du palais occasionnant un recul de tout l'appareil phonateur.

Comme on peut le constater sur le tableau ci-dessus (p. 8), le phénomène d'emphase est marqué par un point souscrit à l'exception de la pharyngale ḥ.

Il y a lieu de distinguer les phonèmes emphatiques vrais (ḅ, ṃ, ḷ, ẓ, ṭ, ṣ, ḍ, ṛ) et les phonèmes emphatisés i. e. ayant été mis en condition d'emphase par de vrais emphatiques ou par des phonèmes postérieurs comme [ġ] ou [q]. L'unité minimale affectée est la voyelle qui précède ou qui suit le phonème emphatique. Cependant, l'emphase peut porter sur la totalité du mot : *ḅaṭṛūn*, patron ; *ḅaḅūṛ*, bateau.

Notons enfin que l'emphase, tout comme la gémination, peut changer le sens d'une unité lexicale : *reyyeb*, démolir; *ṛeyyeḅ* , faire cailler; *bred*, avoir froid; *ḅṛeḍ*, limer.

Conventions typographiques :

- Pour la commodité du décodage, les tirets serviront à séparer, par exemple, le nom de son article (es-sma, le ciel) ou le verbe de son affixe (klā-h, il l'a mangé).

Ils serviront aussi à séparer le verbe du morphème discontinu de négation (ma-ruḥt-š, je ne suis pas parti) etc.

- Le verbe est énoncé conventionnellement à la troisième personne du singulier de l'accompli. Il est communément traduit et de manière tout aussi conventionnelle en français par l'infinitif. Exemple : *bda*, il a commencé.

- Pour un passage correct à la graphie, il y a lieu d'attirer l'attention sur les formes que peut prendre l'indice préfixé de la troisième personne du masculin singulier "il". Celui-ci prendra un "i" devant un thème commençant par une consonne : *ilāgi*, il rencontre ; *ilāġi*, il appelle ou un "ye" devant un thème commençant par une seule consonne tendue ou deux consonnes : *yeddi*, il amène ; *yejri*, il court etc.

- Il convient aussi de ne pas marquer, au début du mot, le schwa ə noté ici e à chaque fois qu'il fait suite à une voyelle. Exemples : *yebda el-ḥayāt* —>*yebda l-ḥayāt* (il commence la *vie); huwwa elli mša* —>*huwwa lli mša* = (c'est lui qui est parti).

****

L'ESPACE LINGUISTIQUE MAGHRÉBIN

Il est parfois des pluriels qui relèvent du tabou, aussi est-il difficile de les évoquer sans qu'ils suscitent chez certains, au mieux des interrogations, au pire des protestations. C'est le cas au Maghreb du pluriel "langues" ou encore du pluriel "cultures". D'autres rajouteraient le pluriel "religions"[1].

Il est vrai que l'on a toujours et partout présenté le Maghreb comme une entité géographique linguistiquement homogène depuis une longue date. C'est là une vue de l'esprit qui ne relève point de la réalité telle qu'elle est vécue par tout un chacun dans cette partie du monde.

Pourtant, le multilinguisme est un phénomène humain très courant et commun à la majorité des pays : cinq mille langues sont parlées de par le monde dans moins de deux cents pays. Il est vrai, par ailleurs, que seulement 25 % de ces pays reconnaissent le statut de langue officielle à plus d'une langue. C'est dire, en effet, combien la question du multilinguisme est épineuse tant elle est le nœud de représentations diverses et complexes[2].

Ce qui particularise entre autres le Maghreb, par opposition à l'ensemble oriental, c'est la pratique linguistique. C'est ainsi, qu'on le veuille ou non, que les données ethnolinguistiques aussi rapides soient-elles enregistrent au Maghreb (entendons le Maroc, l'Algérie et la Tunisie) la coexistence de trois langues : l'arabe, le français et le berbère. Trois langues dont la répartition est à mettre en corrélation avec des usages socioprofessionnels, ethniques, géographiques...

L'ARABE : La triade ci-dessus ne dit pas tout de la réalité des faits linguistiques dans l'espace géographique considéré. L'arabe se présente en fait sous trois formes :

L'arabe classique. C'est la langue prestigieuse et sacrée du Coran. Strictement codifiée depuis des siècles, cette variété assure la diffusion des préceptes de l'islam et

---

[1] Allusion aux différentes formes de croyances qui se superposent sous une apparence islamique: des croyances et des pratiques magiques en rapport avec d'anciennes mythologies se manifestant dans le maraboutisme, le fétichisme, les vieilles pratiques puniques et paganiques berbères, l'animisme africain etc. Ce phénomène se retrouve aussi dans d'autres religions. Noël, pour la religion chrétienne, est un exemple parmi d'autres.

[2] Certains pays passent l'épreuve sans trop de difficultés. Le cas de la Suisse (elle n'est pas la seule) s'inscrit en faux contre la conception de l'Etat-nation qui fait de la langue commune à la fois le symbole et le garant de l'unité nationale. La Suisse est officiellement trilingue depuis 1848, quadrilingue depuis 1938 date à laquelle le romanche fut ajouté à l'allemand, au français et à l'italien.

les valeurs de la culture et de la civilisation musulmanes. C'est la langue de l'écrit par excellence. Elle est le monopole de la tranche lettrée de la société qui ne représente qu'une minorité de l'ensemble des Maghrébins. Pourtant, le Maghrébin, si peu lettré qu'il soit, nourrit pour l'arabe classique une admiration sans borne, voire une vénération ; et quand il lui arrive d'imaginer un monde parfait, il rêve d'un Maghreb dont tous les habitants parleraient et écriraient l'arabe classique exclusivement. Mais dès qu'il veut exprimer réelement sa pensée, il oublie l'arabe classique qu'il peut avoir acquis à l'école pour employer l'arabe maghrébin ou l'amazigh, ses vraies langues maternelles[1].

L'arabe classique n'est utilisé donc nulle part comme un moyen de communication spontané et il n'est la langue maternelle de personne ni au Maghreb ni, d'ailleurs, dans aucun autre pays arabe quel qu'il soit.

L'arabe dialectal. C'est la variété de la langue arabe qui assure la communication orale de tous les jours, à la maison, dans la rue, dans les situations non officielles etc. C'est le langage spontané et des lettrés et de la masse. L'accès à l'arabe classique demeure impossible aussi bien à partir de l'arabe dialectal que du berbère. Par ailleurs quand celui-ci n'est pas la langue maternelle du locuteur maghrébin, c'est l'arabe dialectal qui l'est.

Les dialectes maghrébins connaissent plusieurs variétés. On peut assister aussi bien à des oppositions de dialectes citadins vs dialectes ruraux ou bédouins (Tunisie: dialecte citadin (de Tunis) vs dialecte barbri (d'ailleurs)) qu'à des oppositions de dialectes orientaux (Maroc : Tanger, Tétouan etc.) vs des dialectes du Gharb (Casablanca, Kénitra, etc.). On peut même trouver des oppositions de type parler rbati (de Rabat) vs parler fassi (de Fès) vs parler merrakchi (de Marrakech) etc. Le même phénomène existe aussi en Algérie (parler de Constantine, de Tlemcen, d'Alger, d'Oran...)

Ces particularismes dialectaux sensibles surtout au niveau phonétique, peuvent parfois gêner, mais jamais bloquer la communication interpersonnelle.

Pour parler du dialecte d'un pays, on est amené, pour des raisons de commodité, à opérer un choix privilégiant celui de la capitale.

L'arabe dialectal maghrébin connaît des projections en Israël, dans les pays d'immigration comme la France, mais aussi à Malte où une variété d'arabe maghrébin jouit du statut de langue nationale. Au Maghreb, bien qu'il soit pratiqué par la quasi-totalité des Maghrébins, il ne dispose d'aucun statut officiel d'où le mépris qu'il essuie de la part de certains Maghrébins, toutes couches sociales confondues. On se plaît à opposer consciemment ou inconsciemment une forme noble, prestigieuse, qui est l'arabe classique à une forme "dégradée", "grossière" et orale de surcroît qui est l'arabe dialectal. La "raison graphique" prend ici comme ailleurs tout son sens. Et dans le même temps, on en fait sa langue quotidienne intime et spontanée.

---

[1]. Cf. Louis Brunot, *Introduction à l'arabe marocain*, Maisonneuve, 1950, p. 25.

Les dialectes maghrébins en particulier ceux du Maroc et de l'Algérie - vu le substrat berbère encore très vivace, mais aussi en Tunisie - partagent beaucoup de points communs. L'arabe dialectal maghrébin emprunte par ailleurs beaucoup de ses structures à la langue amazighe.

Mohamed Chafiq, académicien marocain bien connu, remarquait à juste titre dans l'un de ses écrits que quand un Marocain dit par exemple : ***kāyen el-berd, mazāl ma ja, māt li bu-ya*** ou ***ṭelle' m'a-k es-sarut*** ou encore ***qtel-ni rās-i*** respectivement, il fait froid, il n'est pas encore venu, "il est mort à moi mon père" (= mon père est mort), fais monter avec toi la clef, "il tue moi ma tête" (= j'ai mal à la tête), il ne fait que reprendre mot à mot les phrases amazighes : ***yella uṣemmiḍ, isul ur-d yusi, yemmut-iyyi baba, siliy id-š tasarut et yenġa-yyi ixf inu.*** Et M. Chafiq de rajouter que les Arabes orientaux - l'expérience des coopérants orientaux au Maghreb dans les années soixante et soixante-dix est très significative à cet égard - ont toute la"misère du monde" pour comprendre un Maghrébin qui leur dit par exemple : ***hada lḥem ḫḍer,*** ceci est une viande verte i. e. crue. L'oriental dirait : ***yā aḫī hāḏā laḥm aḥmar u mūš aḫḍar*** / ceci n'est pas une viande verte, mais rouge. Ce malentendu vient évidemment du fait que l'amazighe emploie un même qualificatif à la fois pour qualifier la viande crue et l'immaturité de certains fruits ou légumes.

L'arabe médian. La situation de diglossie formelle (coexistence entre deux systèmes linguistiques génétiquement apparentés se partageant fonctionnellement les usages) résultant du contact entre l'arabe classique et l'arabe dialectal ne pouvait durer longtemps face à une modernité requérant un assouplissement des structures grammaticales et une adaptation du vocabulaire de l'arabe classique à l'air du temps. En effet, dès le XIXème siècle, l'élite moderniste proche-orientale a donné un nouveau souffle à cette langue, la rendant apte à assurer la communication technique et culturelle et à répondre aux exigences du monde moderne de manière large et efficace.

Le Maghreb étant sous domination coloniale est resté en retrait par rapport à ces changements, mais au lendemain des indépendances, l'on mit en pratique une politique linguistique naguère réprouvée du colonialisme français. L'arabe devient alors une langue officielle et le processus de ré-arabisation commence avec les nationalistes maghrébins pressés de "dé-figer" et de dynamiser la langue arabe demeurée depuis des siècles en état de léthargie. Il fallait s'adresser à la masse dans un langage accessible afin de vulgariser les concepts et faire passer les idées. Cette simplification a donné lieu à ce que l'on appelle l'arabe moderne ou l'arabe médian. C'est ce qui est utilisé actuellement, aussi bien au Maghreb qu'ailleurs dans le monde arabe dans la presse écrite, à la radio, à la télévision, dans les communications formelles, les administrations etc. Selon les termes de J. Berque, L'arabe médian "ni la saveur du dialecte, ni la profondeur de l'arabe classique".

LE FRANÇAIS. Pendant toute la période d'occupation française, le français a été la langue officielle au Maghreb. Il s'en suit qu'au lendemain des indépendances, il était pratiquement impossible de s'en passer malgré la vague d'arabisation que l'on connaît. Le français a continué et continue encore à se maintenir dans des proportions considérables. Il a même gagné en nombre de locuteurs eu égard au système éducatif qu'il traverse du milieu du primaire - même avant (maison, maternelle) pour les couches aisées - jusqu'à l'université.

Le français est la seule langue au Maghreb qui puisse s'enorgueillir d'être à la fois lue, écrite et parlée. Il est la langue de toutes les promotions sociales et économiques. Plusieurs journaux et revues sont édités en français. Le temps d'antenne à la télévision est relativement important. Plusieurs radios émettent en français. La Radio Méditerranée Internationale, de loin la plus célèbre, émet, elle, en arabe et en français.

Si la langue française jouit globalement d'une place prépondérante dans l'espace linguistique maghrébin, il n'en demeure pas moins vrai, comme le dit à juste titre M. Arkoun, que ce qu'elle gagne en extension sociologique, elle le perd en efficacité intellectuelle. Le nombre d'écrivains maghrébins d'expression française, dit-il, aurait sûrement été plus grand et la créativité littéraire et intellectuelle plus foisonnante si le concept de "trahison" vis-à-vis de la langue et de l'identité nationale n'avaient été vite intériorisé par tous les citoyens[1]. Beaucoup de talents auraient avorté, semble-t-il, parce qu'ils ont dû renoncer à s'exprimer en français ou en berbère.

LE BERBÈRE (l'amazighe). Dans une échelle de valeurs des langues au Maghreb, l'amazighe occupe la place la moins prestigieuse, suivi immédiatement de l'arabe dialectal, bien que celui-ci soit assumé vaille que vaille par le processus d'arabisation en cours depuis treize siècles. Le berbère est une langue essentiellement orale. Elle se présente actuellement sous la forme d'un nombre élevé de dialectes et de parlers régionaux. Elle concerne une aire géographique immense qui va sur un axe est-ouest de l'Égypte à l'Atlantique et sur un axe nord-sud de la Méditerranée au-delà du fleuve Niger. Une dizaine de pays sont donc concernés par la langue amazighe, mais de façon très inégale :

- certains groupes amazighophones sont numériquement importants. Ils peuvent compter des millions d'individus (Maroc: Rif, Moyen-Atlas, Chleuh ; Algérie : Kabylie, Aurès, Mzab), tandis que d'autres sont moins importants (Algérie : Ouargla, Gourara-Ngouça, Djebel Bissa, Chenoua, Sud oranais ; Tunisie : Djerba, centre-sud du pays ; Mauritanie : Zenaga ; Libye : Zouara, Djebel Nefoussa) voire infimes, quelques dizaines de locuteurs seulement : oasis libyennes (Aujila) ou égyptiennes (Siwa).

---

1. Certains, comme Mouloud Mammeri et Kateb Yacine ou encore Tahar Ben Jelloun, pour ne citer qu'eux, ont ouvertement fait le choix de s'exprimer en français contre vents et marées. Voici respectivement ce qu'ils pensent du français : "la langue française nous traduit infiniment plus qu'elle nous trahit", "La langue française est un butin de guerre ! Elle nous appartient, et nous entendons la préserver aussi jalousement que nos langues traditionnelles". "Le fait d'écrire en français incite les auteurs à aller plus loin dans la critique. L'arabe - la langue du Coran - se prête mal au jeu de la dénonciation".

- pour ce qui est de l'autre population amazighophone, la population touarègue, elle occupe la zone saharo-sahélienne. Elle est à cheval sur plusieurs pays : le Niger et le Mali où elle se trouve en assez grand nombre ; l'Algérie : Ahaggar, Ajjer ; la Libye: Aujila, Ajjer ; la Haute-Volta : Udalen ; le Burkina et le Nigeria. Ces populations touarègues représentent une véritable archive de la langue berbère.

Le spectacle d'extrême fragmentation qu'offrent ces groupes amazighophones est l'une des raisons qui est à l'origine de la diversification linguistique que connaît de nos jours la langue amazighe. On peut évoquer aussi l'absence des échanges entre groupes amazighophones eu égard aux distances qui les séparent, l'absence d'instance de normalisation pouvant codifier et unifier la langue à l'échelle de toute l'aire de l'amazighophonie. Chaque dialecte, chaque parler se développant au gré des facteurs historiques, géographiques, économiques, climatiques... C'est ainsi que le touareg va s'enrichir en vocabulaire propre au mode de vie désertique, l'amazighe en vocabulaire d'élevage, d'arbres et de plantes divers, le chleuh en vocabulaire relatif à la mer... Le vocabulaire non spécialisé, lui, est resté le même, sauf déformations phonétiques dues, là encore, au faible échange entre les locuteurs de parlers éloignés.

Aucune statistique officielle - il en y a eu plusieurs depuis les indépendances - n'a rendu public le nombre de ces amazighophones au Maghreb. On en est réduit, en définitive, à supposer des chiffres décriés d'ailleurs de toutes parts. Trop pour les uns, pas assez pour les autres. Le nombre de ces amazighophones étant évidemment, en lui-même, un enjeu politique et idéologique.

Y. Lacoste parle de 5% de la population libyenne (Libye, pays authentiquement amazigh. Son nom vient de Libous, population amazighe) ; de 3% de la population tunisienne. La dénomination, Tunis, en arabe *Tuns* est un vocable libyco-berbère dérivant de la base verbale bilitère "NS" (= passer la nuit) qui signifie le lieu où l'on passe la nuit. A Ahaggar, chez les Touaregs, *ténésé* signifie "être couché, s'arrêter pour la nuit". La situation géographique de la Tunisie à la croisée des grandes voies littorales reliant, de tout temps, la Berbérie atlantique à la mer Rouge détermine sa qualité d'étape de nuit incontournable, d'où sa dénomination.

En Algérie, Y. Lacoste parle de 20 %, S. Chaker, lui, parle de 25%. La population marocaine compterait selon, A. Boukous, 50% d'amazighophones, soit donc quatorze millions de Marocains si l'on tient compte des dernières statistiques officielles qui font état de 28 millions d'habitants. En Mauritanie, il y aurait 20% d'amazighophones touaregs.

De même que ces Amazighes ont tout perdu jusqu'au droit de savoir leur nombre, de même ils ont perdu le droit de se dénommer. Le nom qui les désigne leur a été attribué par les Grecs puis repris par les Romains (barbarus = étranger ; le mot français "barbare" dérive de la même origine). Il est retenu plus tard par les Arabes (barbar) et enfin par les Français (berbère). Le terme amazighe (homme noble, homme libre) qui les a toujours désignés depuis la plus haute antiquité se retrouve escamoté, mais il semble s'imposer de nos jours à travers toute l'amazighophonie bien qu'il n'ait été sauvé au départ qu'au Maroc où il désigne à la fois une variété de la langue, le tamazight, et les habitants du Maroc central parlant cette variété.

LA FAMILLE <=> *EL-'Ā'ILA*

A

el-'ā'ila (f), *el-famila* (f), (empr. au fr.) .... la famille
el-ab (m), *el-bu* (m), *el-walīd* (m) .... le père
el-umm (f), *el-walida* (f) .... la mère
el-aḫ (m), *el-ḫu* (m), ... le frère
el-uḫt (f) .... la sœur
el-ḫāl (m) .... l'oncle maternel
el-'emm (m) .... l'oncle paternel
el-ḫāla (f) .... la tante maternelle
el-'emma (f) .... la tante paternelle
weld el-'emm .... le cousin paternel
bent el-'emm .... la cousine paternelle
weld el-ḫāl .... le cousin maternel
bent el-ḫāl .... la cousine maternelle
weld el-aḫ/el-uḫt .... le neveu
bent el-aḫ/el-uḫt .... la nièce
el-ǧedd (m) .... le grand-père
ǧeddāt-i, *mammāti* (T) .... ma grand-mère
el-ḥmāt (f), *el-'gūza* (f) .... la belle-mère
le-'gūz (m), *eš-šīḫ* (m), *el-ḥmu* (m), *eṣ-ṣihr* (m) .... le beau-père
el-lūs (m) .... le beau-frère
el-lūsa (f), *lūza* (f), (T) .... la belle-sœur
es-selfa (f) .... la belle-sœur
es-self (m) .... le beau-frère
er-rḍi'a (f) .... la nourrice
aḫ/uḫt men er-rḍā'a .... frère/sœur de lait
ḫū-ya men əḇḇ a/uṃṃ-i ... mon demi frère
uḫt-i men eḇḇ a/uṃṃ-i .... ma demi-sœur

B

el-weld (m), *ed-derri* (m), *eṭ-ṭfel* (m) .... le garçon
el-bent (f), *ed-derriyya* (f), *eṭ-ṭefla* (f) .... la fille
el-mṛa (f) .... la femme, l'épouse
en-nsa (f), *el-'yalāt* (f) .... les femmes, les épouses
er-rāǧel (m) .... l'époux, l'homme
eš-šrīka (f), *eḍ-ḍeṛṛa* (f) .... la co-épouse
eš-šrāyek (f), *eḍ-ḍṛāyeṛ* (f) les co-épouses
el-mewlūd (m) .... le nouveau-né
ḥāmla, *ḥebla*, *b el-kerš* .... enceinte
eš-šāref (m), *eš-šāyeb* (m), *eš-šībāni* (m), *el-'zūz* (m) (T) .... le vieux
eš-šābb (m) .... le jeune
er-rbīb (m) .... le beau-fils
en-nsīb (m), *es-self* (m) .... le gendre
et-terbiyya (f), *et-trābi* (f) .... l'éducation
el-ḥjer (m) .... le gironparties génitales
en-nsūbiyya (f) .... l'alliance
el-blūġ (m), *eṛ-ṛušd* (m) .... la majorité
et-terrīka (f), *ed-durriyya* (f) ... la postérité

A- F-el-beldān tā' šamāl Ifrīqyā, ***el-'ā'ilāt*** *kḇāṛ : ši meṛṛāt, w b el-ḫuṣūṣ f el-bādiyya, nelqāw f ḍāṛ weḥda* ***el-ab*** *w-****el-umm*** *w m'a-hum wlād-hum,* ***el-ǧedda*** *w-****el-ǧedd****.*
B- El-'ā'ilāt *el-kḇāṛ elli fi-hum* ***el-wlād*** *w* ***el-bnāt****,* ***er-rbīb*** *w* ***en-nsīb*** *w* ***eš-šraykāt*** *i'eṛfu bezzāf tā' el-mašākil.* ***Et-terbiyya*** *teṣ'āb w-el-ḥayāt tā' mūl eḍ-ḍāṛ m'a* ***le-mṛa*** *tā'-u w m'a l-uḫrīn twelli mewetṛa.*

A- Dans les pays de l'Afrique du Nord, les **familles** sont nombreuses. Parfois, et surtout à la campagne, on trouve dans une même maison, le **père** et la **mère** avec leurs enfants, la **grand-mère** et le **grand-père**.
B- Les **familles** nombreuses où l'on trouve les **garçons**, les **filles**, le **demi-frère**, le **gendre**, les **co-épouses** connaissent beaucoup de problèmes. L'**éducation** se complique et la vie du chef de famille avec son **épouse** et avec les autres devient tendue.

C

eṣ-ṣġīṛ (m) el-feṛẖ (m) (T)...le petit, le cadet
el-bekri (m), el-bikr (m), (T) ....l'aîné
el-kbīr (m)...le grand
ṛāšed, bāleġ...adulte
el-hejjala (f)....................................la veuve
et-twām.......................................les jumeaux
el-ytīm...l'orphelin
el-ytāma..................................les orphelins
'ezri, a'zeb (T), ṛewwāṣi (M), zufri (empr. au fr.).........................célibataire (garçon)
'ezba (m) .... vierge, célibataire
ḅāyṛa, ṣbiyya (T).......................vieille fille
'āgr (a)..stérile

D

La maison <=> Eḍ-ḍāṛ

el-bni (m).............................la construction
bna..construire
el-bennāy (m), el-ṃaṣṣu (m) (empr. au fr.)..le maçon
el-gruwwa (f) (empr. au fr.),..................la grue
el-ḅḷān (m) (empr. au fr.) ....le plan
eṛ-ṛuẖṣa (f), eṭ-ṭṛizaṣyu (f), (empr. au fr.)...le permis
el-muhendiz (m)..........................l'ingénieur
eṭ-ṭāšrun (m)...............................le tâcheron
eṣ-ṣemṣāṛ (m).le courtier, agent d'affaires
zūfri (m) (empr. au fr.)...le chômeur, l'ouvrier
eṛ-ṛmel (m)...le sable
el-ḅiṭūn (m) (empr. au fr.) ....le béton
el-beġli (m)......................................le mortier
el-ṃeṛṭūḅ (m)....................................le crépi
landwi (m) (empr. au fr.)........................l'enduit
el-ḥjeṛ (m).....................................les pierres
el-brīk (m) (empr. au fr.), el-yajūṛ (m)..les briques
el-qermūd (m)...................................les tuiles
es-sīma (f) (empr. au fr.) ....le ciment
el-ḥdīd (m)...le fer
el-geḅṣ (m).......................................le plâtre
el-ṛẖām (m), el-meṛmeṛ (m).........le marbre
ez-zellīj (m)........carreaux de faïence vernis
el-ġerbāl (m)......................................le tamis
el-ḥīṭ (m), eṣ-ṣūṛ (m)...........................le mur
es-sqef (m)..le toit
es-swāri (f).......................................les piliers
eḍ-ḍaḷa (f) (empr. au fr.)..............................la dalle
el-lsās (m), es-sās (m)......... les fondations
el-bāb (f)...la porte
eṣ-ṣeṛjem (m), (M), eṭ-ṭaqa (f), (A), eš-šebbīk (m)...la fenêtre
eẓ-ẓekṛūm (m)...............................le verrou
el-qfel (m), eṣ-ṣāqṭa (f).................. la serrure
eṣ-ṣṭeḥ (m).......................la terrasse, le toit
el-ḅaḷkūn (m) (empr. au fr.) ....le balcon
ed-dehlīz (m), lakāb (m).....................la cave
ej-jeṛḍa (f) (empr. au fr.), ej-jnīna (f) (T)...le jardin
el-bḥīra (f).........................le jardin potager
eẓ-ẓeṛḅ (m), (empr. au ber.), eṣ-ṣūṛ (m)...la haie, la clôture

*C- 'End-ek ši nās ma 'end-hum-š ez-zheṛ : **el-'āgra** ma 'end-ha zheṛ, el-**ytīm** ḥetta huwwa ma 'end-u zheṛ ; li-hāda lāzem y'āwen-hum **le-kbīr** w-**eṣ-ṣġīṛ**.*
*D- Qbel ma tebda **ttebna** eḍ-**ḍāṛ**, lāzem mūla-ha ikūn 'end-u el-**ḅḷān** w eṛ-**ṛuẖṣa** tā' el-**bni**. Lazem iwejjed eṛ-**ṛemla**, es-**sīma**, el-**brīk**...w lāzem el-weqt bezzāf l-el-**ṃaṣṣu** w el-ẖeddama tā'-u bāš idīru l-**ḥyūṭ** w es-**sqef**...Eḍ-**ḍāṛ** qaḍiyya lli taẖud el-weqt ktīr.*

C- Il est des gens qui n'ont pas de chance : la femme **stérile** n'a pas de chance, l'**orphelin**, lui aussi, n'a pas de chance. Aussi doit-on venir à leur aide que l'on soit **grand** ou **petit**.
D- Avant que la **maison** ne commence à être **construite**, son propriétaire doit avoir un **plan** et un **permis de construire**. Il faut qu'il prépare du **sable**, du **ciment**, des **briques**...Il faut beaucoup de temps au **maçon** et ses ouvriers pour construire les **murs,** le **toit**... La **maison** est une affaire qui prend énormément de temps.

E

eṣ-ṣāḷa (f) (empr. au fr.) .... le salon
el-bīt (m) .... la chambre, la pièce
el-byūt (m) .... les pièces, les chambres
bīt eḍ-ḍyāf, el-meṣṛiyya (f) .... la chambre d'hôtes
el-kuzina (f) (empr. au fr.) .... la cuisine
el-mwā'en (m)..... les ustensiles de cuisine, la vaisselle
et-tellāja (f), el-frijidīr (m) / el-frigu (m), (empr. au fr.) .... le réfrigérateur
bīt en-n'ās/en-nūm. la chambre à coucher
es-srīr, en-nāmusiyya (f), el-ḅayāṣ (m) (empr. au fr.) .... le lit
el-mẖedda (f), el-ẖeddiyya (f), el-wsāda (f) .... le coussin, l'oreiller
mẖedda ṭwīḷa .... le traversin
eṭ-ṭḷāṃeṭ (M) .... les dessus-de-lit
bīt el-ma, ḍāṛ ḷūḍu, ... la salle d'eau
el-kabina (f) (empr. au fr.) .... les toilettes
el-ḥemmām (m) .... le bain
eṣ-ṣābūn (m) .... le savon
eṣ-ṣāḅūniyya (f) .... la savonnette
el-ġāsūl (m)... la terre argileuse de couleur bleuâtre servant de savon.
el-mrāya (f) .... la glace
el-ma (m) .... l'eau
el-ẖzīn (m), bīt el-mūna (T) .... la réserve
eḍ-ḍṛūj (f) .... les escaliers
el-mṛāḥ (m), būs eḍ-ḍāṛ, ... le hall
ed-deẖla (f) .... l'entrée
el-'etba (f) .... le seuil
eṣ-ṣūnīṭ (f) (empr. au fr.), en-nāqūs (m) .... la sonnette
eš-šimini (m) (empr. au fr.) .... la cheminée
er-refda (f) (T) .... le grenier
el-meṛfe' (m), eṭ-ṭājṛa (f) (empr. au fr.) .... l'étagère

F

Les fêtes <=> El-ḥeflāt

ẖṭeb .... demander en mariage
el-ẖuṭūḅa (f) .... la demande en mariage
el-'ers (m) .... les noces
tjewweğ, 'erres .... se marier
el-'ṛūsa (f) .... la mariée
el-'rīs (m) .... le marié
ez-zwāğ (m) .... le mariage
nāseb .... s'allier
mellek .... se fiancer
el-mlāk (m) .... les fiançailles
el-ẖaṭīḅa (f) .... la fiancée
ez-zūjiyya (f) .... l'union conjugale
el-ẖātem (m) .... la bague
el-ḥubb (m), el-ġṛām (m), el-hwa (m) .... l'amour
el-'īd (m), el-ḥefla (f) .... la fête
'ṛeḍ, ḍāyef, sted'a (T) .... inviter
eṣ-ṣdāq (m) .... la dot
ej-jhāz (m) .... le trousseau
t'āšer .... faire bon ménage, fréquenter

*E- Ma ḥed eḍ-ḍāṛ kbīra maḥed-ha tewelli mlīḥa. El-**byūt** elli lāzem ikūnu wās'īn huma eṣ-**ṣāḷūn** w el-**kuzina**, 'la ẖāṭeṛ temma ndewzu el-aktariyya tā' weqt-na.*
*F el-Meġrib nelqāw f kull eḍ-ḍyūṛ **bīt** ẖāṣṣ l eḍ-**ḍyāf** w elli yetsemma b hād es-smiyya w huwwa l-**bīt** le-kbīr gā' f eḍ-ḍāṛ.*
*F- **Ez-zwāj** ši muhim f-el-ḥayāt tā' bnādem. **El-ḥubb** huwwa asāsu. **El-'ers** nhāṛ kbīr. El-'**ṛūṣa** w **el-'rīs** iwejdu **l-ḥefla** men qbel b-šḥāl. Yešrīw **le-ẖwātem** w i'eṛḍu 'el-en-nās.*

E- Plus la maison est grande, plus elle devient belle. Les **pièces** qui devraient être larges sont le **salon** et la **cuisine**, car c'est là que l'on passe la plupart de notre temps.
Au Maghreb, nous trouvons dans toutes les maisons, une **pièce** réservée aux **hôtes** et qui porte ce nom et c'est elle la plus grande **pièce** de toute la maison.
F- Le **mariage** est une chose importante dans la vie de l'être humain. L'**amour** en est la base. **La fête de mariage** est un grand jour. La **mariée** et le **marié** s'y préparent longtemps à l'avance. Ils achètent les **bagues** et invitent les gens.

G

el-wlāda (f), *ez-zyāda* (f),....l'accouchement
en-nfīsa (f),................. la femme en couches
eṣ-ṣābi (m).......................................le bébé
el-ḫṛūq (f),.................................. les couches
ṣemṃ eṭ..langer
el-ḅ ūṛḅu (m).......................................le talc
el-ġeḅ ṛa (f),...........la poudre, la poussière
derder.. saupoudrer
eṛ-ṛḍā'a (f),..............................l'allaitement
ṛḍe'...téter
ḥba..........se traîner à quatre pattes (enfant)
eṛ-ṛeḍḍā'a (f),...............................le biberon
el-bezzūla (f),......................................le sein
el-bzāzel (m)...................................les seins
es-smiyya (f), *el-asm* (m)............le prénom
el-kenya (f), *el-kenwa*, (f), *el-laqab* (m) (T)..le nom
es-sbū' (m)................................... le baptême
sebbe'.. baptiser
el-hdiyya (f),.................................... le cadeau
el-mešmūm (m)............................le bouquet
el-fṭām (m)...................................... le sevrage
eṭ-ṭhāṛa (f), *el-ḫtāna* (f),.....la circoncision
ṭehheṛ, ḥejjem, ḫetten............ circoncire
el-ḥejjām (m)...le circonciseur, le coiffeur

H

el-'īd (m), *el-ḥefla* (f),..........................la fête
el-'yād (m), *el-ḥafalāt* (f),................les fêtes
el-'yād ed-dīniyya.... les fêtes religieuses
el-'yād el-waṭaniyya les fêtes nationales
el-'īd le-kbīr.......................... la grande fête (la fête du sacrifice)
ed-dbiḥa (f),....... le sacrifice, l'égorgement
el-'īd eṣ-ṣġīṛ, 'īd el-fiṭṛ.......la petite fête (à la fin du ramadan)
'īd el-mewlid...........la fête commémorant la naissance du Prophète
el-'īd el-waṭani................la fête nationale
'īd el-istiqlāl......la fête de l'indépendance
'īd el-milād.............. la fête d'anniversaire
'ašūṛa (f), ...*Achoura* (*fête religieuse*)..

*G- EL-mṛa tā' weld 'emm-ī **weldāt** es-simana llī fātet. Hād en-nhāṛ **es-sbū'**. Ġādi neddīw l-hā **hdiyya**. **Eṣ-ṣābi**, weld, **semiyt-u** Masīn.*
*H- Ġedda ġādi ikūnu 'end-na zūj tā' el-**'yād** : el-**'īd le-kbīr** w **'īd el-milād** tā' ḫū-ya. Ed-**dbiḥa** tkūn qṛābt el-'eṣṛa, netġeddāw m'a et-tnāš w f el-'šiyya neḥtāflu b **'īd el-milād**.*

G- L'épouse de mon cousin a **accouché** la semaine dernière. Aujourd'hui, c'est le **baptême**. Nous allons lui apporter un **cadeau**. Le **bébé**, un garçon, **s'appelle** Masin.
H- Demain , il y aura chez nous deux **fêtes** : la **fête du sacrifice** et la **fête** pour **l'anniversaire** de mon frère. Le **sacrifice** aura lieu vers dix heures, nous déjeunerons à midi et le soir nous fêterons son **anniversaire**.

EXPRESSIONS ET LOCUTIONS IDIOMATIQUES

- *Herres ej-jū'*	Couper la faim.
- *Zād el-'ša*	Pendre la crémaillère.
- *Ġīr ḫeḍṛa fūq eṭ-ṭ'ām*	C'est secondaire, superflu.

- *Yejme' ḍāṛ-u/ṛāṣ-u*	Fonder un foyer.
- *Men eṭ-ṭāq eṭ-ṭāq ḥettā l es-salāmu 'lī-kum*	De A jusqu'à Z, de fond en comble.
- *Elli 'end-u ġīr bāb weḥda el-Lāh ised-ha 'lī-h*	Avoir plusieurs cordes à son arc.
- *Hḍeṛ m'a el-ḥīṭ*	Parler à un mur.

PROVERBES MAGHRÉBINS

- *'Ers līla tedbīr-u 'ām*	Les noces d'une nuit se préparent pendant une année. **Français** : Qui se marie à la hâte se repent à loisir.
- *Ilā māt el-bu wessed er-rekbā, ilā mātet el-umm wessed el-'etba*	Si ton père vient à mourir, tu as les genoux de ta mère (pour mettre la tête); si ta mère vient à mourir, tu as le seuil de la porte. **Français** : L'asile le plus sûr est le sein de sa mère.
- *Ḍāṛ en-nejjāṛ bla bāb*	La maison du menuisier n'a pas de porte. **Français** : Les cordonniers sont les plus mal chaussés.
- *Elli ḍeṛq-ek b ḫīṭ ḍeṛq-u b ḥīṭ*	Qui se protège de toi par un fil, protège-toi de lui par un mur. (Qui te traite avec condescendance, traite-le de même et plus).
- *Ḫenfūsa w twennes w-la ġzāla w thewwes*	Un laideron de bonne compagnie vaut mieux qu'une vénus qui harcèle.
- *Et-tājer ila sreq iqūlu nsa, el-meskīn ila nsa iqūlu sreq*	Le riche quand il vole, on prétend qu'il a oublié ; le pauvre quand il oublie, on affirme qu'il a volé.

- *Ila fāt-ek el-ṭ-ṭ'ām qūl šbe't, ila fāt-ek el-klām qūl sme't*	Si tu manques un repas, dis "je suis repu"; si tu manques un discours dis "je suis au courant". (Il faut se montrer circonspect quand on arrive en retard).
- *El-'ām fāš nebġi nešri l-qṭīfa nbī' el-ḥṣīṛ*	L'année où je pense pouvoir acheter un tapis, je me vois obligé de vendre la natte.
- *El-flūs ijīb-u el-'ṛūṣ*	Argent en poche, mariée dans la poche. **Français** : Clef d'or ouvre toutes les portes.

EXPRESSIONS D'ACCUEIL ET DE FÉLICITATIONS

- *Ṣḅāḥ el-ḫīr*	Bonjour (le matin).
- *Es-salāmu 'alī-k/kum* (la paix sur toi/vous)	Bonjour.
- *Msa l-ḫīr*	Bonsoir.
- *Līlt-ek/kum sa'īda*	Bonne nuit (à toi/vous).
- *Ahlan, mṛeḥḅa*	Sois/soyez le(s) bienvenu(s).
- *Tfeḍḍel (-u)*	Je t'/vous en prie.
- *El-Lāh ihennī-k*	Au revoir.
- *B-es-slāma*	Au revoir.
- *Hniyya, meḅrūk*	Félicitations!
- *Šukṛan*	Merci.
- *Blā jmīl*	De rien.
- *B el-faraḥ, b kull faraḥ*	Avec plaisir, très volontiers.

LE MARCHÉ <=> *ES-SŪQ*

A

tsewweq..................................faire le marché
el-flūs (m), ed-drāhem (m), eṣ-ṣwālḍ (m)..... ....l'argent
eṣ-ṣeṛf (m).................................... la monnaie
el-ḫ eẓṭām (m), et-teẓṭām (m), es-stūš (m), (T)... le porte-monnaie, le portefeuille
ed-derhem (m)..................le dirham (Maroc)
ed-dīnāṛ (m)... le dinar
ej-jīb (m), el-mektūb (m) (T)......... la poche
eṣ-ṣāk (m) (empr. au fr.), eš-škāṛa (f) ..le sac
el-qeffa (f), es-sella (f),.................le panier
ṣeḫḫeṛ......... envoyer qqn faire une course
eṣ-ṣeḫḫāṛ (m)......le coursier, le convoyeur
tqeḍḍa (M)............................faire des courses
eṣ-ṣeḫra (f), et-teqeḍya (f), el-kumisyu (m) (empr. au fr.)..........les commissions, les courses

B

El-ḥānūt (M) ....la boutique, l'atelier
el-bīsri (m) (empr. au fr.) ....l'épicerie
es-sel'a................................. la marchandise
el-kunṭwāṛ (m) (empr. au fr.)....... le comptoir
eṭ-ṭelq (m), el-krīdi (m), (empr. au fr.) le crédit
el-mjeṛ (m), el-qjeṛ (m).....................le tiroir
el-ġla (m)... la cherté
eṛ-ṛḫa (m)..... l'abondance, le bon marché
eš-šṭāṛa (f), ...le marchandage
el-ḥsāb (m)...................le compte, le calcul
el-bī' (m)... la vente
eš-šra (m)...l'achat
et-taman (m), es-sūm (m)....................le prix

C

es-swīqa (f)....le petit marché en plein air
el-māṛši (m)(empr. au fr.) le marché couvert
es-sūq (m)..................le marché en plein air
el-gīṭūn (m)................ la tente du marchand
el-mgeẓṛa (f), el-gerna (f), el-ḫ aṭwāṛ (m) (empr. au fr.).................................l'abattoir
er-rwa (m), el-kūri (m)(empr. au fr.)....l'écurie
eṛ-ṛeḥḫa (f),..... l'emplacement, le marché
ṛḥebt el-gemḥ..............l'aire des froments
el-ḫennāṭ (m)........................... le marchand, le mesureur de blé
el-berrāḥ (m)......................... le crieur public
el-būq (m)............ le cornet, le haut-parleur
ed-dellāl (m)............. le crieur aux enchères
ed-dlāla (f),................................les enchères
er-rbeḥ (m)... le gain

A- Bāš ***netqeḍḍa*** *f-es-sūq lāzem ikūn 'end-ī* ***le-flūs****. Blā* ***drahem*** *ma nešri wālu. F-el-Meġrib nḫelṣu b* ***ed-derhem*** *; f-el-Gazāyer w f Tūnes nḫelṣu b* ***ed-dīnāṛ****.*
B- Ḥū-ya 'end-u ***ḥānūt****. Huwwa ma ibī'-š b-***el-ġla****, ma* ***idīr-š le-krīdi*** *w ma yebġī-š* ***eš-šṭāṛa****.*
*C- F-***es-sūq*** *'end-nā* ***eṛ-ṛḥāḫi*** *bezzāf : ṛeḥbet el-ḫedṛa, ṛeḥbet ed-djāj, el-kettān, ez-zītūn f weqtu, ṛḥebt el-'eṭṛiyya...*

A- Pour **faire les courses** au marché, il faut que j'aie de **l'argent**. Sans **argent**, je n'achète rien. Au Maroc, on paie en **dirham**. En Algérie et en Tunisie, on paie en **dinar**.
B- Mon frère a une **boutique**. Lui, ne vend pas **cher**, il ne fait pas de **crédit** et il n'aime pas le **marchandage**.
C- Au marché, nous avons plusieurs **emplacements** : l'emplacement des légumes, celui des volailles, du tissu, des olives, des épices...

D

Les légumes <=> El-ḫeḍra

eẓ-ẓeṛṛūḍiyya(f), *es-sennāriyya*(f), *ḫizzu* (m), *es-sfenāryya* (f) (T) .... les carottes
el-geṛ'a (f), *el-kabūya* (f), ...les courgettes
el-geṛ'a es-slāwiyya, el-kabūya (A)............ ....la citrouille
maṭiša (f), *ṭumaṭīš* (f), (A), *ṭmāṭem* (f)............ ....les tomates
el-felfel(a) (f), ...les poivrons
el-ḇṣeḷ(a) (f),...... les échalotes, les oignons
ḇeṣṣīḷa (f), *ḇeṣlet ed-dīb*.l'oignon sauvage
ḇ(a)ṭaṭa (f), (empr. à l'esp.)...............les patates
el-left (f), ...les navets
le-ḫyāṛ (m) ....le concombre
el-fjel (m) ....les radis
ed-denjāl (m), *badnjān* (m) (T)les aubergines
el-qernūb (m), *el-qernā'* (m), *el-qūq* (m), *el-qennāriyya* (f), ...l'artichaut
el-ḫeršef (m) ....les cardons
eš-šīfḷūṛ (m) .... le chou-fleur
el-kṛūmḇ (m).. le chou
el-mellūḫiyya (f)............................le gombo
el-feggī' (m) ....les champignons
et-terfās (M)... la truffe
el-ḫuṣṣ (m) ....la laitue

E

Les fruits <=> El-fawākih

et-teffāḥ (m) ....les pommes, les pommiers
el-līmūn (m), *el-letšīn* (m), *el-bertgān* (m) (T)....................les oranges, les orangers
el-ḥāmeḍ (m), *el-līm* (m) (A), *el-qāṛeṣ* (m), (T)..le citron
el-'īneb (m), *el-'neb* (m) ....le raisin
ed-dālya (f)...la vigne
el-bettīḫ (m) ....les melons
ed-dellāḥ (m) ....les pastèques
el-keṛmūs (f)...................................les figues
eṛ-ṛemmān (m) .les grenades, les grenadiers
el-ḇākūṛ (m) .... les figues précoces
eš-šrīḥa(f), *el-qešṛa* (f), (A)les figues sèches
el-ḇeṛqūq (m)........... les prunes, les pruniers
el-banān (m), *el-mūz*........... (m) les bananes, le bananier
qeššeṛ, neggi.. peler
el-qšūṛ (m) ....les épluchures
el-lḫūḫ (m) ....les pêches, les pêchers
el-mešmāš (m) ....les abricots, les abricotiers
el-'ḍem (m), *el-'elfa* (f).....................le noyau
ḥeb el-mlūk........... les cerises, les cerisiers
en-ngāṣ (m) *bū'wid, anzāṣ* (m) (T)les poires, les poiriers
eṣ-ṣfeṛjel (m) ....les coings, les cognassiers
tūt el-aṛḍ, el-fṛīẓ (m) (emp. au fr.) ..les fraises
et-tūt el-beldi..................les mûres (de ronce)
sāsnu (m) ....l'arbouse
el-mzāḥ (m),*el-būṣā'* (m), (T)..........les nèfles
eš-šehdiyya (f)..les brugnons, brugnoniers
el-geṛgā' (m) ....les noix, les noyers
el-lūz (m) ....les amandes, les amandiers
et-tmeṛ (m), *el-blūḥ*......................... les dattes
el-ḇeḷḷuṭ (m) ....le gland
en-nbeq (m), *el-'ennāb* (m) ....les jujubes

D- El-ḥed huwwa nhāṛ es-sūq 'end-na. Bū-ya ifīq bekri w yemši yešri ***l-ḫeḍṛa*** *ṭ-ṭṛiyya. Anā nebġi b-el-ḫuṣūṣ* ***el-ḫyāṛ*** *f šḷaḍa,* ***ṃaṭiša***, ***el-felfel***, ***el-ḇeṣla*** *w* ***ḫizzu*** *nebġi-hum f-eṭ-ṭ'ām.*
E- Be'ḍ el-beldān ma 'end-hum-š be'ḍ el-fawākih : f-el-Meġrib matalan, ma nwejdu-š ***el-banān*** *b-ketṛa, li-hāda ġāli bezzāf.* ***El-līmūn*** *aw* ***el-'neb*** *aw* ***el-keṛmūs*** *ṛḫāṣ 'lā ḥeq mujūdīn fīn ma.*

D- Le dimanche est un jour de marché chez nous. Mon père se lève tôt et va acheter les **légumes** frais. Moi, j'aime particulièrement les **concombres** en salade, les **tomates**, les **poivrons**, les **oignons** et les **carottes**, je les aime plutôt avec le couscous.
E- Certains pays ne disposent pas de certains **fruits**. Au Maroc, par exemple, on ne trouve pas de **bananes** en abondance, c'est pour cela qu'elles sont très chères. Les **oranges**, les **raisins** ou les **figues** sont bon marché car on les trouve partout.

F

ğni, ḫeṛṛef .... récolter des fruits
el-bḥīra (f) (M).. le jardin de cucurbitacées, le potager
el-'eṛṣa (f), *ej-jnān* (m), *ej-jnīna* (f)........ le verger
es-sāqya (f)........ la rigole
es-sqāya (f)........ l'irrigation
es-seqqāya (f), *es-sebbāla* (f)....la fontaine
es-seqqāy(m), *el-gerrāb*(m) le porteur d'eau
el-bīr (m), *el-ḫāsi* (m) .... le puits
ḥreṣ, ḥḍa, 'ess........ surveiller
ez-ẓbīṛ (m) .... la taille (vigne, arbres...)

G

Épices, plantes aromatiques et parfum
El-'eṭṛiyya w le-'ṭeṛ

ez-z'efṛān (m) .... le safran
skīnjbīr (m) .... le gingembre
el-qeṛfa (f)........ la cannelle
el-kamūn (m) .... le cumin
libẓāṛ (m), *el-ḥṛūṛ* (m), *el-ḥebba el-keḥla*........ le poivre
es-sūdāniyya (f)........ le piment fort
el-felfel le-ḥlu........ le piment doux
et-tūm(a) (f)........ l'ail
el-ḥelba (f)........ l'astragale
el-ḫeṛqūm (m) .... le curcuma
ej-jeljlān (m) .... le sésame
el-kebbāṛ (m) .... la câpre
es-sānūj (m) .... la nigelle
eš-šebba (f)........ l'alun
en-nāfe' (m), *ḥebba ḥlawa*........ l'anis
ḥebb qrīš (M), *el-bendeq*........ les pignons
ḥāṛṛ........ fort
ḥlu........ sucré, doux
māleḥ........ salé
bnīn, ldīd........ délicieux
ṃuṛṛ........ amer
el-hrīsa (f) (T) .... la harissa

H

el-m'ednūs (m) .... le persil
el-lwīza (f)........ la verveine
fliyyu (m) .... la menthe sauvage
en-ne'nā' (m), *liqāma* (f)........ la menthe
fliyu (m)........ le pouliot
eš-šība (f)........ l'absinthe commune
eš-šīḥ (m) .... l'absinthe pontique
el-ḫzāma (f)........ la lavande
ez-ẓe'teṛ (m) .... le thym
newwāṛ eš-šemš........ le tournesol
ḥebb eṛ-ṛšāḍ........ le cresson
el-qeẓbūṛ (m) .... la coriandre
el-kṛāfes (m) .... le céleri
es-sekkūm (m) .... les asperges
el-besbās (m) .... le fenouil
el-meska (f), *el-'elk* (m) la gomme, la glu
ḥeddūj el-ḫānza, el-mḫīnza (f), *el-'ṭeṛša* (f)........ le géranium
ḥerriqa (f) .... l'ortie
el-qrenfel (m) .... le clou de girofle

F- Rachīd 'end-u ***bḥīra*** *w jnān, yesqī-hum b-****el-ma*** *tā'* ***es-sāqya*** *aw la b-****el-ma*** *tā'* ***el-bīr.***
G- El-kuzina el-mağāribiyya ma'ṛūfa w meḥbūba. Tkūn dāymen ***ḥāṛṛa*** *šwiyya immā b-****el-felfel*** *aw* ***libzāṛ*** *wa immā b-****el-hrīsa.***
H- Fāš 'ṛeḍ-ni ṣāḥb-ī Kamāl, wāḥed en-nhāṛ, umm-u ṭeyḅat l-na l-ḥrīra el meğribiyya. Kānet mlīḥa bezzāf. Fī-hā ***el-qeẓbūṛ, el-m'ednūs*** *w* ***el-kṛāfes...***

F- Rachid a un **potager** et un **verger**. Il les irrigue avec **l'eau** de **la rigole** sinon avec **l'eau** du **puits**.
G- La cuisine maghrébine est connue et célèbre. Elle est toujours un peu **forte** soit à cause des **piments,** soit à cause du **poivre** noir soit enfin à cause de la **harissa**.
H- Quand mon ami Kamal m'a invité un jour, sa mère nous a préparé la soupe marocaine. Elle était très bonne. Il y avait de **la coriandre, du persil, du céleri...**

I

en-newwāṛ (m) .... les fleurs
benne'mān (m) .. le coquelicot, l'anémone
el-yāsmīn (m) .... le jasmin
es-susān (m) .... le lys
er-rīḥa (f) .... le parfum, l'odeur, l'arôme
el-'ṭeṛ (m) .... le parfum
en-narjis (m) .... le narcisse
ez-ẓheṛ (m) .... la fleur d'oranger
ma ẓheṛ (m) .... l'eau de fleur d'oranger
el-werd (m) .... la rose
ma weṛḍ .... l'eau de rose
el-kāfūṛ (m) .... le camphre
el-bẖūṛ (m) .... l'encens
'ūd el-qmāri (m) .... le bâton d'encens
el-jāwi (m) .... le benjoin
el-mesk (m) .... le musc
el-ḥbeq (m) .... le basilic
er-rīḥān (m) .... le myrte
el-'enḇeṛ (m) .... l'ambre
el-ḥeṛmel (m) .... le paganum harmala
m'eṭṭeṛ .... parfumé
ẖānez, nāten .... puant

I- Karīma tebġi **er-rīḥa** w b el-ẖuṣūṣ **rīḥt el-werḍ**. Dāymen tdīru 'lī-ha.

I- Karima aime **le parfum** et en particulier celui de **l'eau de rose**. Elle en met toujours sur elle.

EXPRESSIONS ET LOCUTIONS IDIOMATIQUES

- *Reḍḍ eṣ-ṣeṛf*	Renvoyer la balle.
- *Ġme' ḥwāyj-u*	Plier bagages.
- *Dẖel sūq ṛāṣ-ek*	Mêlez-vous de ce qui vous regarde.
- *Ba' b el-gerja*	Vendre à forfait.
- *Werrā-h šḥāl yeswa*	Faire voir de quel bois l'on se chauffe.
- *Ḥeṭ et-taman*	Mettre le prix.
- *Bīn bīn*	Mi-figue, mi-raisin, entre les deux.
- *Ihāf men ẖyāl-u*	Avoir peur de son ombre.
- *fqa/ẖwa qelb-u*	Crever l'abcès, dire ce qu'on a sur le coeur.
- *Dar ši wāḥed fūq eṛ-ṛāṣ*	Accepter quelqu'un avec grand plaisir.
- *Rīgl le-ḥsāb l ši wāḥed*	Régler ses comptes avec quelqu'un.

- *Ma ʿend-ī ma yetsāl l-ek*	Tirer son chapeau à quelqu'un.
- *Rā-h ʿel ej-jṃeṛ*	Etre sur des charbons ardents.
- *Hād es-sūq ḫāwi*	Cette affaire ne vaut pas le coup.
- *Rā-h iḫeṛṛef*	Il prêche dans le désert, il dit n'importe quoi.

PROVERBES MAGHRÉBINS

- *El-kāmūn ila ma ḥekkīt-u ma yeʿṭī-k rīḥt-u*	A ne pas égruger le cumin, il ne dégagera pas son parfum. (Se dit de ceux qui ne sont sensibles qu'à la manière forte).
- *Elli qāl-l-i šnu f qebb-ī neʿṭī-h menn-u ʿenqūd*	Qui me dit ce que j'ai dans ma capuche, je lui en donnerai une grappe (Se dit de celui qui pose des questions très évidentes).
- *El-qeḥba f eṣ-ṣenḍūq w eṛ-ṛāʿya f es-sūq*	La femme vertueuse, au marché se fait respecter ; la femme sans vertu, même au cœur d'un coffre, se débrouille pour se prostituer. (Il ne sert à rien de surveiller une femme, car seule sa vertu peut la retenir).
- *Fīn tenwi ṛuḫṣ-u temma tḫelli nuṣṣ-u*	Qui vise à acheter bon marché, perd la moitié. (Il faut se méfier des marchandises trop bon marché, car souvent la qualité n'y est pas. Se dit des faux calculs).
- *Ila ma jbeṛti ma teʿmel šri ḥmāṛ w ḫdem ḥemmāl*	Si tu ne trouves rien à faire, achète un âne et travaille comme porteur de bagages. **Français** : Il n'y a point de sots métiers, il n'y a que de sottes gens.
- *Fels tjāṛa wa lā ʿešṛa ijāṛa*	Mieux vaut un sou gagné dans le commerce que dix par salaire. (Hommage à la liberté et à l'indépendance).

LA NOURRITURE
EL-MĀKLA

A

el-leqma (f), ed-deġma (f)......... la bouchée
et-tajin (m)..le tajine, le plat en terre dans lequel cuit ce tajine
eṭ-ṭajīn b-el-beṛqūq........................le tajine aux pruneaux
eṭ-ṭajīn b ed-djāj ....le tajine au poulet
el-meṛqa (f), el-'da (f) (T)...............la sauce
šermula..la marinade
el-kefta (f)..........................la viande hachée
el-mfewweṛ (m).la viande cuite à la vapeur
el-mḥemmeṛ (m), mūsli (m), (T).......le rôti
beṣṭila (f) (empr. à l'esp.).................la *bastilla* (pâte feuilletée fourrée de viandes diverses et d'amandes etc.)
eš-šwa (m)......les grillades, les brochettes
el-mešwi (m)................................le méchoui
bouzellūf (m) (empr. au ber.), (A)......la tête du mouton cuite à la vapeur.
šewweṭ..flamber
hregma (f)........plat avec des pieds de veau aux pois chiches et aux raisins secs.
eš-še'riyya (f), el-maqaṛuna (f)...les pâtes
eš-še'riyya (f), (M)....................le vermicelle
spagiti (f) (empr. à l'it. par le fr.)......spaghetti
el-biṣāṛ (m).....la purée de fèves ou de pois
el-qeddīd (m).......................la viande séchée
el-ḫlī' (m)..........la viande salée et passée à l'huile bouillante puis conservée dans un mélange d'huile et de graisse.
eḍ-ḍewwāra (f).................................les abats
el-ġelmi (m)..........................la viande ovine
el-begri (m).........................la viande bovine
el-'enzi (m)........................la viande caprine

B

Plats amazighes (berbères)
ma'kūlāt amāzīġiyya

kseksu (m), el-kusksi, (m) eṭ-ṭ'ām (m)........
....le couscous
es-seffa (f), es-sfūf (f)..........le couscous au beurre, au sucre et à la cannelle
(a)bazīn (m)..............couscous au lait chaud
(a)sīkūk (m), aḫlaw (m)..................le *sikouk* (couscous grossier préparé avec du petit lait)
(a)berkūks (m), berkūkeš (m)..le *berkouks* (couscous grossier gonflé à la vapeur et puis mis dans du bouillon).
et-trīd (m).......les galettes fines émiettées dans du bouillon de viande ou de lait.
abelbūl (m), beryūl (m)............. du couscous grossier à base d'orge
el-klīla (f)...........fromage blanc obtenu en chauffant le petit lait (= caséine)
*bušeyyār(m), el-beṭbūṭ(m)*le pain non levé cuit et enduit de miel ou de beurre.
adġes (m).........lait de première parturition

A- Men bīn el-ma'kūlāt el-maġāribiya lli ma'ṛūfa bezzāf f-el-ḫārij nelqāw ***eṭ-ṭajīn*** *w* ***kseksu****.*
F-el-ḥafalāt, en-nās iṭiyḅu taqrīban dāymen ***eṭ-ṭajīn b ed-djāj*** *wella b el-lḥem tā' el-ḫṛūf m'a* ***kseksu****.*
B- ***Kseksu*** *makla amāzīġiya. Fī-h bezzāf tā' el-nwā'. Yeddār b le-ḥlīb, b el-meṛqa, b el-lben w ḥetta b el-ḥūt.*

A- Parmi les **plats** maghrébins très connus à l'étranger, on trouve le **tajine** et le **couscous**.
Pendant les fêtes, les gens préparent presque toujours le **tajine** au **poulet** ou à la **viande** d'agneau puis le **couscous**.
B- Le **couscous** est un plat amazighe. Il y a plusieurs variétés de **couscous**. On le prépare avec du lait, avec de la sauce, avec du petit lait et même avec des poissons.

C

Les poissons <=> El-ḥūt

el-bḥeṛ (m)...........la mer
el-bḥūṛ (m)...........les mers
el-melḥa (f)...........le sel
el-melḥ el-meḥfūṛ...........le sel gemme
ṣeyyeḍ el-ḥūt...........pêcher
ḥewwāt (m).......le poissonnier, le pêcheur
qla...........frire
el-qla (m)...........la friture
es-sārda, (f), el-makṛu (m) (empr. au fr.)...........les maquereaux
serdīna (f) (empr. au fr.)...........une sardine
es-serdīn (m) (empr. au fr.)...........les sardines
eš-šūk (m)...........les arêtes, les épines
el-mernūs (m), el-mīrla (f) (empr. au fr.)...........le merlan
el-caḷamaṛ (m) (empr. au fr.)...........le calamar
eṭ-ṭūn (m) (empr. au fr.)...........le thon
el-qīmṛūn (m), el-kruvīt (m) (empr. au fr.)...........les crevettes
en-nūn (m) (empr. au fr.), es-selbāḥ (m)...........l'anguille
eṛ-ṛāya (f) (empr. au fr.)...........la raie
eš-šren (m), eš-šerniyya (f)...........le mérot
salamun *(m)*, es-sumu *(m) (empr. au fr.)*...........le saumon
eš-šābel (m)...........l'alose
buzrūg (m) (M)...........les moules
el-qurniṭ (m)...........langouste
eṣ-ṣūḷ (m), (empr. au fr.), ḥūt sīd-na Mūsa/Sulimān...........la sole
el-baju (m), bejjīl (m)...........le pageot
es-srenbeq (m), el-maḥār...........les huîtres
el-būri (m)...........le mulet
buġezzāl (m), qenfūd el-bḥer (m)...........l'oursin

D

Laitages <=> El-mawād tā' el-ḥlīb

el-ḥlīb (m)...........le lait
ḥleb...........traire
eṛ-ṛāyeḅ (m)...........le lait caillé
el-lben (m)...........le petit lait
ej-jben (m)...........le fromage frais
el-feṛmāj (m) (empr. au fr.)...........le fromage
es-smen (m), ed-dhen (m)...........le beurre salé
dhen...........enduire
ez-zebda (f)...........le beurre
es-smen el-ḥāṛṛ...........le beurre rance
es-smen el-ḥāyel.....le beurre de conserve

*C- El-mdūn el-maġāribiyya llī 'el el-**bḥeṛ** istehlk-u **el-ḥūt** bezzāf. El-mākla tā'-hum mujūd fī-ha kull el-nwā' tā' el-ḥūt. F el-mdūn elli b'ād 'el le-**bḥeṛ** **el-ḥūt** ġāli. Ġāliban ma'i'eṛf-u siwa **s-serdīn, eṭ-ṭūn** tā' el-ḅwāṭ, el-**mīrna** w ṣāfi.*
*D- El-kessāba tā' el-ḥayawanāt bḥāl el-bger, el-m'īz, yāklu bezzaf el-mawād tā' **el-ḥlīb** bḥāl **ez-zebda, es-smen, ej-jben, eṛ-ṛāyeḅ** . Fāš tewled el-begṛa wella el-me'za, telt yām el-lūwla išerbu adġes.*

C- Les villes maghrébines se trouvant au bord de la **mer** consomment beaucoup de **poissons.** Leur nourriture est composée de toutes sortes de **poissons.** Dans les villes se situant loin de la **mer,** les **poissons** sont chers. Généralement, on ne connaît que les **sardines,** le **thon** des boîtes de conserve, le **merlan** et c'est tout.
D- Les éleveurs d'animaux comme les vaches, les chèvres, mangent beaucoup de **produits laitiers** tels le **beurre,** le **beurre salé,** le **fromage, le lait caillé.** Quand une vache ou une chèvre met bas, les trois premiers jours, ils boivent le lait de première parturition.

E

Gâteaux et pâtisserie
El-ḥalawiyyāt

el-'jīn (m) .... la pâte
'jen .... pétrir
el-geṣ'a (f) .... la grosse écuelle
el-ḫubz (m), el-kesra (f), (A) .... le pain
eš-šdeq (m) .... le morceau de pain
el-ḫmīra (f) .... la levure
ḫemmer .... fermenter, lever, macérer
eṭ-ṭḥīn (m), ed-dqīq (m), farina (A, T) .... la farine
es-smīd (m) .... la semoule
buṣeyyāṛ (m), eṣ-ṣeyyāṛ (m) .... le tamis
el-ḥelwa (f), el-ḥlu (m), el-gāṭu (m) (empr. au fr.) .... les gâteaux
ka'b/geṛn ġzāl .... les cornes de gazelle
er-rġāyef (f), el-fṭāyeṛ (f) (T) ... les galettes
beġrīr (m), kṛīp (m), (empr. au fr.), (A, T) crêpes
sellu (m), ez-zrīr (m), (T) ...... un mélange à base de farine grillée, d'amandes et de noix moulues et autres ingrédients.
el-meqṛūṭ (m) (A) .... le *makrout*
ġrība (f) .... la *ghuriba* (gâteaux ronds sucrés au beurre)
el-mḥenša (f) .... gâteau d'amandes roulé d'abord dans une feuille de pâte en forme d'un serpent et enroulé ensuite sur lui-même, d'où son nom.
bāqlawa (m) (A) .... la *baqlawa*
ez-zellābiyya (f) ..... la *zellabiya* (espèce de beignets en forme de tubes minces trempés brûlants dans du miel)
el-meskūta (f) (M) .... le gâteau soufflé
es-sfenj (m) .... les beignets

F

Les boissons <=> El-mešṛūbāt

šṛeb .... boire
ej-jeġma (f) .... la gorgée
kub, ṣub, feṛṛeġ .... verser
eš-šṛāb (m) .... l'alcool, le vin
sker, ḫbeṭ .... s'enivrer
es-sekra (f) .... l'ivresse
sekrān .... ivre
et-tmen (m) .... le malaise ressenti après une nuit d'orgie
el-munaḍa (f) (empr. au fr.) .... la limonade
el-bīrra (f), es-serbisa (f) M) (empr. à l'esp.) .... la bière
el-wīski (m), (empr. au fr.) .... le whisky
eš-šumpān (m) .... le champagne
el-bāṛ (m) (empr. au fr.) .... le bar
el-qehwa (f) .... le café
et-teḫt (m) .... la lie, le marc
atay (m) (M), latāy (m)(A), tāy (m) (T) .... le thé
el-lwīza (f) .... la verveine
el-ḥlīb (m) .... le lait
el-'aṣīṛ (m) .... le jus de fruits
el-kās (m) .... le verre
el-qeṛ'a, ed-debbūza (T) .... la bouteille
lānkūl (m) .... l'alcool

*E- Eš-šheṛ elli nākl-u fī-h el-**ḥelwa** ktīr huwwa bla šek šheṛ ṛemḍān. Kull-ši l-'ā'ilāt iwejdu el-**ḥelwa** w el-**gāṭu** b šheṛ qbel. Elli ma kān š 'end-hum el-weqt bāš idīru l-**ḥelwa** tā'-hum b el-ḫuṣūṣ ez-**zellābiya**, yešrīw-ha men es-sūq, walayenni b el-ġla.*
*F- F-el-beldān el-islāmiya, el-islām ḥeṛṛem **eš-šṛāb** w **lānkūl**. walāyenni en-nās ḥṛāṛ išeṛb-u el-**bīrra** w el-**wīski** w **eš-šumpān** f-el-**bīṛān** w eṛ-ṛisṭuṛāt. F eḍ-ḍyūṛ nešeṛbu el-**'aṣīṛ**, el-**munaḍa**, **atāy**, el-**qehwa**...*

E- Le mois où l'on mange beaucoup de **gâteaux** est sans aucun doute le mois du ramadan. Toutes les familles préparent les **gâteaux** et les **pâtisseries** un mois à l'avance. Ceux qui n'ont pas eu le temps de préparer leur propres **gâteaux**, en particulier la "**zellabiya**", l'achètent dans le commerce, mais alors à un prix élevé.
F- Dans les pays musulmans, l'islam a prohibé le **vin** et l'**alcool**. Mais les gens sont libres. Ils boivent de la **bière**, du **whisky** et du **champagne** dans les **bars** et les restaurants. Chez soi, on boit du **jus de fruits**, de la **limonade**, du **thé** du **café**...

G

Les repas <=> El-mākla

el-fṭūṛ (m) (A, T) le déjeuner, petit déjeuner
fṭeṛ ... prendre le (petit) déjeuner
el-ġda (m) (M), *el-fṭūṛ* (m) (A, T) ... le déjeuner
tġedda (M), *fṭeṛ* (A, T) ... déjeuner
ḫfīf ... léger
tqīl ... lourd
eṣ-ṣbāḥ (m) ... le matin
eṣ-ṣebḥiyya (f) ... la matinée
ṣebbūḥi ... matinal
ḫda ... prendre
kla ... manger
ez-zīt (f) ... l'huile
zīt ez-zītūn/el-'ūd ... l'huile d'olive
zīt argān ... huile d'arganier
el-ḫubz (m), *el-kesra* (f) (A) ... le pain
eš-šdeq (m) ... le morceau de pain
el-lḥem (m) ... la chair, la viande
el-'sel (f) ... le miel
el-ḥlīb (m) ... le lait
ez-zebda (f) ... le beurre
el-feṛmāj (m) (empr. au fr.) ... le fromage
el-'aṣīṛ (m) ... le jus de fruits
el-kufitīr (m) (empr. au fr.), *el-me'jūn* (T) ... la confiture
el-ḃīḍ (m), *el-'ḍāṃ* (T) ... les œufs
ḃīḍa (f), *'eḍma* (f) (T) ... un œuf
ḃīḍa meslūqa, 'eḍma mjebna /meṣmūta (T), *ḃīḍa fayḍa* (A) ... un œuf dur
eš-šeklāṭ/eš-šikula (f)(empr. au fr.) chocolat

H

eṭ-ṭnāš (f), *el-luwwel* (m), (T) ... midi
eṭ-ṭeḃṣīḷ (m), *eṣ-ṣḥen* (m) ... l'assiette
el-ġeṛṛāf (m) (M), (empr. au fr.) ... la carafe
el-kās (m) ... le verre
el-feṛšiṭa (f) (empr. au fr.) ... la fourchette
el-m'ilqa (f), *el-'āšeq* (m) ... la cuillère
el-meġṛef (m) ... la louche
ġṛef ... servir avec la louche
el-mūs (m), *el-ḫedmi* (m), *ej-jenwi* (m), *es-sekkin* (m) ... le couteau
eṣ-ṣṭeḷ (m) ... le seau
el-ḫābya (f) ... la jarre
el-mīda (f), *eṭ-ṭeḃḷa* (f), (empr. au fr.) ... la table
el-kursi (m), *eš-šelya* (f) ... la chaise
eṭ-ṭyāḃ (m) ... la cuisson
ed-disīr (m) (empr. au fr.) ... le dessert
eš-šyāṭ (m) ... le roussi, le brûlé
ṃšeyyeṭ ... sentir le brûlé, le roussi
wejjed ... préparer
ṭāyeḃ ... cuit, mûr
ḫḍeṛ ... cru, vert
er-riyyāga (f) ... la bavette
el-fūṭa (f) ... la serviette de bain
es-serbita (f) (empr. au fr.), *el-mendīla* ... l'essuie-mains, le torchon
eš-šeṛwīṭa (f), *eš-šeṛmīṭa* (f) ... le torchon
el-ġsīl (m) ... le lavage
kubb, ṣuḃḃ ... verser
mseḥ ... essuyer
šellel ... rincer
eš-šlāl (m) (M), *eṭ-ṭāṣ* ... le "chlal" (ustensile pour se laver les mains au Maroc)

*G- F eṣ-ṣḃ**āḥ** nāḫed dāymen f el-**fṭūṛ** kās tā' el-**qehwa** b le-**ḥlīb**, el-gātu we-lla l-ḫubz. Ḫū-ya, huwwa, yākel l-ḫubz b ez-**zebda m'a atāy**.*
*H- F el-Meġrib qbel ma nebdāw el-mākla, wāḥed iḍūṛ 'el eṭ-**ṭebla** b **eš-šlāl** w **mendīla**. El-**ġsil** tā' **el-yeddīn** ḍaṛūṛi qbel el-mākla.*

G- Le **matin**, je prends toujours au **petit déjeuner,** un verre de **café au lait,** des **gâteaux** ou du **pain.** Mon frère, lui, mange du pain avec du **beurre** et du thé.
H- Au Maroc, avant de commencer à manger, quelqu'un fait le tour de la **table** avec le "**chlal**" et un **essuie-mains**. Le **lavage** des **mains** étant indispensable avant le repas.

I

et-tū'īf (m) (M), (empr. au ber), *teḫrīša* (f)..la collation, le goûter
twe''ef (M), (empr. au ber)........................goûter
ej-jū' (m), *buheyyūf* (m)........................la faim
jī'ān..affamé
'eṭšān..assoiffé
šeb'ān..rassasié
ghem..écœurer
kaskṛūṭ (m) (empr. au fr.), ...le casse-croûte
bukadiyyu (m)(empr. à l'esp.), (M)le sandwich

J

el-'ša (m)................le dîner, la prière du soir
t'ešša..dîner
el-'šiyya (f)..................l'après-midi, le soir
el-līl (m)...la nuit
eḍ-ḍḷām (m)......................le noir, l'obscurité
el-ḥrīra (f)......................la soupe marocaine
eš-šeṛḅa (f), (A, T).........la soupe, le potage
ez-zlāfa (f), *el-ġeṛfiyya* (f) (T).........le bol
ej-jebbāniyya (f), *es-supira* (f) (T), (empr. au fr.)..la soupière
el-meṛmiṭa (f)/*el-gamila* (f) (empr. au fr.), *eṭ-ṭenjṛa*................la marmite, la gamelle
fewweṛ.......................faire cuire à la vapeur
el-fwāṛ (m).......................................la vapeur
šwi..griller
es-seffūd (m), *es-selk* (m).............la broche
ej-jmeṛ (m).......................................la braise
el-ṃejmeṛ (m).................................le brasero
šewweṭ..flamber
qla..frire
el-qla (m)...la friture
ḥemmeṛ, *mūsli* (T)...............................rôtir
el-ṃḥeṃṃeṛ (m)...................................le rôti
ḥša.......................................farcir, enfoncer
ġella, *sleq*, *ṭebbeḫ*, *ṣemmet* (T) .bouillir
el-ġellāy (m) (M), *el-meqrāj* (m)..le bouilloire
el-ḫell (m)....................................le vinaigre
šlaḍa (f) (empr. au fr.) .....la salade, la laitue

K

eṣ-ṣḥūṛ (f).................le repas d'avant l'aube pendant le ramadan
ṛeṃḍān (m)...................................le ramadan
eṣ-ṣyāṃ (m)...le jeûne
el-adān (m).......................l'appel à la prière
el-meġreb (f).............la fin de l'après-midi, la prière du coucher du soleil)
el-fjer (f)..............l'aube, la prière de l'aube
en-n'ās (m), *er-rgād*, (m) *en-num* (m)...le sommeil
butellīs (m), *el-kābūs* (m).......le cauchemar
ḥmāṛ el-līl...........................le lutin (esprit supposé se manifester la nuit)
es-sersār (m), *en-nāqūs* (m)............le réveil
ḥlem...rêver
el-ḥelm (m).....le rêve, le songe, la vision
šḫeṛ...ronfler

I- Bīn el-ġda w el-'ša, el-weqt ṭwīḷ dāk eš-ši bāš ***et-tū'īf*** *isā'ed bāš nhersu ej-jū'. En-nās iṛeyqu b ši* ***mākla ḫfīfa*** *bḥāl matalan šwiya tā' el-ḫubz aw el-ḥelwa m'a šwiyya tā' el-qehwa aw atāy.*
*J- F el-**'šiyya** ma nākul š bezzāf. Nfeḍḍel el-'ša ikūn ḫfīf.* ***Zlāfa*** *tā' el-**ḥrīra*** *matalan m'a* ***šlāḍa*** *baṛaka 'li-yya.*
*K- Eṣ-**ṣḥūṛ** f ṛeṃ**ḍān** ṣ'īb. Bāš teqder* ***tfīq*** *lāzem t'emmeṛ es-**sersār**. Eṣ-**ṣyāṃ** ikūn men el-**adān** tā' el-**fjer** ḥetta l el-**adān** tā' el-**meġṛeb**.*

I- Entre le déjeuner et le dîner, le temps est long, c'est pour cela que le **goûter** aide à couper la faim. Les gens prennent un **repas léger** comme, par exemple, un peu de pain ou de gâteau avec un peu de café ou de thé.
J- Le **soir**, je ne mange pas beaucoup. Je préfère un **dîner** léger. Un **bol de soupe** par exemple, et une **salade** et c'est assez pour moi.
K- Les "**shur**" pendant le **ramadan** sont très difficiles. Pour pouvoir se **réveiller**, il faut **remonter le réveil**. Le **jeûne** va de l'**appel à la prière** de l'**aube** jusqu'à l'appel à **la prière du *coucher du soleil.***

L

Le tabac <=> Ed-duḫḫān

el-gāṛṛu/es-sigāṛu (m), (T), (empr. au fr.), *ed-duḫḫān* (m) .... la cigarette
qābsa/bakiyya tā' el-gāṛṛu, bāku sigāṛu (empr. au fr.) .... un paquet de cigarettes
es-sigāṛ (m) (empr. au fr.) .... le cigare
ed-duḫḫān (m) .... le tabac, la fumée
ṭaḃa (f) (M), (empr. au fr.), *eš-šemma* (f) .... le tabac à priser
neffeḥ .... priser du tabac
el-pīpa (f), (empr. au fr.) .... la pipe
es-sebsi (m) .... la pipe marocaine pour fumer du kif à tuyau en bois et fourneau en terre cuite.
eš-šīša (f) (T) .... le narguilé
eṭ-ṭeffāya (f), *eṭ-ṭeqṭūqa* (f), (T) . le cendrier
eṭ-ṭefya (f) .... la cendre de cigarettes
eṛ-ṛmāḍ (m) .... la cendre
el-būnt (m) .... le mégot
kma, deḫḫen .... fumer
el-brīka/er-rikiyya (f)(empr. au fr.) le briquet
el-wqīd (m), *ẓaḷamīṭ* (m) (empr. au fr.) .... les allumettes
el-'āfya (f), *en-nāṛ* (f) .... le feu
š'el, še''el .... allumer
ṭfa, ṭeffa .... éteindre
seff .... aspirer
ṣāṭ, nfeḫ .... expirer, souffler
en-nībru (m) (M), *el-māṣṣa* (A) ...... la feuille à rouler la cigarette
ḃṛeṃ (empr. au ber.) .... rouler une cigarette
el-ḫšīš (m) .... le hachisch, le cannabis
el-'efyūn (m) .... l'opium
ḷaḍṛūg (m) (empr. au fr) .... la drogue

*L- Ed-**duḫḫān** ḥāja qbīḥa. En-nās elli **yekmīw** el-**gārru** aw yāḫdu ḷaḍṛūg yejrīw f ḫaṭaṛ l ṛāṣ-hum w l elli m'a-hum. Ed-**duḫḫān** yejri f majmū'a tā' el-amṛāḍ w b el-ḫuṣūṣ el-kūnṣīṛ tā' el-gerjūma*

L- Le **tabac** est une mauvaise chose. Les gens qui **fument des cigarettes** ou qui consomment de la **drogue** courent un danger pour eux-mêmes et pour ceux qui sont avec eux. Le tabac provoque un ensemble de maladies, en particulier le cancer de la gorge.

EXPRESSIONS ET LOCUTIONS IDIOMATIQUES

- *Zerda wella ġerda*	Le festin ou le gourdin. (De deux choses l'une : soit tu as la chance et tu as un festin, soit tu ne l'as pas et tu as des coups de bâton)
- *herres ej-jū'*	Couper la faim.
- *Srek el-melḥa/eṭ-ṭ'ām* (litt.: partager le sel/le met)	Se donner mutuellement l'engagement de l'amitié.
- *Klā-h b el-'īnīn*	Dévorer des yeux.

- *Klā-h b el-'īnīn*	Dévorer des yeux.
- *Kla el-ḫubz ḥāfi*	Manger du pain sec.
- *B šeḥm-u w leḥm-u*	En chair et en os.
- *Hezz-u l-ma*	Il s'est fait avoir.
- *Ẓṭem f el-flūs*	Jeter l'argent par la fenêtre.

PROVERBES MAGHREBINS

- *Elli ma lḥeq el-'neb iqūl ḥāmeḍ*	Qui ne peut atteindre le raisin le dit amer. **Français** : Les raisins sont trop verts.
- *El-meḥlūba ḥlīb w el-me'ṣūṛa demm*	Ce qui est trait est du lait, ce qui est pressé est du sang. **Français** : Mieux fait douceur que violence.
- *Mšāt tjīb el-qeẓḅūṛ jāt ḥāmla b seb' šhūṛ*	Elle est allé chercher la coriandre, elle est revenue enceinte de sept mois. (Se dit de celui que l'on envoie pour faire une course et qui met si longtemps qu'à son retour, l'on n'a plus besoin de ses services).
- *El-lben qlīl w ṭāḥet fī-h debbana*	Le lait, si peu nous avons et la mouche est venue tomber dedans. (Se dit d'un destin cruel). **Français** : Aux chevaux maigres vont les mouches.
- *Gezzāṛ w yet'ešša b el-left*	Boucher de son état et il dîne toujours avec des navets. **Français** : Les cordonniers sont les plus mal chaussés.
- *Ḫṣāṛt el-māl wa-la ḫṣāṛt er-rjāl*	Mieux vaut perdre de l'argent que de perdre des hommes (des amis). **Français** : Mieux vaut ami en place qu'argent en bourse.

LES PROFESSIONS ET LES MÉTIERS
EL-MIHAN W-EṢ-ṢNAYE'

A

ẖdem .... travailler
el-ẖedma (f), *eš-šġel* (m), *el-'amal* (m) .... le travail
el-ḥerfa (f), *eṣ-ṣen'a* (f) .... le métier
et-tekwīn (m) .... la formation
et-tedrīb (m) .... l'entraînement
et-tejrīb (m) .... l'expérience
eṣ-ṣber (m) .... la patience
el-mtiḥān (m) .... l'examen
el-mubāṛa (f), *el-kunkūr* (m), (e pr. au fr.) .... le concours
wejjed, *ḥeḍḍeṛ* .... préparer
kasūl .... paresseux
fenyān (empr. au fr.) .... fainéant
bujādi .... novice, sans expérience
bḥet, *qelleb*, *ḍewweṛ*, *lewwej*, *ḥewwes* .... chercher
el-'uṭla (f), *el-'wašīr* (f), *el-kūnji* (m) / *bermesyūn* (m) (empr. au fr.) les vacances

B

eṭ-ṭbīb (m) .... le médecin
el-gezzār (m) .... le boucher
el-bennāy (m), *el-māṣṣu* (m), (empr. au fr.) .... le maçon
el-muhendiz (m), *lajenyūṛ* (m) (empr. au fr.) .... l'ingénieur
el-ẖebbāz (m), *el-bulānji* (m), (empr. au fr.) .... le boulanger
el-ḥejjām (m), *el-ḥellāq* (m), *el-ḥeffāf* (m) .... le coiffeur
el-fermasyān (m) (empr. au fr.) ... la pharmacie le pharmacien
el-ḥewwāt (m) .... le poissonnier, le pêcheur
el-nejjāṛ (m) .... le menuisier
el-ustād (m) .... le professeur
el-mu'ellim (m) .... l'instituteur
el-ẖeḍḍāṛ (m) .... le marchand de légumes
el-ḥeddād (m) .... le forgeron
el-ẖeṛṛāz (m), *eṭ-ṭeṛṛāf* (m), *eṣ-ṣbābṭi* (m), *el-blāġji* (m) .... le cordonnier
ej-jadaṛmi (m) (empr. au fr.) .... le gendarme
bulisi (m)/*bulisiyya* (f), (empr. au fr.) .... le policier
el-muḥāmi (m) .... l'avocat
el-qāḍi (m) .... le magistrat, le juge
el-fellāḥ (m) .... l'agriculteur
eṭ-ṭālib (m) .... l'étudiant
ed-diṛāṣa (f), *el-qṛāya* (f) .... les études
šumūr/zūfri (empr. au fr.), *'āṭel* .... chômeur
šifūṛ (m) (empr. au fr.) .... le chauffeur
ṣnāy'i (m) .... l'artisan
ḥāris (m) .... le surveillant
el-fāktūr (m) (empr. au fr.) .... le facteur
et-trisyān (m) (empr. au fr.), *mūl eḍ-ḍḍu* .... l'électricien
kuzini (m), (empr. au fr.) .... le cuisinier
el-'essās (m) .... le gardien

1- F hād el-weqt bāš telqa ***ẖedma****, lāzem ma* ***tqelleb*** *ktīr, lāzem 'āwd men et-***tekwin*** *w men et-***tejrīb***. Bāš tenjeḥ f el-***mtiḥān*** *aw f el-***mubāṛa*** *lāzem men el-ẖedma w lāzem men eṣ-***ṣber***.*
B*- Be'ḍ el-mihan kaṭṭel l eb* ***diṛāṣa*** *ṭwīla w ṣ'ība bḥāl el-mihna tā' el-***muḥāmi****,* ***lājenyūṛ*** *wella el-***qāḍi***, be'ḍ ẖrīn lla. Elli muhim, f el-ḥaqīqa huwwa el-'amal laḥeqqāš el-***biṭāla*** *ḥāja ẖaṭīṛa.*

1- Par les temps qui courent, pour trouver du **travail**, il faut beaucoup **chercher**, il faut aussi de la **formation** et de l'**expérience**. Pour réussir un **examen** ou un **concours**, il faut du travail et il faut de la patience.
B- Certaines professions exigent des **études** longues et difficiles tel le métier d'**avocat,** d'**ingénieur** ou de **juge**, d'autres non. Ce qui est essentiel, en fait, c'est le travail car le **chômage** est une chose grave.

C

eš-šahāda (f), *es-sertafika* (f) (empr. au fr.) .... le certificat
ed-diplūm (m) (empr. au fr.) .... le diplôme
el-m'ellem (m) .... l'instructeur, le patron
el-met'ellem (m) .... l'apprenti
eš-šāf (m) (empr. au fr.) .... le chef, le responsable
et-taqā'ud (m), *lantrīt* (m), (empr. au fr.) .... la retraite
el-ẖlāṣ (m), *el-ẖelṣa* (f) .... la paye
eš-šehriyya (f) .... le salaire mensuel
et-tesbīq (m) .... l'acompte
ed-diplaṣṃa (f) (empr. au fr.) le déplacement
es-serbīs (m) (empr. au fr.) .... le service
ej-jūṛni (m) .... le salaire journalier
swāye' zāyda des heures supplémentaires
er-rbeḥ (m) .... le gain
el-kunṭṛa (f) (empr. au fr.) .... le contrat
weqqe', ṃḍi, ḇṣeṃ, seḥeḥ (T), *senyi* (empr. au fr.) .... signer
ṭḇe' .... apposer un cachet, poinçonner
ḥedded .... préciser
el-me'mel (m) .... l'usine
eš-šarika (f) .... la société
el-ẖeddāma (m) .... les employés
ẖeddem .... faire travailler, embaucher
qdīm, bāli .... usé, antique
ḷaṣyān (m) (empr. au fr.) .... ancien
ṛāṣ el-māl (m) .... le capital
el-iḍāṛa (f) .... l'administration
eš-šāweš (empr. au turc) (m) .... le portier, garçon de bureau
el-mudīr (m) .... le directeur

D

eṣ-ṣinā'a (f) .... l'industrie
et-tijāṛa (f) .... le commerce, le négoce
el-bī' w eš-šra .... la vente et l'achat
et-tṣeṃṣīṛ (m) .... le courtage
ṣeṃṣāṛ (m) .... le courtier, agent d'affaires
b ej-jemla .... en gros
b el-qerd .... en détail
b el-gerja .... en vrac
el-ẖṣāṛa (f), *eḍ-ḍī'a* (f) .... la perte
en-najāḥ (m) .... la réussite
njeḥ .... réussir
ṣqeṭ .... échouer
ẖser, ḍā' .... perdre
zgel, ṛaṭa (empr. au fr.) .... manquer, rater
el-mešṛū' (m) .... le projet
el-gaṛānṭi (m) (empr. au fr.) .... la garantie
el-meqṣūḍ (m) .... le but, l'objectif
el-ḇḷān (m) (empr. au fr.) .... le plan
el-makina (f) (empr. au fr.) .... la machine
el-mašina/et-trān (f) (empr. au fr.) .... le train

C- Fāš ***tẖeddem*** *ši wāḥed* ***ḥedded*** *m'ā-h ej-****jūṛni*** *wella eš-****šehriya*** *w* ***senyi*** *m'ā-h* ***kunṭṛa***.
- Kull ***šarika*** *'end-ha* ***ṛāṣ el-māl***, ***mudīr*** *w* ***iḍāṛa***. *El-****iḍāṛa*** *hiyya llī tneḍḍeṃ es-****serbīs*** *tā' el-ẖeddāma l dāẖel tā' eš-šarika.*
D- Bāš ***yenjeḥ*** *wāḥed el-****mešṛū'*** *la f eṣ-****ṣinā'a***, *la f et-****tijāṛa*** *w la f ši ḥāja uẖṛa, lāzem ikūn 'end-u* ***ḇḷān***. *Lāzem* ***tetdeqqeq*** *l-u el-****wasā'il*** *w el-ṃ****aqāṣiḍ***.

C- Quand tu **embauches** quelqu'un, **précise** avec lui le **salaire journalier** ou **mensuel** et **signe** avec lui un **contrat**.
- Toute **société** a un **capital,** un **directeur** et une **administration.** C'est l'**administration** qui organise le **service** à l'intérieur de la société.
D- Pour qu'un **projet réussisse,** que ce soit dans l'**industrie**, que ce soit dans le **commerce** ou dans tout autre domaine, il faut qu'il y'ait un **plan**. Il faut en **déterminer** les **moyens** et les **objectifs**.

E

Les pierres et les métaux
el-ḥjer w el-m'āden

qelle'...extraire
ḥfer...creuser
el-ḥdīd (m)...le fer
ez-zeng (m), ej-jālūq (m)...le zinc
ed-dheb (m)...l'or
en-neqṛa (f), el-feḍḍa (f)...l'argent
en-nḥās (m)...le cuivre
eḍ-ḍyamanḍ (m) (empr. au fr.)...le diamant
el-lwīz (m)...les louis
ez-zumreḍ (m)...l'émeraude
el-karyān (m) (empr. au fr.)...la carrière
et-teṣfiyya (f)...le raffinage
dāb...fondre
eṣ-ṣḍa (m), eṣ-ṣḍīḍ (m)...la rouille
el-hend (m)...l'aimant
laminyu (m) (empr. au fr.)...l'aluminium
el-qezdīr (m)...l'étain
ez-zibeq, ez-zāweq (m)...le mercure
ez-zāj (m), el-ḅeḷḷāṛ (m) (T)...le verre
el-melḥ el-meḥfūṛ...le sel gemme
el-'āj (m)...l'ivoire
eṣ-ṣeḷṣāḷ (m)...l'argile
el-kebrīt (m)...le soufre
Eṭ-ṭin (m)...l'argile
ej-jīr (m)...la chaux
er-rḫām (m)...le marbre
el-ġāsūl (m)...terre argileuse de couleur bleuâtre servant de savon.
eš-šebba (f)...l'alun
el-kḥūl (m)...l'antimoine
el-gebṣ (m)...le plâtre

F

L'agriculture <=> *El-flāḥa*

el-fellāḥ (m)...l'agriculteur
el-arḍ (f)...la terre
el-ḥert (m)...les labours
ez-zerri'a (f)...la semence
lāngri (m) (empr. au fr.)...les engrais
el-ġḅāṛ (m)...le fumier
el-feddān (m), el-ḥeql (m)...le champ
el-meḥrāt (m)...la charrue
es-sekka (f).. soc de charrue, chemin de fer
et-traktūr (m) (empr. au fr.)...le tracteur
el-ḥṣāḍ (m)...la moisson
twiza (f) (empr. au ber.)...le travail collectif d'entraide
es-sedd (m), el-ḅaṛāj (m), (empr. au fr.)...le barrage
es-sqa (m)...l'irrigation
el-meṛdūḍ (m)...le rendement
el-ma (m)...l'eau
eṛ-ṛbī' (m), el-ḥšīš (m)...l'herbe
el-ḥeṛṭāḷ (m)...l'avoine
et-tben (m)...la paille
el-gemḥ (m)...le blé, le froment
eš-š'īr (m)...l'orge
eḍ-ḍṛa (m)...le maïs

*E- -Ed-**dheb** huwwa men bīn el-**m'āden** elli ġālyīn bezzāf f el-'ālam.*
*-Kul el-**ma'āden** iḫerju men el-arḍ. Men be'd el-'amaliyyāt tā' et-teṣfiyya 'ād iwellīw ṣālḥīn l el-**isti'māl** f el-ḥayāt el-yawmiya tā' el-insān.*
***F**- El-flāḥa l-ma'īšiyya te'tamed b el-ḫuṣūṣ 'la š-**š'īr** w eḍ-**ḍṛa** w el-**gemḥ** w teste'mel el-wasā'il el-qdīma bḥāl el-**meḥrāt** tā' el-ḫšeb. Es-**sdūd** w es-**sqa** el-'eṣri ġālyīn b en-nisba l el-meṛdūḍ tā' el-fellāḥa eṣ-ṣġāṛ.*

E- -L'**or** est parmi les **minerais** les plus chers au monde.
- Tous les **minerais** sont extraits du sol. Après les opérations de raffinage, ils deviennent alors **utilisables** dans la vie quotidienne de l'homme.
F- L'agriculture vivrière se base notamment sur l'**orge**, le **maïs**, le **blé** et utilise de vieux moyens telle la **charrue**. Les **barrages** et l'**irrigation** moderne sont chers par rapport au rendement des petits agriculteurs.

G

Le commerce <=> et-tijāṛa

el-magaza (f) (empr. au fr.) ....le magasin
el-ḥānūt (f) ....la boutique
el-ḥwānt (f)........les boutiques
el-kelyān (m), (empr. au fr.), *el-meštāriyya* (A) ....les clients
eṭ-ṭelq (m), *el-krīdi* (m), (empr. au fr.)le crédit
el-'erbūn (m) ....les arrhes
el-mewqi' (m), *el-ḅḷāṣa* (f) (empr. au fr.) ....l'emplacement
es-serbīs (m) (empr. au fr.) ....le service
el-mīzān (m), *el-baskula* (f)........la balance
et-taman (m), *es-sūm* (m) ....le prix
el-ġla (m) ....la cherté
eṣ-ṣenḍūq (m) ....la caisse
el-mjeṛ (m) ....le tiroir
el-ḥsāb (m) ....le compte, le calcul
et-tewṣīḷ (m), *er-risibu* (m), (empr. au fr.)........le reçu
el-kunṭwāṛ (m) (empr. au fr.) .... le comptoir
eṣ-ṣeṛf (m) ....la monnaie
eṣ-ṣṛūf (m) ....les unités de mesure
es-sel'a (f)........la marchandise
el-ḫezna (f), *bīt el-mūna*........la réserve

*G- El-ḥellān tā' el-**ḥānūt wella** tā' el-**magaza** yeṭṭeḷ ḷ eḅ wāḥed el-mejmū'a tā' el-ḥwāyej. Be'da lāzem ikūn el-**mawqi'** mezyān. Et-**taman** lāzem ikūn munāsib. El-**ġla** w el-**krīdi** iheṛbu el-**kelyān**.*

G- L'ouverture d'une **boutique** ou d'un **magasin** exige un ensemble de choses. D'abord, il faut choisir un bon **emplacement**, les **prix** doivent être convenables, la **cherté** tout comme le **crédit** font fuir les **clients**.

EXPRESSIONS ET LOCUTIONS IDIOMATIQUES

- *Reḍ en-nhāṛ*	Rentabiliser la journée.
- *'End-u el-yeddīn men ed-dheb*	Avoir des mains en or / Il a des doigts de fée.
- *'End-u el-ḫedma f ed-dem*	Avoir le travail dans le sang.
- *Yeḍṛeḅ 'el en-nīf*	Il pratique des prix exorbitants.
- *Ma 'end-u la ḫedma la redma*	Inspecter les pavés.
- *Tlef l-u ṛāṣ el-ḫīṭ*	Perdre le fil des choses.
- *F qelb-u*	Dans son for intérieur.

- *Ḍ'īf bḥāl el-meṣmāṛ*	Maigre comme un clou.
- *Ma hez- š 'īn-u men ši wāḥed/ši ḥāja*	Ne pas quitter des yeux quelqu'un/quelque chose.
- *Yeẖdem men qelb-u*	Avoir le cœur à l'ouvrage.
- *Iqelleb 'la jwa menjel*	Il cherche des ennuis.
- *Ẓeyyeṛ el-lwāleb l ši wāḥed*	"Serrer la vis à quelqu'un".
- *Ma iḍūṛ-š b-el-wted*	Ne pas aller par quatre chemins, aller droit au but.

PROVERBES MAGHRÉBINS

- *Et-tijāṛa ila ma ġnāt tester*	Le commerce, au mieux il enrichit; au pire il fait vivre. (Hommage à l'activité commerciale)
- *Elli ẖālṭ el-'eṭṭāṛ fāḥ b ṭīḇ-u*	Qui fréquente le marchand de parfum, sent le parfum. **Français** : Dis-moi qui tu hantes, je te dirai qui tu es.
- *El-ẖedma 'el el-wlād ẖīr men el-'ibāda w el-jihād*	Le travail pour les enfants vaut mieux que la dévotion et la guerre sainte.
- *Bī' el-biṣāṛ la tebqa f eḍ-ḍāṛ*	Vends la purée de fève plutôt que de rester chez toi. **Français** : Qui ne peut galoper qu'il trotte.
- *Elli 'end-u el-flūs klām-u ṣāfi neqṛa w el-meskīn meṭlī b el-ẖṛa*	Celui qui a l'argent, son discours est de l'argent pur, celui du pauvre est enduit d'excréments. **Français** : Les sottises du riche sont des sentences.

L'ENSEIGNEMENT ET L'ÉDUCATION
ET-TE'LĪM W ET-TERBIYYA

A.

el-medrasa (f), *es-sekwila* (f), (empr. à l'esp.), *el-mekteb* (m) (T) .... l'école
el-mu'ellim (m) .... l'instituteur
et-telmīd (m) .... l'élève
el-btidā'ī (m) .... le primaire
el-medrasa l-ḥurra............................. l'école privée
er-rewḍ (m) .... la crèche
el-murebbī (m) .... l'éducateur
el-qism (m) .... la salle de cours
es-sebbūra (f)............................. le tableau
ed-ders (m) .... le cours
et-ṭāwla (f), *et-tebla* (f) (empr au fr.)..le banc
el-kursi (m), *eš-šelya*............................. la chaise
es-saḥa (f)............................. la cour
eš-šārḥ (m) .... l'explication
en-neqṭa (f)............................. la note
el-bīru (m), (empr. au fr.) .... le bureau
el-lūḥa (f)............................. l'ardoise
el-mimsaḥa (f)............................. le chiffon
ed-dwāya (f), *el-miḥbara* (f)............................. l'encrier
el-mdād (m) .... l'encre
el-minšafa (f)............................. le buvard
el-gūma (f) (empr. au fr.)............................. la gomme

B

el-i'dādiyya (f), *el-kulij* (m) (empr. au fr.)............................. le collège
et-tānawī (m) .... le secondaire
et-tānawiyya (f)............................. le lycée
el-mudīr (m) .... le directeur
el-ustād (m) .... le professeur
en-natā'ij (f)............................. les résultats
eš-šahāda (f).......le certificat, l'attestation
ḥda, ḥessel............................. obtenir
isti'māl ez-zamān............emploi du temps
et-tesjīl (m) .... l'inscription
tsejjel............................. s'inscrire
el-werqa (f)............................. la feuille
es-sefḥa (f)............................. la page
el-istirāḥa (f)............................. la récréation
et-tešjī' (m) .... l'encouragement
el-ġiyyāb (m), *el-ġība*, *el-ġyūb* l'absence
el-'ṣa (m), *el-qṭīb* (m), *el-'mūd* (m), *el-metreg* (m) (A)............................. le bâton

*1- Et-te'līm le-btidā'ī yebda ma bīn es-sin tā' ḫems aw seb' snīn ḥasab ed-duwwal. F el-Meġrib, bezzāf tā' et-**tlāmed** tkūn awwel merra išūf-u fī-ha el-**mu'ellim**, el-**qism**, es-**sebbūra**...Be'ḍ uḫrīn ikūnu dāz-u b er-**rewḍ** w 'ārfīn šnu huwwa el-**mu'ellim** aw el-**murebbī** w 'ārfīn bezzāf tā' el-ḥwāyej.*
***B**- Men be'd et-te'līm el-btidā'ī kāyen et-te'līm et-**tānawī**. Bāš yemken **netsejlu** f el-**i'dādiyya** lāzem **neḥesl-u** 'lā **šahāda** tā' et-te'līm el-btidā'ī. F el-**i'dādiyya** w et-**tānawiyya** 'eks el-ibtidā'ī iwellī 'end-na bezzāf tā' el-**asātida**.*

1- L'enseignement primaire commence entre l'âge de cinq ou sept ans selon les pays. Au Maghreb, pour beaucoup d'**élèves**, c'est la première fois qu'ils voient un **instituteur**, une **salle de classe**, un **tableau**...d'autres, sont passés par la **crèche** et savent ce qu'est qu'un **instituteur** ou un **éducateur** et connaissent déjà beaucoup de choses.
B- Après l'enseignement primaire, il existe **l'enseignement secondaire**. Pour pouvoir **s'inscrire** au **collège**, il faut obtenir une **attestation** de l'enseignement primaire. Au **collège** et au **lycée**, contrairement au primaire, nous avons plusieurs **professeurs**.

C

Fournitures scolaires *El-adawāt el-meḍṛasiyya*

ed-duḫūl (m) .... la rentrée
el-ṃeṣṛūf (m) .... les dépenses
et-takālīf (f) .... les frais
el-adawāt el-ṃeḍṛaṣiya .... les fournitures scolaires
eš-škāṛa (f), el-ḥaqība (f) (T), el-kaṛṭāḅ (m), (emp. au fr.) .... le cartable
el-qlem (m), el-kriyyu (m)(empr. au fr.) .... le crayon
stilu (m) (emp. au fr.) .... le stylo
el-miqlama (f), lātrūs (f) (empr. au fr.) .... la trousse
eṭ-ṭaḅašīṛ (m) .... la craie
eṣ-ṣeḅḅūṛa (f) .... le tableau
ed-deftaṛ (m), el-kennāš (m), el-kurrās (A, m) .... le cahier
el-misṭaṛa (f), er-rīgla (f) (empr. au fr.) .... la règle
el-kāṛni (m) (empr. au fr.) .... le carnet
el-gūma (f) (empr. au fr.) .... la gomme
el-qāmūs (m) .... le dictionnaire
el-mewsu'a (f) .... l'encyclopédie
el-ktūb (m) .... les livres
el-majellāt (f) .... les revues
ej-jarīda (f), ej-juṛnān (m) (empr. au fr.) .... le journal

D

Les matières <=> *El-mawād*

el-mādda (f) .... la matière
el-muqeṛṛaṛ (m), el-bernāmaj (m) .... le programme
es-silk (m) .... le cycle
et-tārīḫ (m) .... la date, l'histoire
el-jeġrāfiyya (f) .... la géographie
en-naḥw (m) .... la grammaire
el-felsafa (f) .... la philosophie
el-ḥsāb (m) .... le calcul, le compte
el-fīzyā' (m), el-fizīk (m) .... la physique
el-kīmyā' (m), eš-šīmi (m) .... la chimie
eṛ-ṛiyyāḍiyyāt (f), el-ṃāṭ (m) (empr. au fr.) .... les mathématiques
eṭ-ṭibb (m) .... la médecine
el-ktāba (f), el-ketba (f) .... l'écriture
el-qṛāya (f) .... l'étude, la lecture
el-imlā' (m) .... la dictée
el-'ulūm (f) .... les sciences
el-ādāb (m) .... la littérature
eš-ši'r (m) .... la poésie

C- F kull ***duḫūl*** *ṃeḍṛaṣī, el-mu'ellim yeṭl eḅ men et-tlāmed bāš yešrīw el-****adawāt el-ṃeḍṛasiyya*** *: el-****kaṛṭāḅ*****,** ***stilu*****,** *ed-****dfāteṛ****...*
*- Ktīr men el-abā' elli 'end-hum bezzāf tā' el-wlād f el-****ṃeḍṛasa*** *yeškīw men el-****ṃaṣāṛīf*** *w et-****takālīf*** *el-met'elqa b ed-****duḫūl el-ṃeḍṛasī****.*
*D- F weṣṭ es-****silk*** *et-tānawī, et-tlāmed yeḫtāṛu ma bīn eš-šu'ba l-****'ilmiyya*** *w eš-šu'ba l-****adabiyya****. F el-****adāb*** *'end-na el-****felsafa****, et-****tārīḫ****, el-****jeġṛafiyya****, el-****luġāt****... El-****'ulūm*** *fī-ha eṛ-****ṛiyyāḍiyyāt****, el-****fīzyā'****, el-****kīmyā'****...*

C- A chaque **rentrée scolaire**, l'instituteur demande aux élèves d'acheter les **fournitures scolaires** : le **cartable**, les **cahiers**, le **stylo**...
- Beaucoup de parents, qui ont plusieurs enfants à l'**école,** se plaignent des **dépenses** et des **frais** relatifs à la **rentrée scolaire**.
D- Au milieu du **cycle** secondaire, les élèves choisissent entre la branche **scientifique** et la branche **littéraire**. Pour les **lettres**, nous avons la **philosophie**, l'**histoire**, la **géographie**, les langues...
Les **sciences** (exactes) comprennent les **mathématiques**, la **physique**, la **chimie**...

E

L'Université <=> El-jāmi'a

el-jāmi'a (f) ... l'université
el-kulliyya (f) ... la faculté
eṭ-ṭalaba (m) ... les étudiants
el-me'hed (m) ... l'institut
el-ma'āhid (m) ... les instituts
el-'amīd (m) ... le doyen
el-beḥt (m) ... la recherche
el-muḫtabar (m) ... le laboratoire
el-minḥa (f), *labūrs* (f) (empr. au fr.) ... la bourse
el-muḥāḍara (f) ... la conférence
et-taḫeṣṣuṣ (m) ... la spécialité
el-luġāt (f) ... les langues
el-luġāt al-ajnabiyya ... les langues étrangères
el-luġāt el-ḥayya ... les langues vivantes
el-funūn (m) ... les arts
er-riyyāḍa (f) ... le sport
el-aḫbār (m) ... les informations
et-taqāfa (f) ... la culture
el-mujtama' (m) ... la société

F

fhem ... comprendre
el-fhāma (f) ... la compréhension
fekker, ḫemmem ... réfléchir
ḍreṣ ... étudier
'ebber ... exprimer
nqed ... critiquer
er-rūḥ en-neqdiya ... l'esprit critique
et-taḥeyyuz (m) ... le parti pris
bḥet, ḥewwes, lewwej (T) ... rechercher
el-mafāhīm (m) ... les concepts
el-afkār (f) ... les idées
el-'qel (m), *ed-dmaġ* (m) la raison, l'esprit, le cerveau
njeḥ ... être admis
ḥell ... résoudre
en-natā'ij (f) ... les résultats
ḥḍer, tqeddem ... se présenter
ġeyyeb, mennek (empr. au fr.) ... s'absenter
šārek ... participer
sewwel, sāwel, seqsī ... interroger
jāweb, reḍ ... répondre
ṣeḥḥeḥ, selleḥ ... corriger
jerreb ... expérimenter
nāqeš ... discuter, débattre
stāšer ... consulter
ḥellel ... analyser
et-teḥlīl (m) ... l'analyse

*E- El-**jāmi'a** w el-**ma'āhid** el-'ulyā **mu'essasāt** tkewwen el-uṭur elli iseyru l-**mujtama'**. El-muhimma tā' el-**jāmi'a** hiyya eḍ-**ḍirāṣa** w el-**beḥt**. Kāyen **ḫtiṣāṣāt** ktīra, kull **ḫtiṣāṣ** yehtem b wāḥed el-meydān men el-me'rifa*
*F- Eḍ-ḍirāṣa tefteḥ el-**'qel** w tsā'ed 'el el-**fhāma** w et-**teḥlīl**. Bāš nweṣl-u l **natā'ij** me'qūla w mjerḍa men kull **taḥeyyuz**, men el-wājib 'lī-na nḫedmu er-**rūḥ en-neqdiyya** tā'-na w nqārnu el-**mafāhīm** be'ḍ-ha be'ḍ w **nnāqš-u** el-**afkār** ḥetta m'a hādūk elli maši metfāhmīn m'a-na.*

E- L'**université** et les **instituts** supérieurs sont des **institutions** qui forment les **cadres** de la **société**. La mission de l'**université** étant l'étude et la **recherche**. Il y a plusieurs **spécialités** ; chaque **spécialité** s'intéresse à un domaine du savoir.
F- Les études ouvrent l'**esprit** et aident à la **compréhension** et à l'**analyse**. Pour arriver à des **résultats** objectifs et exempts de tout **parti pris**, il est de notre devoir de faire fonctionner notre **esprit critique**, de comparer les **conceptions** les unes aux autres et de **discuter** les **idées** même avec ceux qui ne sont pas d'accord avec nous.

G

el-'ilm (m)....................la science
el-me'rifa (f).........le savoir, connaissance
el-mewḍū' (m)....................le sujet, l'objet
en-niḍāṃ et-tarbawī.....le système éducatif
el-'ulūm el-insāniyya..............les sciences humaines
el-'ulūm eṭ-ṭabī'iyya..............les sciences naturelles
el-'ulūm et-tejrībiyya..............les sciences expérimentales
et-tejriba (f)....................l'expérience
el-'ulūm el-iqtiṣāḍiyya............les sciences économiques
el-iqtiṣāḍ (m)....................l'économie
el-'ulūm ed-dīniyya..................les sciences religieuses
ed-dīn (m)....................la religion
el-'ulūm el-ijtimā'iyya............les sciences sociales
et-tiqniyya (f)....................la technologie
el-mumārasa (f)....................la pratique
el-'alāqa (f)................la relation, le rapport
el-mabādi' (m)....................les principes
el-meydān (m)....................le domaine
el-mayādīn (m)....................les domaines
el-baḥt el-'ilmī...la recherche scientifique
et-takwīn (m)....................la formation

*G- El-**beḥt el-'ilmī** 'end-u wāḥed el-mejmu'a tā' el-**mayādīn**: **meydān** el-iqtiṣāḍ, **meydān** el-qānūn, ed-dīn, eṭ-ṭabī'a... Kull **'ilm** metḫeṣṣeṣ f wāḥed el-**meydān** ḫāṣ. **'Ilm** el-ijtimā' matalan yehtem b el-mujtama' f **'alāqt-u** m'a el-insān. Kull **'ilm** 'end-u ziyyāda 'la hāda ṃ**ewḍu'** mḥedded w **mabādi'** mḥedda.*

G- La **recherche scientifique** a un ensemble de **domaines** : le **domaine** de l'économie, le domaine du droit, de la religion, de la nature... Chaque **science** est spécialisée dans un **domaine** particulier. La sociologie, par exemple, s'intéresse à la société dans son **rapport** à l'homme. Chaque **science,** a par ailleurs, un **objet** propre et des **principes** propres.

EXPRESSIONS ET LOCUTIONS IDIOMATIQUES

- *Ma ye'ṛef el-līf men eẓ-ẓeṛwāṭa*	Ne savoir ni lire ni écrire.
- *Ma ye'ṛef el-līf men el-ba* (Allusion aux premières lettres de l'alphabet arabe qui sont comme les premières lettres de l'alphabet grec : l'alpha et le bêta.)	Etre un ignorant. (Ne distinguant pas le A du B).
- *Ḥmāṛ b ljām-u*	C'est un âne bâté.
- *Qūl amīn*	Dire amen, approuver.

- *Ye'ṛef ej-jnūn fīn sāknīn* (litt. : il sait où habitent les djinns)	Tout savoir.
- *Ma yeddi ma ijīb*	Il ne se rendra compte de rien, il n'y verra que du feu.
- *Ma te'ṛef !*	Qui sait ? Ce n'est pas impossible.
- *Ma 'ṛef fīn idīr ṛāṣ-u*	Ne pas savoir où se mettre.

PROVERBES MAGHRÉBINS

- *El-'ilm mrāyt el-hend w ej-jhel ṣenḍūq rāši, elli ma qṛa bāš 'ṛef el-Lāh, ma huwwa mebni 'la ši*	La science est comme des jumelles, l'ignorance est comme un coffre vermoulu; Qui n'a pas fait d'études, comment reconnaît-il Dieu? Il ne dispose d'aucune base . (Hommage à la science)
- *Ṭelḅ-u el-'ilm ḥetta f eṣ-Ṣīn*	Soyez en quête de la science, soit-elle en Chine.
- *Elli 'elm-ek ḥsen men elli 'ṭā-k*	Celui qui t'apprend vaut mieux que celui qui te donne.
- *Et-trābi sebqet ej-jām'*	L'éducation devance l'école (coranique) **Français** : Poussin chante comme le coq lui apprend.
- *Ši qṛa ḥetta ġenna, ši ma lqa bāš iṣeḷḷi*	Tel est savant jusqu'à mettre en musique sa science, tel autre ne sait même pas un verset pour faire sa prière. (Le contraste est flagrant).
- *Sāl el-mjeṛṛeḅ la tsāl ṭḅīḅ*	Prends conseil de l'homme d'expérience plutôt que du médecin. **Français** : L'expérience passe science.

LES RAPPORTS HUMAINS
EL-'ALĀQĀT BIN EN-NĀS

A

Les sentiments <=> *el-aḥāsīs*

eṣ-ṣeḥḅa (f) .... l'amitié
ṣāḥḅ-ī .... mon ami
tṣāḥeḅ .... se lier d'amitié
el-m'āšra (f), el-ḫeḷṭa (f) .. la fréquentation
t'āšer, ḫāḷṭ .... fréquenter
el-'šīr (m), eṣ-ṣāḥeḅ (m) .... le partenaire
er-reġḅa (f) .... le désir
el-ledda (f), el-maledda (f), en-nešwa (f) .... le plaisir
el-ḥubb (m), el-maḥebba (f), el-ġṛām (m), el-hwa (m) .... l'amour
el-'šeq (m) .... la passion
'šeq .... se passionner
ḥubb-ī, ḥbīb-ī .... mon amour
ez-zīn (m) .... la beauté
zwīn (M), mlīḥ, šbāb (A), bāhi (T) ..... beau
qbīḥ, ḫāyeb, šīn .... mauvais, méchant
es-serr (m) .... le charme, la grâce
mesrār .... gracieux, charmant
ġra, 'jeb .... séduire
jleb, jdeb .... attirer
el-būsa (f), es-selma (f), (A) .... le bisou, le baiser
būs, ḥeb, qebbel .... embrasser
et-tiqa (f) .... la confiance
eṣ-ṣaṛāḥa (f) .... la franchise
el-mlāġa (f), eḍ-ḍeḥk (m), et-tefedlīk (m), (T) el-qṣāṛa (f) .... la plaisanterie
el-weḥda (f) .... la solitude
weḥd-u/wḥed-ha .... seul(e)
el-mfāhma (f) .... l'entente
el-'alāqa (f) .... la relation, le rapport
ṛḅeṭ .... attacher, lier
mṛeḅḅī, metṛeḅḅī .... éduqué
el-ḥya (f), el-ḥešma (f) .... pudeur, la gêne
ḥeššūmī, ḥeššām .... timide
eṛ-ṛja (m), et-tamannī (m) .... l'espoir

B

tfāhem .... s'entendre
ḥtāṛeṃ, qedder .... respecter
ḥāfeḍ, steḥfeḍ .... garder, conserver
et-tāwīl (m) .... le compromis
qbel, ṛḍa .... accepter, consentir
'āqeb .... punir
'eddeb .... martyriser
ṣḥīḥ, ṣeḥḥ .... vrai, solide
metfāhem .... compréhensif
mlāyġī, ḍeḥḥūkī (M) .... joyeux

1 *- El-**weḥda** qbīha w ṣ'īḅa. Bāš el-wāḥed ma yebqa š **weḥdu** lāzem **yeṛbeṭ 'alāqāt** m'a en-nās w **yetṣāḥeḅ** m'a-hum. Walākin eṣ-**ṣeḥḅa** lābed tkūn mebniyya 'la l-**ḥtiṛāṃ** w et-**tiqa** w et-**tafāhum**.*
B *- Bāš **tṣāḥeḅ** ḥāja sāhla, elli ṣ'īḅ huwwa bāš **tḥāfeḍ** 'la ṣāḥb-ek. Eṣ-ṣeḥba llī qṣīṛa maši muhimma. Eṣ-**ṣeḥḅa** l-mezyāna hiyya llī tdūm w bāš tdūm lāzem-ha tkūn mebniyya 'el eṣ-**ṣeḥḥ**.*

1- La **solitude** est mauvaise et pénible. Pour qu'une personne ne reste pas **seule**, il faut qu'elle établisse des **relations** avec les gens et qu'elle **lie** des **relations d'amitié** avec eux. Mais l'**amitié** doit être basée sur le **respect**, la **confiance** et l'**entente**.
B- Établir une amitié, c'est chose facile ; ce qui est difficile, c'est de **conserver ton ami**. L'**amitié** de courte durée n'est pas importante. Une bonne **amitié** est celle qui dure et pour qu'elle dure, il faut qu'elle soit bâtie sur des bases **solides**.

C

eṭ-ṭbī'a (f), *eṭ-ṭab'* (m).........le tempérament
el-qa'īda (f), *el-'āda*...(f)habitude, la manie
el-'īb (m), *ed-dīfu* (m), (empr. au fr.),*lūla* (f) (empr. au ber.)...le défaut, l'imperfection
el-belya (f)..le vice
ej-jehd (m), *el-quwwa* (f), *el-furṣa* (f)..... (empr. au fr.) ....la force
en-niyya (f)..................................l'intention
eḍ-ḍamīr (m)...............................la conscience
el-msā'fa (f).......................l'accommodement
el-fīš (m), *et-takebbur* (m).........l'arrogance
es-sfāha (f)............l'indécence, l'obscénité
el-'dāwa (f).......................................l'inimitié
el-muṣība (f), *ej-jāyḥa* (f)...........le malheur
el-bla (m)................................le mal, le fléau
el-hemm (m).......................................le souci
el-ḥqed (m).......................................la rancune
kṛeh..haïr
el-ḥsed (m)...l'envie
en-ndāma (f).................................le remords
el-ḥesṛa (f)..le regret
yā ḥesṛah !...hélas !
el-feqṣa (f)..le dépit
el-ḫība (f).....................................la déception
lām..reprocher
behdel.....................ridiculiser, faire honte
el-ḥzen (m).......................................le deuil
lafūt, (empr. au fr.), *el-fālṭa* (f) (empr. à l'esp.), *el-ġelṭa* (f)....................................la faute
el-kedba (f)...............................le mensonge
el-mašākil (m).......................les problèmes

D

l'expression d'accueil et de politesse

es-salām (m)....................salut, (le)bonjour
es-salāmu 'lī-k/'lī-kum................bonjour (à toi/ à vous)
(*wa 'lī-k/'lī-kum*) *es-salām*....(le) bonjour à toi/à vous (réponse)
'el es-slāma (T)..............................bonjour
yesselm-ek (T) ....bonjour (réponse)
sellem...saluer
tlāqa..rencontrer
eṣ-ṣbāḥ (m)......................................le matin
eṣ-ṣebḥiyya (f)...........................la matinée
ṣbāḥ el-ḫīr.....................bonjour (le matin) (litt. heureuse matinée)
msa el-ḫīr, messī-k (T) ....bonsoir (litt. heureuse soirée)
el-'šiyya (f)..................l'après-midi, le soir
lila sa'īda..................................bonne nuit (litt. heureuse nuit)
līla mabṛūka...............................bonne nuit (litt. bénie soit ta nuit)
mṛeḥba, ahlan.......................(la) bienvenue
ila l-liqā', b es-slāma..................au revoir
šukṛan, i'eyš-ek (A, T).....................merci
'afā-k/kum/el-Lāh iḥellī-k (M)............s'il te/vous plaît
b el-Lāhi (T) ....s'il te/vous plaît

*C- Bnādem ma yetšābeh š. Kull wāḥed w eṭ-**ṭeb**' tā'-u. Kāyen en-nās elli 'end-hum bezzāf tā' ed-**difuyāt** w kāyen uḫṛīn elli 'end-hum **mziyyāt** kbāṛ. Walākin ed-**dīfu** el-kbīr yebqa huwwa el-**kdūb**. El-**kdūb** yeḫleq el-'**dāwa** w el-**mašākil** bīn en-nās.*
*D- Fāš **tlāqi** ši wāḥed elli te'ṛef, lāzem tqūl l-u es-**salām**. F eṣ-**ṣbāḥ**, **ṣbāḥ el-ḫīr**, f el-'**šiyya**, **msa l-ḫīr** w f-el-līl, **līla sa'īda**. W ila bġīti **tetfāṛeq** m'ā-h qūl l-u b es-**slāma**.*

C- Les êtres humains ne se ressemblent pas. Chacun a son **tempérament**. Il est des gens qui ont beaucoup de **défauts** et il en est d'autres qui ont de grandes **qualités**. Mais le grand **défaut** reste le **mensonge**. Le **mensonge** crée l'**inimitié** et les **problèmes** entre les gens.
D- Lorsque tu **rencontres** quelqu'un que tu connais, il faut que tu lui dises es-***salam*** : le ***matin***, ***ṣbāḥ el-ḫīr***, le **soir**, ***msa l-ḫir***, la **nuit,** ***līla sa'ida*** et si tu veux le ***quitter,*** dis-lui *b* ***es-slama***.

E

qeddem..présenter
et-teqdīm (m)........................la présentation
eš-šaraf (m).................................... l'honneur
metšerf (in), netšerf(u)................honoré(s) enchanté(s)
ḥtirāmāt-ī ....mes respects
tfeḍḍel (u)...........................je vous/t'en prie
smeḥ l-ī, sāmaḥ-nī (T) ....pardonne-moi
el-'afw (m), es-smāḥa (f)..............le pardon
steqbel...recevoir
reḥḥeb ....bien accueillir
hennā, bārek.................................. féliciter
mebrūk, hniyya ....félicitations
el-Lāh ibārk fī-k....... que Dieu te bénisse, merci
ḍāyef, 'reḍ, steḍ'ī............................ inviter
wedde'..................................faire des adieux
el-mlāqya (f), el-liqā' (m).........la rencontre
el-maw'īd (m), er-rāndifu (m), (empr. au fr.)... ....le rendez-vous
el-karam (m), ...l'hospitalité
el-jud (m), es-sḫāwa (f)..........la générosité
krīm, sḫi, jiyyed........................ généreux
štem, sebb.......................injurier, insulter
ḥqer..mépriser
kreh..détester
ġder.......................................trahir, tromper
fḍeḥ... déshonorer

F

Les défauts et les qualités
El-'yūb w le-ḫṣāl

el-mziyya (f)..............la qualité, le plaisir
el-ḫziyya (f)............l'affront, l'ignominie
es-smāḥ(a), (f), ...le pardon, la tolérance
eš-šjā'a (f).....................................le courage
el-me'qūl (m), ed-duġri (m)...........le sérieux
qewwa..développer
kebber... agrandir
ḥāfeḍ, steḥfeḍ.............................. préserver
eṣ-ṣeḥba (f)..l'amitié
el-ḥaqīqa (f), el-ḥeqq (m)................ la vérité
eṣ-ṣwāb (m)...............................la courtoisie
eṣ-ṣidq (m)................................. l'honnêteté
el-hna (m)................................ la tranquillité
en-niḍām (m).......................................l'ordre
el-ḥtirām (m).................................le respect
ḥtārem ....respecter
eṣ-ṣber (m)....................................la patience
ṣber..patienter
el-ḫāwa (f), el-uḫuwwa (f).........la fraternité
el-ḥamās (m)......................... l'enthousiasme
el-m'āwna (f), el-musā'ada (f)..... l'entraide
eḍ-ḍamīr (m)............................ la conscience
el-ḥekma (f), el-'qel (m)...............la sagesse

E- Fāš ***yetqeddem*** *l-ek ši wāḥed qūl :* ***metšerref.***
-Ila bġīti ***thennī*** *ši wāḥed ġīr yenjeḥ aw ġīr yeḫlāq l-u ši weld matalan qūl l-u* ***mebrūk*** *w huwwa ired* ***'lī-k el-Lāh ibārek fī-k.***
*F- El-***ḥtirām** *w el-***aḫlāq** *muhimmin f el-ḥayāt. Lāzem bnādem* ***yeḥtārem*** *elli i'īš-u m'ā-h. Lāzem* ***iqewwī*** *rūḥ el-***ḫāwa** *w el-***musā'ada** *tā'-u m'a-hum. El-***ḥekma** *tebġī es-***smāḥa** *w eṣ-ṣber. Bāš* ***nḥāfḍ-u*** *'el eṣ-***ṣeḥba** *tā'-na m'a en-ās lāzem* ***nṣebru*** *laḥeqqāš el-ḥayāt ṣ'ība w asbāb ed-dbāz ktīra w metnew'a li-hāda lāzem-na nseddu 'īnāna 'la ši ḥwāyej bāš n'īš-u f el-***hna.**

E- Quand on te **présente** une personne, dis ***metšerref.***
-Si tu veux **féliciter** quelqu'un lorsqu'il réussit ou lorsqu'il a une naissance, tu lui dis ***mebruk*** et lui, il te répond : ***el-Lah ibarek fi-k..***
F- Le **respect** et la **morale** sont primordiaux dans la vie. L'être humain doit **respecter** ceux qui vivent avec lui. Il doit **développer l'esprit** de **fraternité** et d'**entraide** envers eux. La sagesse veut la **tolérance** et la **patience**. Pour **préserver** notre **amitié** avec les gens, il faut que nous soyons **patients,** car la vie est difficile et les raisons de la dispute sont nombreuses et variées, aussi devrions-nous fermer les yeux sur certaines choses pour vivre en **paix.**

G

et-tfelya (f), *et-tmesẖīr* (m) (A), *ez-z'āqa* (f), *et-tfedlīk* (m) (T)............la moquerie la plaisanterie
el-fūḍa (f)..le désordre
eḍ-ḍe'f (m)..................................la faiblesse
ḍ'īf..faible
ṣḥīḥ, qwi..fort
el-ḥegṛa (f)......................................le mépris
el-dbāz (m), *el-ẖṣām* (m), *el-'erka* (f)..........
....la dispute
ṣ'īḅ, wā'er..........................difficile, sévère
ze'fān, mnīrvi (empr. au fr.), *metġeššeš* (T)
....nerveux
ze'fān, ṭāyṛa l-u................irrité, en colère
mġendef (M)..............................susceptible
el-ġīra (f).......................................la jalousie
el-ḥsīfa (f)................................la vengeance
ez-zerba (f)..........................la précipitation
el-ġder (m), *el-ẖyāna* (f), *el-ẖde'* (m)..........
....la trahison
el-anāniya (f)................................l'égoïsme
anānī..égoïste
eṭ-ṭme' (m).....................................la cupidité
el-fḍūl (m), *el-klūf* (m)................l'intrusion
fḍūlī...intrus
eṣ-ṣḷāḅa (f) (M)..........................l'effronterie
ṣḷīḅ...effronté
el-ḥšūma (f)............l'humiliation, la honte
ḥšūma................................honteux (c'est...)
feyyāš, ḅehḅāṛ (T).......................... vantard
el-fšeṛ (m), *el-fīš*, (m) *el-fūḥ* (m), *et-tḅehḅīṛ* (m) (M)..................la vantardise

*G- El-ḥayāt tā' hād el-weqt ṣ'īḅa. El-asbāb tā' el-**ḥsed**, ez-**zerba**, el-**fūḍa** w el-**ẖṣām** ktīra bezzāf. Elli muhim huwwa anna bnādem iḥāwel i'īš el-ḥayāt el-yawmiyya tā'-u bla ma yedẖel f **ṣiṛā'** m'a en-nās elli i'īš-u b jenb-u aw m'ā-h w iḥāwel bāš hād el-'alāqāt tkun ẖālya men el-**ġīra**, men eṭ-**ṭme'**, men el-**ḥegṛa** w men el-**anāniya**.*

G- La vie d'aujourd'hui est difficile. Les causes de l'**envie**, de la **précipitation**, de l'**anarchie** et de la **dispute** sont trop nombreuses. Ce qui est important, c'est que l'être humain essaie de mener sa vie quotidienne sans entrer dans en conflit avec ceux qui vivent avec lui ou à ses côtés et qu'il fasse en sorte que ces rapports soient exempts de **jalousie**, de **cupidité**, de **trahison** et d'**égoïsme**.

EXPRESSIONS ET LOCUTIONS IDIOMATIQUES

- *Weqf-u 'end ḥedd-u*	Tenir quelqu'un en respect.
- *Ma 'lī-k-š*	Ne t'inquiète pas.
- *Šāf b nuṣṣ 'īn*	Regarder du coin de l'œil.
- *Šedd et-tiqāṛ tā'-ek*	Prendre ses distances, tenir en respect.
- *Ye'ṭī-k ḥwāyj-u*	Avoir le cœur sur la main.
- *Mša el-ḥāl*	Il est trop tard.

PROVERBES MAGHRÉBINS

Sellem 'el el-'eṛbi teḫser ḫebza	Salue un Arabe, tu perds un pain. (Il semblerait qu'il se met aussitôt à quémander). **Français** : Qui veut un cheval sans défaut doit aller à pied.
- *Ḥetta zīn ma ḫṭātu lūla*	Aucune beauté n'est exempte de taie.
- *Kūn ṣmūt w sken el-qnūt*	Sois discret et habite en retrait. **Français** : Pour vivre heureux, vivons cachés.
- *Eḍ-ḍeḥk ġīr et-tebsima ma tḥenḥen ġīr el-bhīma*	Le sourire plutôt que le rire, car ne hennit que la bête.
- *Eš-šūf ma iberred ej-jūf*	Le regard n'apaise pas la passion amoureuse.
- *El-ġīra tṛeḍ el-'gūza ṣġīṛa*	La jalousie rajeunit la vieille.
- *Eṭ-ṭme' ṭā'ūn w eṭ-ṭā'ūn yeqtel*	La cupidité est une peste et la peste tue. **Français** : Qui trop convoite tout perd.
- *Trek el-mzāḥ tertāḥ*	Éviter la plaisanterie, c'est éviter les ennuis. (Allusion à certaines plaisanteries qui tournent mal).
- *Qḍi b el-herkūs ḥetta ijīb el-Lāh eṣ-ṣeḅḅāt*	Traîne tes savates et garde l'espoir en Dieu pour te trouver des souliers. **Français** : Faute de grives, on mange des merles.
- *El-Lāh inejjī-k men el-mešwāq ila fāq w men el-ḅāyṛa ila ḍeṛḅāt eṣ-ṣḍāq*	Que Dieu te garde du parvenu qui découvre la vie et de la vieille fille qui découvre un mari.

LE CORPS HUMAIN <=> *EL-ǦISM EL-BAŠARĪ*

A

el-jism (m), *el-badan* (m), *ed-dāt* (f)... le corps
el-kesda (f)/*el-ḫešba* (f) (M).......le cadavre
eṛ-ṛāṣ (m)..la tête
ej-jemjma (f)......................................le crâne
ed-dmāġ (m), *el-'qel* (m)...............le cerveau
el-meḫḫ (m) ....la moelle, la cervelle
el-mefṣeḷ (m) ....l'articulation
el-'ṣāḅ (f)..les nerfs
el-'erq (m), ...la veine, la sueur
el-yeddīn (f) ....les mains
er-rjel (m), *es-sāq* (m), *el-kṛe'* (m)...le pied
el-kerš (f), *el-ḅṭen* (f)...................le ventre
es-sder (m).....................................la poitrine
el-bzāzel (f), *en-nhūd* (f).............les seins
el-'enq (m)...le cou
el-qfa (m), *er-reqba* (f).....................la nuque
eḍ-ḍheṛ (m)...le dos
el-ktāf (m) ....les épaules
ed-drā' (m) ....le bras, l'avant-bras
el-'aḍalāt (f) ....les muscles
es-selsūl (m) .... la colonne vertébrale
el-lḥem (m) ....la chair, la viande
el-'ḍāṃ (m) ....les os
ej-jeld (m)... la peau
ez-zġeb (m)...................... les poils, le duvet
eš-š'eṛ (m) ....les cheveux
es-sālef (m). les longs cheveux de femmes
ḍfeṛ..tresser, rouler
eš-š'eṛ mḫebbel........................les cheveux en bataille

B

ġḷīḍ, smīn... gros
rqīq.. mince, fin
ḍ'īf..maigre
ṣḥīḥ..............................fort, en bonne santé
ṭwīḷ ....grand, long
qṣīṛ ....de petite taille, court
qazam .... nain
'imlāq.. géant
en-nefs (m) .... le souffle
el-hawa (m).. l'air
el-hwa (m)...................................... la passion
ed-dem (m) .... le sang
el-būl (m) ....l'urine
el-qīḥ (m) ....le pus
ed-demmāla (f) (M)..............................l'abcès
el-ḥbūb (f), *el-ḥebb* (m)...........les boutons
ḥebb eš-šbāb ....l'acné
el-wšām (m) .... le tatouage

*1- El-**jism** tā' bnādm mkewwen men bezzāf tā' el-ḥwāyej w b el-ḫuṣūṣ men el-'**ḍām**. El-'**ḍāṃ** tā' eṛ-**ṛāṣ** w tā' es-**selsūl** tā' **eḍ-ḍheṛ**, 'end-hum qīma kbīra.*
***B**- En-nas maši kīf kīf. Wāḥed **ġḷīḍ**, laḫūṛ **ḍ'īf** ; wāḥed **ṭwīḷ**, wāḥed **qṣīṛ**. Kayn elli **qṣīṛ** bezzaf bḥal el-**qazam**, kayen elli **ṭwīḷ** bezzaf bḥal el-'**imlaq** w kayn elli ma **qṣīṛ** bezzaf ma **ṭwīḷ** bezzaf.*

1- Le **corps** de l'homme est composé de beaucoup de choses et en particulier d'**os**. Les **os** de la **tête** et ceux de la **colonne vertébrale** ont une grande importance.
B- Les gens ne sont pas les mêmes. Tel est **gros**, tel autre est **maigre**, tel autre est **petit,** tel autre est **grand** ; il est celui qui est **petit** tel un **nain**, qui est **grand** tel un **géant** et il est celui qui n'est ni trop **petit** ni trop **grand**.

C

Le visage <=> El-wjeh

ej-jebha (f), *ej-jbīn* (m), *es-senṭīḫa* (f) (empr. au ber.) .... le front
en-nāḍeṛ (m) .... la tempe
et-tekmāš (m), *ej-jlūd* (m) (A) .... les rides
el-lūn (m) .... le teint, la couleur
el-ḥwājeb (m) .... les sourcils
el-jfān (m) .... les paupières
el-šfāṛ (m) .... les cils
el-'īn (f) .... l'œil
eš-šūfa (f), *el-ḫezra* (f) (A) .... le regard
el-ḫezra (f), (M) .... le regard de travers
el-ḫedd (m) .... la joue
el-ḥenk (m) .... le bas de la joue
el-ḫāl (m) .... le grain de beauté
en-nīf (m), *el-ḫšem* (m) (T) .... le nez
el-menḫāṛ (m) .... la narine
eš-šlāġem (m), *ez-z'āfeṛ* (m), *el-mustāš* (m) (empr. au fr.), *eš-šwāreb* (m) .... les moustaches
el-leḥya (f) .... la barbe
el-wednīn (f) .... les oreilles
eš-šeḥma tā' el-wden ... le lobe de l'oreille
eš-šnāfa (f), *eš-šlāqem* (f), *eš-šeffu* (m) (T) .... la lèvre
sqel, ṭṛeš, ṣeṛfeq .... gifler

D

el-fumm (m), *el-fa* (m), *ed-dqum* (m) .... la bouche
es-snān (f), *es-sennīn* (f) .... les dents
el-felja (f) .... les dents écartées
bufelja .... qui a les dents écartées
eḍ-ḍṛūṣ (f) .... les molaires
en-nyāb (m) .... les canines
lḥem es-snān, el-leġb (T) .... la gencive
es-sūsa (f) .... la carie
el-lsān (m) .... la langue
el-bzāq (m) .... le crachat
ed-dfāl (m), *eṛ-ṛīq* (m) .... la salive
el-meḍḍāġa (f, M), *el-fekk* (m) la mâchoire
el-ḫenjūṛa (f), *el-gerjūma* (f), *el-geṛjūṭa* (f), *el-ḥelqūm* .... la gorge, le gosier
ed-dqen (m), *el-leḥya* (f) .... le menton
et-tebsima (f) .... le sourire
šehhīqa (f) .... le hoquet
tkellem, hḍeṛ .... parler
el-klām (m), *el-heḍṛa* (f), *el-ḥdīt* (m) .... la parole

*C- El-wjeh huwwa el-mrāyā tā' l-insān. Ila kān ze'fān wella mwetter ibān f **jbeht-u**, ila kān mṛīḍ ibān f **lūn-u**, ila kān nāšeṭ ibān f **'īn-u**... El-wjeh tā' el-insān i'kes el-ḥāla n-nefsiyya tā'-u.*
*D- B eš-**šnāyef** bāš nḍeḥku w nebtāsmu. F el-**femm** 'end-na es-**snān**, en-**nyāb**, eḍ-**ḍṛūs**, el-**lsān** w el-**bzāq**. B hād eš-ši kāmel nmeḍġu w **netkelmu**.*

C- Le visage est le miroir de l'homme. S'il est en colère ou tendu, cela se voit sur son **front**, s'il est malade, cela se voit à son **teint**, s'il est de bonne humeur, cela se voit à ses **yeux**... Le visage de l'homme reflète son état psychologique.
D- C'est avec les **lèvres** que nous rions et sourions. Dans la **bouche** nous avons les **dents**, les **canines**, les **molaires**, la **langue** et la **salive**. C'est avec tout cela que nous mâchons et que nous **parlons**.

E

ṣreṭ, ble' ... avaler
mḍeġ ... mâcher
qāl ... dire
nṭeq ... articuler une parole
en-nuṭq (m) ... la prononciation
šāf, ḫzer (A) ... regarder
ḫzer, ḫenzer (M) ... regarder de travers
šemm ... sentir
sme' ... entendre
tṣennet, ṣġa ... écouter, prêter l'oreille
ġmez ... cligner de l'œil
en-nḍāḍeṛ (m), *el-mrayāt* (m), (T) ... les lunettes
ḍḥek ... rire
eḍ-ḍeḥk (m) ... le rire
ḍeḥḥūkī, ḍḥāykī ... badin
tmelleġ, ṭneẓ tmesḫer/ze''eq (A), *tfedlek* (T) ... se moquer, plaisanter
ze'fān ... en colère
ġeḍbān, ṭāyṛa l-u ... fâché
l'eb ... jouer, s'amuser

F

zwīn (M), *šbāb* (A), *mlīḥ, bāhi* (T), *ṣbīḥ* ... beau
'ma, 'weṛ, bṣīr, ḍrīr (A) ... aveugle
bṣīṛ ... borgne
ẓiẓūn, ḫṛeṣ, bkem, bekkūš (T) ... muet
ṭṛeš, ṣmek ... sourd
mle'tem, wedwād (A), temtām, wakwāk (T) ... bègue
leslās, lassūn (T) ... zézayeur
ḫwel ... louche
ṣle', qṛe' ... chauve, sans cornes (mouton)
'ṛej ... boiteux
buḥdebba ... bossu
el-ḥdebba (f) ... la bosse
'wej ... tordu, sinueux
mkemmeš, mjelled ... ridé, froissé
m'eqqed ... complexé
'eqqed ... complexer
el-'eqda (f) ... le complexe, le nœud

E- F-eṛ-ṛbī' en-nās iḫerju m'a wlād-hum l el-bādiyya bāš ***išūfu*** *eṭ-ṭabī'a w* ***išemmu*** *el-hawa en-nqi w bāš ma* ***isem'u*** *š ṣḍā' le-mdīna lli ired-hum* ***mwetrīn****. Ed-drārī ye'jeb-hum* ***ile'bu*** *f eṛ-ṛbī'.*
*F- Kāyen ed-****dīfu*** *le-kbīr w eṣ-ṣġīṛ. Hadāk elli* ***'weṛ*** *aw* ***zīzūn*** *aw* ***ṭṛeš****, hadāk waḥḥa 'end-u* ***muškil*** *; amma hadāk elli* ***ṣle'*** *aw* ***mkemmeš*** *aw ḫāyeb ma 'end-u lāš ikūn* ***m'eqqed*** *w yeḫleq mašākil l ṛāṣ-u llī ma kaynā š.*

E- Au printemps, les gens font sortir leurs enfants à la campagne pour **regarder** la nature et **respirer** l'air pur et pour ne pas **entendre** le bruit de la ville qui les rend **tendus**. Les enfants se plaisent à **jouer** sur l'herbe.
F- Il y a le grand le petit **défaut**. Celui qui est **aveugle** ou **muet** ou **sourd**, lui, en effet, a un **problème**; en revanche celui qui est **chauve**, **ridé** ou **laid** n'a pas à être **complexé** et n'a pas à se créer des problèmes qui n'existent pas.

G

el-yedd (m) ... la main
eḍ-ḍfeṛ (m) ... l'ongle
eṣ-ṣḅe' (m) ... le doigt
et-tulāla (f), *et-tāLula* (f) ... la verrue
el-keff (m) ... la paume
el-ibhām (m), *eṣ-ṣḅe' el-kbīr* ... le pouce
eš-šāhed (m), *es-sebbāba* (f), *eṣ-ṣḅe'* (m), *el-leḥḥās* (m) ... l'index
eṣ-ṣḅe' el-weṣṭānī ... le médius
el-besāṛ (m) ... l'annulaire
eṣ-ṣḅe' eṣ-ṣġīṛ ... l'auriculaire
er-rjel (m) ... le pied, la jambe
el-bnān (f) ... les orteils
el-k'āb (f) ... les chevilles
el-gdem (m), *el-wrez* (m), (empr. au ber.) ... le talon
er-rekba (f) ... le genoux
el-fḫed (m) ... la cuisse
ed-drā' (m) ... le bras, l'avant-bras
el-ḅāṭ (m), *eḍ-ḍeḅḅūṛ* (m) (T) ... l'aisselle
el-merfeq (m) ... le coude
el-me'ṣem (m) ... le poignet
er-rekla (f) ... le coup de pied
ed-debza (f) . la bagarre, le (coup de) poing

H

el-mešya (f) ... la (dé) marche
ḫellef ... faire un pas
el-ḫelfa (f) ... le pas
sār (M), *ṛāḥ* (A), *mša* (T) ... partir, aller
tḥerrek ... bouger
ḫrej ... sortir
el-ḥaṛaka (f) ... le mouvement
ṭaṭa, teftef, ferkes (T) ... tâtonner
šeyyer, reyyeš, ne''et, werra ... indiquer
wqef ... se tenir debout
gles, g'ed ... se tenir assis
n'es ... dormir
ḥna ... pencher
tekka, weṛṛek ... s'adosser
'ya, t'eb ... se fatiguer
šmāli, gūši (empr. au fr.), *'esri* (empr. au ber.) ... gaucher

I

eḍ-ḍlū' (f) ... les côtes
el-qelb (m) ... le cœur
er-riyya (f) ... le mou, les poumons
buḥšīša (m) ... l'oesophage, le larynx
eṭ-ṭīḥān (m) ... la rate
el-mṣāṛen (f) ... les intestins, les boyaux
eṣ-ṣeṛṛa (f). nombril, le cordon ombilical
el-me'da (f) ... l'estomac
el-klāwi (f) ... les reins
el-kebda (f) ... le foie
el-merwed (m) (M) ... la hanche
el-meṛṛaṛa (f) ... la vésicule biliaire
el-būl (m) ... les urines
en-nbūla (f) ... la vessie

*G- El-**yedd** w er-jel muhimmin bezzāf l el-insān. B er-**rejlīn** nemšīw w b el-**yeddīn** naklu.*
*H- El-**ḥaṛaka** ḍaṛūṛiya. Bnādem ma yeqder š yebqa dāymen bla **ḥaṛaka** : dāymen **nā'es** wella dāymen **gāles** illā ila kān b es-sīf 'lī-h. Lāzem ma **yetḥerrek** : **yeḫrej**, **yedḫel**, **yemši**... El-**ḥaṛaka** w el-**mešya** iqewwīw el-'aḍaļ āt w inešṭu l-jism.*
*I- El-amṛāḍ el-ḫaṭīṛa bezzāf hiyya lli tqīs el-**qelb** w ed-**dmāġ**.*

G- La **main** et le **pied** sont très importants pour l'homme. Nous marchons avec les **pieds** et nous mangeons avec les **mains**.
H- Le **mouvement** est nécessaire. L'être humain ne peut pas rester toujours sans **mouvement** : toujours **couché** ou toujours **assis** à moins qu'il n'y soit condamné. Il faut qu'il **bouge** : qu'il **sorte**, qu'il **rentre**, qu'il **marche**...Le **mouvement** et la **marche** renforcent les muscles et activent le corps.
I- Les plus dangereuses maladies sont celles qui touchent le **cœur** et le **cerveau**.

EXPRESSIONS ET LOCUTIONS IDIOMATIQUES

- *Yedd-u ṭwīla*	Avoir le bras long, être influent.
- *'El eṛ-ṛāṣ w el-'īn*	Avec un grand plaisir, de grand cœur.
- *Ma dār la b rejl-u la b yedd-u*	N'avoir absolument rien fait.
- *Ḫrej qelb-u*	Etre essoufflé.
- *Ṭle' l-u ed-dem*	S'énerver.
- *Yeḍḥek men qelb-u*	Il rit de bon cœur.
- *Sed el-gemgūm l ši wāḥed*	Clouer le bec à quelqu'un.
- *F ṛāṣ el-'da*	Toucher du bois.
- *Šellel yedd-u men ši wāḥed*	Ne plus rien espérer de quelqu'un.
- *B es-sīf*	De force.
- *B el-ḫāṭeṛ*	De gré.
- *Ḍeṛb-u l kerš-u*	Bien nourrir quelqu'un pour le soudoyer.
- *Lsān-u ṭwīḷ*	Avoir la langue bien pendue.
- *Ṭwāḷ u rejlā-h*	Aller là où il ne faudrait pas.
- *Rejl-u qṣīṛa*	Ne pas aller là où il faudrait.
- *Sedd 'la ši wāḥed*	Ne plus adresser la parole à quelqu'un.
- *tšewwek leḥm-u*	Avoir la chair de poule.
- *Herres eṛ-ṛāṣ*	Importuner, agacer, casser la tête.
- *La ṛāṣ la rejlīn*	Ni queue ni tête.

PROVERBES MAGHRÉBINS

- *Elli 'ṭā-ha el-yedd yetbe'-ha er-rjel*	Ce qui se prête par la main se récupère par la course à pied. **Français** : Prêter de l'argent fait perdre la mémoire (au débiteur).
- *Dīr ṛāṣ-ek bīn eṛ-ṛūṣ w 'eyyeṭ l qeṭṭā' eṛ-ṛūṣ*	Mets ta tête parmi les têtes et appelle le coupeur de tête. (Un malheur collectif allège la douleur de tous).
- *El femm elli ma iqūl ḫīr yesket ḫīr*	La bouche qui ne s'ouvre que pour dire du mal, ferait mieux de rester close.
- *Eṣ-ṣemt ed-dheb el-mšejjer w el-klām ifessed el-msāla, ila šettī la tḫebbeṛ w ila sālū-k qūl la la*	Le silence est de l'or affiné et la parole gâte la question ; si tu vois, ne rapporte point et si l'on t'interroge, réponds non et encore non.
- *Myat 'īn tebkī wa la 'īn-ī tedme'*	Que pleurent cent yeux plutôt que les miens versent une larme. **Français** : Amour de soi nous déçoit.
- *Elli idīr el-ḫīr idīr-u f rkāb-u*	A faire du bien, mieux vaut le faire pour ses genoux (pour soi-même). (Se dit après une déception).
- *Ye'ṭī Rebbī l-fūl l elli ma 'end-u snān*	Le bon Dieu donne des fèves à celui qui n'a pas de dents. **Français** : Le bon Dieu envoie des culottes à ceux qui n'ont pas de derrière.
- *Elli 'end-u se'd-u f ed-dlu yeṭl e' l-u*	Le chanceux puise sa fortune dans un seau d'eau.
- *Fāš imūt el-meyyet iṭwālu rejlā-h*	Au défunt les pieds s'allongent. **Français** : Quand un chien se noie, tout le monde lui offre à boire.

LA SANTÉ ET LA MALADIE
EṢ-ṢEḤḤA W EL-MERḌ

A

mṛīḍ .... malade
'eyyan .... fatigué
el-aṃṛāḍ (m) .... les maladies
ed-dwa (m) .... le médicament
el-ḥrīq (m), *el-wje'* (m) .... la douleur
eḍ-ḍeṛ (m) .... le mal
wje', ḥreq, ḍeṛṛ .... faire mal
el-mīkṛūḅ (empr. au fr.) .... le microbe
ej-jerḥ (m) .... la blessure
el-berd (m) .... le froid
'ālej, dāwa .... soigner
et-telqīḥ (m) .... le vaccin
eš-šūka (f), *el-yebra* (f), *el-bikūra* ((f), (empr. au fr.) .... la piqûre
el-kīna (f) (empr. au fr.), *el-fanīd* (f), *el-krākeb/el-kāši* (f) (empr. au fr.) (A), *ḥerbūša* (f) (T) .... le comprimé
el-keḥḥa (f), *el-keḥba*, (f) *es-se'la* (f) .... la toux
kuḥḥ, s'el, kḥeb .... tousser
es-sīru (m) (empr. au fr.) .... le sirop
el-ḅumaḍa (f) (empr. au fr.) .... la pommade
el-ḥaṭaṛ (m) .... le danger
es-sḫāna (f), *el-ḥumma* (f) .... la fièvre
eṭ-ṭānṣyu (m) (empr. au fr.) .... la tension

B

eṣ-ṣḅiṭāṛ (m) (empr. au fr.) .... l'hôpital
el-'iyyāda (f), *el-klinīk* (m), (empr. au fr.) .... la clinique
laḅilānṣ (f), (emprunt au fr.) .... l'ambulance
eṭ-ṭḅīḅ (m) .... le médecin
lamitwāl (f) (empr. au fr.) .... la mutuelle
el-ḅaṛaṣyūn (m) (empr. au fr.), *el-'amaliyya* (f) .... l'opération
el-benj (m) .... l'anesthésie
el-fremliyya (f) (empr. au fr.) .... l'infirmière
el-fermasyān (m) (empr. au fr.) .... la pharmacie le pharmacien
el-ḥaṛāṛa (f) .... la température
eš-šfa (m), *el-beryān* (m) .... la guérison
el-fiṭamīn (m) (empr. au fr.) .... la vitamine
el-faṣma (f) (empr. au fr.) .... le pansement
eṛ-ṛāḍyu (m) (empr. au fr.) .... la radiographie
el-'ilāj (m) .... les soins
er-rijīm (m) (empr. au fr.) .... le régime

*1- El-insān m'eṛṛeḍ l el-**aṃṛāḍ** w l el-**aḫṭāṛ**, b dāk eš-ši lāzem men et-**telqīḥ** ḍeḍ el-**mikṛūḅāt** men kūl nu'. Ila mṛeḍ lāzem yemšī 'end eṭ-ṭḅīḅ bāš yāḫed l-u eṭ-**ṭānṣyu** w i'ālj-u b el-**kīna** aw b **dwa** aḫuṛ.*
*B- Fāš ṭṭīḥ mṛīḍ temšī l eṣ-**ṣḅiṭāṛ** bāš tšūf eṭ-**ṭḅīḅ**. El-**fremliyya** tdeḫl-ek bāš **idewwez** 'lī-k w yāḫd lek el-**ḥaṛāṛa** w idīr l-ek eṛ-**ṛāḍyu** . Men be'd iṣīfṭ-ek 'end el-**fermasyān** bāš tešri ed-dwa.*

1- L'homme est exposé aux **maladies** et aux **dangers**, c'est pour cela que le **vaccin** est nécessaire contre les **microbes** de toutes sortes. S'il tombe malade, il devrait aller chez le médecin pour qu'il lui prenne la **tension** et pour qu'il le **soigne** avec des **comprimés** ou avec d'autres **médicaments**.
B- Quand tu tombes malade, tu vas à l'**hôpital** pour voir le **médecin**, l'**infirmière** te fait rentrer pour qu'il t'**examine**, te prenne la **température** et pour qu'il te fasse passer une **radiographie**. Ensuite, il t'envoie à la **pharmacie** pour acheter des médicaments.

C

'ālej, dāwa........soigner
rjef, rgel, ret'ed........trembler
ġewwet, zegga, ṣāḥ........crier
ṣḅeṛ........endurer, patienter
tqeyya, ṛeḍḍ........vomir
ṣfeṛ........jaune
meṣfāṛ........pâle
ḅṛa (M), *tšāfa*........se rétablir
therres, tkeṣṣeṛ........se casser
tenfeḫ........enfler
msed, dlek, ltef (empr. au ber.)........masser
dellāk, kessāl........le masseur
ška........se plaindre
dāḫ........avoir des vertiges

D

eṛ-ṛwāḫ (m), *ez-zkām* (m)........le rhume
en-nezla (f)........le rhume du cerveau
el-ḥerqa (f), *ej-jīr* (m)........la brûlure
eṭ-ṭā'ūn (m), *eṭ-ṭe'na*........la peste
el-ḅeṛṣ (m)........la lèpre
ej-jedrī (m)........la variole
ej-jeṛḅa (f)........la gale
el-kūlīk (m) (empr. au fr.), *ḥṛīq el-kerš*........la colique
meḥṣūr, me'ṣūm........constipé
ṣṛīṣṛa (f), *es-sehla* (f), *ej-jri* (m).la diarrhée
el-bwāser (m)........les hémorroïdes
el-b'ej (m)........la hernie
et-teḫma (f)........l'indigestion
ṃeṛḍ es-sukkāṛ........le diabète
eṣ-ṣṛe' (m), *el-ṛyāḥ* (m)........l'épilepsie
es-s'eṛ (m)........la rage
el-kuliṛa (f) (empr. au fr.), *buglīb* (m)........le choléra
eš-šalāl (m), *bušellāl* (m)........la paralysie
buhezhāz (m)........la tremblote
eš-šqīqa (f), *wje' eṛ-ṛāṣ*........la migraine
sekta qelbiyya........la crise cardiaque
buḥemṛūn (m), *el-ḥeṣḅa* (f), (T).la rougeole
buṣeffūṛ (m)........la jaunisse
el-ṃeṣṛāna ez-zāyda........l'appendicite
el-ḫlāqem (m), *el-grājem* (m)........les angines
er-rūmatīz (m) (empr. au fr.), *buzellūm* (m)........le rhumatisme
ṃeṛḍ er-riyya, es-sūll........la tuberculose
el-meṛḍ le-kbīr........la syphilis
ḥenš el-kerš,........le ver solitaire
et-tīfūs (m) (empr. au fr.)........le typhus
eḍ-ḍīqa (f), *en-nehja* (f)........l'asthme
el-ḥasāsiyya (f)........l'allergie
el-kūnṣīṛ (m) empr. au fr.), *ṣaṛaṭān*.le cancer
ġāb, tġāša........s'évanouir
el-ḥmāq (m), *el-hbāl* (m), (empr. au ber.)........la folie
ḥmeq, hbīl, mehbūl........fou
bhel........niais
eṣ-ṣḅiṭāṛ tā' el-ḥummāq/le-bhālīl........l'asile de fous

C- Wāḥed en-nhāṛ, wāḥed ṣāḥb-ī, bda ***yeškī*** *men kerš-u* ***twej'u****. Bda* ***yeṛjef*** *w huwwa* ***idūḫ*** *w ṭāḥ w bda* ***yetqiyya****. 'Eyyet l ḷaḅiḷānṣ w hezzāt-u l eṣ-ṣḅiṭāṛ bāš* ***yet'ālej****. Eṭ-ṭḅīḅ 'ṭāl-u d-dwa w ṃuṛ dāk eš-ši* ***ḅṛa****.*
D- El-amṛāḍ meḫtalfa w metnew'a. Kāyen el-amṛāḍ elli išeddu f ed-drārī ġāliban bḥāl ***buḥemṛūn****, kāyen elli ma išedu ġīr f eš-šibaniyyīn, elli iṭūḷu bḥāl* ***ṃeṛḍ es-sekkāṛ****, elli ma iṭūlu š bḥāl eṛ-***ṛwāḫ*** *w kāyen f el-aḫīr elli ma iṭūlu š walāyenni ḫaṭirīn bezzāf bḥāl el-ṃ***eṣṛāna ez-zāyda*** *aw el-***kūnṣīṛ***.*

C- Un jour, un ami se mit à se **plaindre** de son ventre qui lui **faisait mal**. Il se mit à **trembler** puis il s'est **évanoui**, tomba et se mit à **vomir**. J'appelai une ambulance qui le transporta à l'hôpital pour le faire **soigner**. Le médecin lui prescrivit des **médicaments** après quoi il se **rétablit.**
D- Les maladies sont diverses et variées. Il existe les maladies qui attaquent généralement les enfants telle la **rougeole.** Il existe celles qui n'attaquent que les vieux, celles qui durent comme le **diabète,** celles qui ne durent pas tel le **rhume** et il existe enfin celles qui ne durent pas mais qui sont dangereuses comme l'**appendicite** ou le **cancer**.

E

La vie et la mort <=> El-ḥayāt w el-mūt

ed-denya (f), ḍāṛ ed-denya............ ici-bas
el-aḫira (f), ḍāṛ el-aḫira...... le jour dernier
el-ḥayāt (f), el-'īša (f), buḫbel (m)... la vie
tneffes.. respirer
'āyeš, ḥeyy.................................... vivant
ḫlāq, tewled, tzād........................... naître
māt.. mourir
'āš... vivre
ḥya... revivre
b'et.. ressusciter
el-be't (m)...................... la résurrection
eṣ-ṣeḥḥa (f)...................................... la santé
ṣḥīḥ........................... en bonne santé, fort
mṛīḍ.. malade
el-feṛḥa (f)..................................... le bonheur
sa'īd, feṛḥān................................... heureux
tamara (f) (empr. au ber.).............. la fatigue, la peine physique
el-miziriyya (f) (empr. au fr.), eẓ-ẓelṭ (empr. au ber.)..................................... la misère
eẓ-ẓheṛ (m), el-ḥeḍḍ (m)................... la chance
el-flūs (m), ed-drāhem (m) (A), eṣ-ṣwālḍa (m)... l'argent
el-feqr (m).. la pauvreté
eḍ-ḍe'f (m).. la faiblesse

F

el-miyyet (m)...................................... le mort
el-kfen (m).. le linceul
eṣ-ṣenḍūq (m)..................................... le cercueil
el-ḥzen (m).................. le deuil, la tristesse
el-'za (m)............................ les condoléances
el-qḅeṛ (m)... la tombe
et-tṛāḅ (m), el-aṛḍ (m)......................... la terre
ed-dfīn (m)..................................... l'enterrement
dfen.................................... inhumer, enterrer
el-mqebṛa (f), jebbāna (T).... le cimetière
el-gnāza (f), el-janāza (f).... les funérailles
eṣ-ṣḷa (f).. la prière
ṣeḷḷa.. prier
el-ḅuṛḍa (f).................... le titre d'un poème mortuaire célèbre
el-ytāma (m), el-mḥājeṛ (m). les orphelins
el-hejjāla (f).. la veuve
el-wert (m), el-mīrāt (m).............. l'héritage
el-wāli (m).. le tuteur
ḥzīn.. malheureux
el-bās (m), el-muṣīḅa (f)............. le malheur
qsem... partager
el-qesma (f), el-ḥeqq (m), el-bāy (m), (T).... .... la part
el-qsīm (m).. le partage
el-frāq (m).. la séparation

*E- Bnāden iji l hād ed-**denya**, **yeḫlāq**, **i'īš** w f et-tālī **imūt**. El-**ḥayāt** tā'-u teqder tkūn **sa'īda**, teqder tkūn **mmerta**. Elli muhim f el-ḥaqīqa huwwa eṣ-**ṣeḥḥa**. Eṣ-**ṣeḥḥa** m'a **el-feqr** ḥsen men el-meṛḍ m'a l-**flūs**.*
*F- Fāš tenzel el-**mūt** 'la ši wāḥed, ḥbāb-u ikūn 'end-hum el-**ḥzen**. Lāzem iġeslū-h w iwejd-u l-u l-**kfen**, eṣ-**ṣenḍūq** w el-**qḅeṛ**. Men be'd, **iṣeḷḷīw** 'lī-h (**ṣalāt el-janāza**), w yeddīw-h l el-**mqebṛa** fīn ġādī **yettedfen**.*

E- L'être humain vient en ce **bas-monde**, il **naît**, vit et **meurt**. Sa **vie** peut être **heureuse** comme elle peut être **misérable**. Ce qui est important en fait, c'est la **santé**. La **santé** et la **pauvreté** valent mieux que l'**argent** et la maladie.
F- Lorsque la **mort** frappe quelqu'un, les siens sont en **deuil**. Il faut qu'ils le lavent, qu'ils lui préparent le **linceul**, le **cercueil** et la **tombe**. Après, ils **prient** pour lui (**la prière des funérailles**) puis ils le transportent au **cimetière** où il sera **inhumé**.

EXPRESSIONS ET LOCUTIONS IDIOMATIQUES

- *Yejri f eṣ-ṣḍā'*	Courir après les ennuis.
- *Reḍḍ 'lī-h el-ġdāyed*	Il a versé sa colère sur lui.
- *Qerqeb 'lī-ha sarūt er-rbeḥ*	Applaudir, approuver.
- *Bġa yākul jnāb-u*	Se mordre les doigts de colère.
- *Qāl-l-u llī 'la qelb-u*	Il lui a dit ce qu'il a sur le cœur.
- *Ġbed men-u el-heḍṛa*	Lui tirer les vers du nez.
- *Rājel w nuṣṣ*	Un brave homme.
- *Ma n'es ma šāf-u*	Ne point fermer les yeux.
- *Ḍeṛḅ-u l-berd, eṛ-ṛwāḥ*	Attraper froid, un rhume.
- *Ṭāṛ en-n'ās*	Perdre le sommeil.
- *Šeddū-h 'ḍām-u*	Il a eu une crise d'épilepsie)
- *Mātet l-u rejl-u*	Il a des fourmis dans les jambes.

PROVERBES MAGHRÉBINS

- *Ed-da iḥemmel ed-dwa*	La douleur de la maladie fait supporter l'aigreur des médicaments.
- *Ġeṛḥ le-klām qbeḥ men jeṛḥ le-ḥsām*	La blessure du verbe est pire que la blessure de l'épée. **Français** : Coup de langue est pire que coup de lance.
- *Ej-jeṛḥa teḅṛa w klām el-'āṛ ma yeḅṛa*	A blessure charnelle vient la guérison, à blessure verbale, point de rémission.

- *El-Lāh mma ḍeṛḇa b dem-ha wa la ḍeṛḇa b sem-ha*

Mieux vaut un coup sanglant qu'une parole venimeuse.
Français : Mieux vaut glisser du pied que de la langue.

- *Elli ḫellā-h ej-jedrī keml-u bu ḥemṛūn*

Ce qu'a épargné la variole se fait attaquer par la rougeole.
Français : Une pierre ne tombe jamais seule.

- *El-m'ātba f el-wjeh ṣāḇūn w f eḍ-ḍheṛ ṭā'ūn*

Le blâme reçu en face est du savon, dans le dos, c'est une peste.
Français : Sans la liberté de blâmer, il n'est point d'éloge flatteur.

- *Ed-denya jīfa w ṭeḷḷāb-ha klāb*

La vie (d'ici-bas) est une charogne, ses aspirants sont des chiens.

- *Ana n'āwn-u f qḇeṛ ḇḇā-h w huwwa yehṛeḇ l-ī b el-fās*

Je suis venu l'aider à creuser la tombe de son père, le voilà qui se sauve avec ma pioche.
Français : Élever les méchants, c'est couver son malheur.

- *F ṛāṣ el-ytāma yet'elmu el-ḥejjāma*

Les apprentis coiffeurs apprennent à manier les ciseaux sur la tête des orphelins.
Français : A barbe de fol, on apprend à raire (à raser).

- *El-'ḍem eṣ-ṣḥīḥ ḫīr men ej-jīb el-'āṃeṛ*

Une bonne santé vaut mieux qu'une poche pleine.

- *Ḍeṛṛeq eš-šems b el-ġerbāl*

Cacher le soleil avec un crible.
(Faire un travail inutile).

- *Ma f el-hemm ġī llī yefhem*

Ne vit dans les tourments que celui qui comprend.
Français : Il fait bon vivre et ne rien savoir.

- *El-ḫūf i'ellem ej-jra*

La peur apprend à courir vite.

- *Rzeq el-ḫsīs l iblīs*

La fortune de l'avare est pour Satan.
Français : A femme avare galant escroc.

LES RELIGIONS ET LES CROYANCES
ED-DIYYANAT <=> W EL-'TIQADAT

A

ed-dīn (m).. la religion
el-imān (m)...................... la foi, la croyance
el-mūmen (m)................................ le croyant
el-mulḥid (m)..l'athée
āmen.. croire
eṛ-ṛaṣūḷ (m), en-nbī (m)............le Prophète
el-'ibāda (f)..le culte
el-malā'ika (f)................................les anges
eṛ-ṛūḥ (f).. l'âme
jahennam (f), en-nāṛ (f).................... l'enfer
ej-jenna (f)...................................... le paradis
eṣ-ṣḷa (f)..la prière
et-tesbīḥ (m), es-sebḥa (f).........le chapelet
el-ḥasana (f), el-me'ṛūf (m) la bonne œuvre
ḥlef, qsem............................ prêter serment
el-ḥlūf (m), el-qasam (m), el-yamīn (m).....
....le serment
amīn............................... amen, ainsi soit-il
bārek... bénir
l'en........ exécrer, lancer des imprécations
ṣḥeṭ....................... entrer en fureur, maudire
el-le'na (f).. la malédiction, l'imprécation
eṣ-ṣeḥṭ (m)................... l'anathème, la fureur
eṛ-ṛḍa (m) la bénédiction, le consentement
ed-denb (m), el-me'ṣiyya (f), el-yamīn (m), el-itm (m)............................le péché

B

el-islām (m)..l'islam
ej-jāme' (f).................................. la mosquée
el-Qur'ān (m), el-Muṣḥaf (m).........le Coran
el-ḥadīt (m)............ les paroles du Prophète
es-sunna (f)........... la tradition prophétique
eš-šahāda (f)................ la profession de foi
al-Lāh (m), el-Ilāh (m)........................... Dieu
eṣ-ṣyām (m)...................................... le jeûne
el-imām (m)..l'imam
el-fātiḥa (f)...le premier chapitre du Coran
er-rek'a (f) la partie de la prière composée de huit positions du corps.
el-fqīh (m).............................le théologien, le maître d'école coranique.
Mekka (f).. la Mecque
el-mselmīn (m).................... les musulmans
el-ḥejj (m)............................... le pèlerinage
el-ḥejjāj (m)..................................les pèlerins
ez-zka (f)............................. l'aumône légale
eṣ-ṣem'a (f)...le minaret
el-mu'addin (m).............................le muezzin
el-ḫeṭḇa (f)...le prêche
es-sejjāda (f).............le petit tapis de prière
el-wuḍū' (m)............................ les ablutions
et-tayemmum (m).......les ablutions sèches faites, faute d'eau, avec du sable, de la poussière, un galet etc.

*A- Ed-**diyyanāt** meḫtālfa. Kull **mu'min** 'end-u **imān** f ed-**dīn** tā'-u, f eṛ-**ṛaṣūḷ** tā'-u w f el-**ktāb** tā' ed-**dīn** tā'-u. El-**mumen elli** ma yebġi yemši l ej-**jenna iṣeḷḷī** bezzāf.*
*B- Kull dīn 'end-u r-rkāyez tā'-u. El-**islām** matalan 'end-u ḫemsa tā' er-rkāyez : eš-**šahāda**, eṣ-**ṣala**, ez-**zaka**, eṣ-**ṣūm** w el-**ḥejj**.*
*- F-ej-**jāme'** el-**imām** huwwa llī **iṣeḷḷī** b el-**muminīn** w idīr el-**ḫeṭḇa**.*

A- Les **religions** sont différentes. Chaque **croyant** a la **foi** dans sa **religion**, dans son **Prophète** et dans le **Livre** (sacré) de sa **religion**. Le **croyant** qui veut aller au **Paradis prie** beaucoup.
B- Chaque religion a ses piliers. L'**islam,** par exemple, en a cinq : la **profession de foi**, la **prière**, l'**aumône légale**, le **jeûne** et le **pèlerinage**.
- A la **mosquée**, c'est l'**imam** qui dirige la **prière** des **croyants** et prononce le **prêche**.

C

el-masīḥiyya (f)................ le christianisme
el-masīḥiyyīn (m), en-nṣāṛa (m).................
.................les chrétiens, les nazaréens
Rūmi (m), Gāwri (m)....................l'Européen
ej-jāme' d en-nṣāṛa, el-knisiyya, el-knīsa (T).......................................l'église
el-wṣiyya (f)...................le commandement
er-rāhib (m).......................................le moine
'Īsa (m)... le Christ
ed-dejjāl (m)................................ l'antéchrist
Mūsa (m)..Moïse
el-Ktāb (m).. le Livre
el-Injīl (m)..................................... l'Évangile
eẓ-Ẓaḃūṛ (m)...............le Livre des psaumes
el-Baḃa (m).. le Pape
el-yahūdiyya (f).......................... le judaïsme
el-yhūd (m)...les juifs
yhūdī..juif
isrā'ilī .... israélite
'ebrānī... hébreu
el-ḥaḃām (m), er-rebbāni (m).......le rabbin
ej-jāme' tā' el-yhūd, eš-šnuġa (f) ....
....la synagogue
et-Tawṛāt (f)....................la Thora, la Bible
el-būdiyya (f)........................le bouddhisme
Būda (m)..Bouddha

D

el-'tiqādāt (f)............................les croyances
el-'ādāt (f).................................. les traditions
eš-šīṭān (m), iblīs (m)...................le démon
*el-'efrīt (m), ej-jenn (m)*le diable, le génie
es-seyyed (m), el-wāli (m)........ le marabout
ez-zāwya (f)..la zaouïa (établissement religieux sous l'autorité d'une confrérie musulmane).
eš-šrīf (m)..............descendant du Prophète
el-wli (m), el-wāli (m)...................... le saint
ẓāṛ..visiter
eš-šewwāf (m), el-gezzān (m), (empr. au ber.), el-'eṛṛāf (m), (T)............ le voyant
eš-še'wada (f), et-tmeṛbīṭ (m), (A)...............
....la superstition
el-ḥerz (m), el-ḥjāb (m), el-ktāb (m) ....
....l'amulette
es-sḥūr (m), es-siḥr (m)..................la magie
eš-šbāḥ (m), el-ḫyāl (m), el-'ebbīṭa (f) (T), eṛ-ṛehḃān (m), (A) ....les fantômes
el-fāl (m) ....le bon augure
eṭ-ṭīra (f) .... le mauvais augure
el-ḃḫūṛ (m).......................................l'encens
el-'īn (f).... l'œil, le mauvais œil, la source
eṣ-ṣfīḥa (f).............................. le fer à cheval
el-ḫmīsa (f).......................la main de Fatma

*C- Ed-dīn tā' el-**yhūd** huwwa l-**yahūdiyya** w en-nbī tā'-hum huwwa **Mūsa**.*
*Ed-dīn tā' el-**masīḥiyyīn** huwwa l-**masīḥiyya**, el-**Ktāb** tā'-hum huwwa el-**Injīl** w en-Nbī tā'-hum huwwa **'Īsa**.*
*D- Bezzāf tā' el-**'adāt** w el-**'tiqādāt** yetmāšāw m'a d-diyyānāt kul-ha. Hād el-**'tiqādāt** 'end-ha 'alāqa m'a š-**še'wada**. F el-islām matalan be'ḍ en-nās yemšīw **iẓūṛ-u** l-**wāli** aw idīru l-**ḥjāb** aw el-**ḫmīsa** f el-'enq.*
*'End el-masīḥiyyīn nelqāw 'āwd bezzāf tā' en-nās ye'elq-u ṣ-**ṣfīḥa** 'end bāb ḍāṛ-hum bāš yetteḥmāw men el-**'īn** āw yemšīw 'end eš-**šewwāf** aw 'end es-**seḥḥār**.*

C- La religion des **juifs** est le **judaïsme**, leur prophète est **Moïse**.
La religion des **chrétiens** est le **christianisme**, leur **Livre** est l'**Évangile** et leur prophète est le **Christ**.
D- Beaucoup de **traditions** et de **croyances** vont de pair avec toutes les religions. Ces **croyances** ont des rapports avec la **superstition**. En islam, par exemple, certains vont **visiter** un **saint** ou mettent une **amulette** ou une **main de Fatma** au cou.
Chez les chrétiens nous trouvons aussi beaucoup de gens qui suspendent un **fer à cheval** à la porte de leur maison pour se préserver contre le **mauvais œil** ou vont chez un **voyant** ou chez un **magicien**.

EXPRESSIONS ET LOCUTIONS IDIOMATIQUES

- *Ḥlef ʻel-ġeš*	Prêter un faux serment.
- *Meskūn*	Il est hanté (par le diable).
- *Mesḥūr*	Ensorcelé.
- *Meḍṛ ūḅ ʻla ši ḥāja*	Etre un irréductible de quelque chose.
- *B elli jāb el-Lāh*	Avec les moyens du bord.
- *Ḍṛeḅ el-ẖeṭṭ/eš-šʻīr*	Prévoir l'avenir.
- *Fṛeq eṣ-ṣyām*	Rompre le jeûne.
- *Šehhed*	Attester la foi.
- *Eddī l-faṛīḍa*	Accomplir le devoir.
- *Kteb ʻel el-ʻīn*	Ecrire contre le mauvais œil.
- *Sḥer l ši wāḥed*	Jeter un sort à quelqu'un.
- *Dār yedd el-Lāh*	Donner un coup de main.
- *Elli ʻṭā-h el-Lāh ʻṭā-h*	Les dés sont jetés.
- *Fī-h ej-jnūn*	Avoir le diable au corps.
- *Werrī-ni ṣfāyeḥ rejlī-k*	Envoyer balader.

PROVERBES MAGHRÉBINS

- *Ḫūt f eṭ-ṭīn w ʻedyān f ed-dīn*	Frères nous sommes par le limon et ennemis par la religion. (Allusion à l'origine biblique et coranique de l'Homme)
- *Ed-dīn iheddem ed-dīn*	La dette impayée démolit la religion. (Aussi bon croyant soit-il, un débiteur qui mène la vie dure a très peu de chance d'honorer ses dettes).

- *Ez-zebbāla teṛje' jām'*	La décharge peut devenir une mosquée. (Il arrive parfois qu'un lieu qui était affecté au dépôt d'ordures soit aménagé et devienne une mosquée, comme il arrive aussi qu'un individu peu recommandable devienne une personne des plus respectables).
- *Ed-denya b el-wjūh w el-aḫira b eẓ-ẓṛāweṭ*	Ici-bas règnent les privilèges et les passe-droits, dans l'au-delà le bâton attend ceux qui violent la loi. (Se dit pour consoler ceux qui sont lésés dans leurs droits).
- *Lu kān eṣ-ṣfīḥa ṭṛeḍ el-'āṛ w kān ṛeḍḍāt-u 'el-ḥmāṛ*	Si le fer à cheval conjurait le mal, il l'aurait conjuré pour l'âne. (Il en est pourvu de quatre, pourtant sa condition n'est pas des plus enviables).
- *Ila ma kān ḫubz ma tkūn la ṣala la 'ibāda*	Si le pain venait à manquer , il n'y aurait ni prière ni dévotion. **Français** : Une armée ne se bat pas le ventre vide.
- *De'wa w mūlā-ha māt*	C'est une malédiction dont l'auteur est décédé. (Se dit pour signifier que les dés sont jetés).
- *Elli bġa yeslem ma iḫāleṭ meslem*	Celui qui veut être en paix se doit de ne fréquenter aucun musulman. (Se dit de celui qui a été échaudé par un faux musulman).
- *Ḫellā bīt-u w mša išeṭṭeḅ ej-jām'*	Il a laissé sa maison sans soin et il est allé balayer la mosquée du coin. (Se dit de celui qui ferait mieux d'aller s'occuper de ce qui le regarde de près).

LES NOMBRES <=> *EL-A'DĀD*

A

Les nombres cardinaux
El-a'dād el-aṣliyya

wālu, ṣifṛ, ziru	zéro
wāḥed/weḥda	un/une
juj (M), *zūj* (A), *zuz* (T), *tnīn*	deux
tlāta	trois
ṛeḇ'a	quatre
ḫemsa	cinq
setta	six
seb'a	sept
tmenya	huit
tes'a, tes'ud (M)	neuf
'eṣ̌ṛa	dix

B

ḥḍāš	onze
tnāš	douze
tlettāš	treize
ṛḇe'ṭāš	quatorze
ḫmesṭāš	quinze
seṭṭāš	seize
sbe'ṭāš	dix-sept
tmenṭāš	dix-huit
tse'ṭāš	dix-neuf

C

'ešrīn	vingt
wāḥed w 'ešrīn	vingt et un
tnāyen w 'ešrīn	vingt-deux
tlāta w 'šrīn	vingt-trois
ṛeb'a w 'ešrīn	vingt-quatre
ḫemsa w 'ešrīn	vingt-cinq
setta w 'ešrīn	vingt-six
seb'a w 'ešrīn	vingt-sept
tmenya w 'ešrīn	vingt-huit
tes'a w 'ešrīn	vingt-neuf

A- Kunt f es-sūq hād eṣ-ṣḇāḥ w šrīt ***zūj*** *djajāt w* ***tlāta*** *kilu tā' el-lḥem w* ***wāḥed*** *ed-dellāḥa w* ***ṛeḇ'a*** *tā' eṛ-ṛemmanāt.*
B- Zid ***ḥḍāš*** *'la* ***setta*** *šḥāl dārt? Dāret* ***sbe'ṭāš.***
- Nqeṣ ***ṛeḇ'a*** *men* ***tmenṭāš*** *šḥāl te'ṭī ? Te'ṭī* ***ṛḇe'ṭāš.***
C- Šḥāl f en-nhāṛ men sa'a ? Fī-h ***ṛeḇ'a w 'ešrīn*** *sa'a.*
- Ḍṛeḇ ḥḍāš f zūj, šḥāl dāret ? Dāret ***tnāyen w 'ešrīn.***

A- J'étais au marché ce matin et j'ai acheté **deux** poules, **trois** kilogrammes de viande, **une** pastèque et **quatre** grenades.
B- Ajoute **onze à six** ; combien cela fait-il ? Cela fait **dix-sept**.
- Soustrais **quatre** de **dix-huit**, combien cela donne ? Cela donne **quatorze**.
C- Combien d'heures y a-t-il dans un jour ? **Il y a vingt-quatre** heures.
- Multiplie onze par deux ; cela fait combien? Cela fait **vingt-deux.**

D

tlatīn.......trente
wāḥed w tlātīn.......trente et un
tnāyen w tlātīn.......trente-deux
tlāta w tlātīn.......trente-trois
ṛeḅ'a w tlātīn.......trente-quatre
ḫemsa w tlātīn.......trente-cinq
setta w tlātīn.......trente-six
seb'a w tlātīn.......trente-sept
tmenya w tlātīn.......trente-huit
tes'ud w tlātīn.......trente-neuf

E

reḅ'īn.......quarante
ḫemsīn.......cinquante
settīn.......soixante
seb'īn.......soixante-dix
tmānīn.......quatre-vingt
tes'īn.......quatre-vingt-dix
mya.......cent
mya w wāḥed.......cent un
mya w 'eṣ̌ṛa.......cent dix
mya w 'eṣ̌rīn.......cent vingt
mya w tlātīn.......cent trente
mya w ṛeḅ'īn.......cent quarante
mya w ḫemsīn.......cent cinquante
mya w settīn.......cent soixante
mya w seb'īn.......cent soixante dix
mya w tmānīn.......cent quatres-vingt
mya w tes'īn.......cent quatre-vingt-dix
el-myawāt.......les centaines
myatāyen.......deux cents
teltemya.......trois cents
ṛeḅ'emya.......quatre cents
ḫemsemya.......cinq cents
settemya.......six cents
seb'emya.......sept cents
seb'emya w ḫemsīn.......sept cent cinquante
temnemya.......huit cents
temnemya w settīn.......huit cent soixante
tes'emya.......neuf cents
tes'emya w seb'īn.......neuf cent *soixante-dix*

F

el-alāf.......les milliers
alf.......mille
alef w mya.......mille cent
alfayen.......deux mille
teltalāf.......trois mille
ṛeḅ'alāf.......quatre mille
'eṣ̌ṛalāf.......dix mille
'eṣ̌rīn alef.......vingt mille
tlātīn alef.......trente mille
myāt alef.......cent mille
'eṣ̌ṛalāf w mya.......cent dix mille
'eṣ̌rīn alef w mya.......cent vingt mille
myatāyen alef.......deux cent mille
teltemyāt alef.......trois cent mille

D- F en-nādī fāš ṛā-ni kāyen ***tlātīn*** *weld w seb'a* ***w tlātīn*** *bent.*
- Ḫu-ya 'end-u f el-gṭī' tā' el-ġnem tā'-u ***tlāta w tlātīn*** *ne'ja w* ***setta w tlātīn*** *kebš w* ***wāḥed w tlātīn*** *me'za.*
E- ***Tmānīn*** *meqsūma 'la zūj te'ṭī* ***ṛeḅ'īn****.*
- Ila qsemti ***tes'īn*** *'la* ***mya****, šḥāl te'ṭī-k ? Te'ṭi-ni ṣifr faṣila tes'ud.*
F- F kilu 'end-na ***alf*** *gṛām, f qenṭāṛ 'end-na* ***myāt alef*** *gṛām w f ṭūn 'end-na* ***alef*** *kilu.*

D- Dans le club où je suis, il y a **trente** garçons et **trente-sept** filles.
- Mon frère a dans son troupeau d'ovins **trente-trois** brebis, **trente-six** moutons et **trente et une** chèvres.
E- Quatre-vingts divisés par deux donnent quarante.
- Si tu divises **quatre-vingt-dix** par **cent**, combien cela te donne ? Cela me donne zéro virgule neuf.
F- Dans un kilogramme nous avons **mille** grammes, dans un quintal nous avons **cent mille** grammes et dans une tonne nous avons **mille** kilogrammes.

G

melyūn (m) .... un million
el-mlāyen (m) .... les millions
zūj mlāyen .... deux millions
tlāta tā' el-mlāyen .... trois millions
ṃelyāṛ (m) .... un milliard
zūj mḷāyeṛ .... deux milliards
tlāt ta' el-mḷāyeṛ .... trois milliards
el-mḷāyeṛ (m) .... les milliards

H

Les nombres ordinaux
El-a'dād et-tertībiyya

el-luwwel .... le premier
el-lwāla .... les premiers
et-twāla .... les derniers
el-luwla .... la première
el-luwlāt .... les premières
et-tālyāt .... les dernières
et-tāni(ya), ez-zāwj(a) .... le/la deuxième
et-tālt (a) .... le/la troisième
eṛ-ṛābe' (a) .... le/la quatrième
el-'āšeṛ (a) .... le/la dixième

I

Les numéraux fractionnaires
El-a'dād el-juz'iyya

en-nuṣṣ (m) .... la moitié
et-tulūt (m) .... le tiers
teltāyen .... deux tiers
telt ṛḇā' .... trois quart
eṛ-ṛḇe' (m) .... le quart
el-ḫums (m) .... le un cinquième
el-ḫemmās (m) .... le quintenier, le métayer
es-sudus .... le un sixième
es-subu' .... le un septième
es-sāb'a .... le un septième
et-tumun .... le un huitième
et-tās'a .... le un neuvième
el-'ušuṛ .... le un dixième
el-'šūṛ (m) .... la dîme

*G- F el-'ālam kāyen nās qlāl 'end-hum el-**mlāyen** aw el-**mḷāyeṛ** w kāyen el-**mlāyen** aw el-**mḷāyeṛ** tā' en-nās ma 'end-hum wālu.*
*H- 'end-ī wāḥed ṣāḥb-ī dāymen el-**luwwel** qṛāyt-u. Uḫt-u dāymen el-**luwla** f eṛ-ṛasm w et-**tānya** f el-ṃāṭ. Ana nji meṛṛa et-**tāni** meṛṛa et-**tālt** f eṛ-ṛasm, walākin f el-ṃāṭ dāymen et-**tāli**.*
*I- F el-Meġrib, nestāġell-u l-blād imma b wḥed-na, wa imma m'a uḫrīn w f hād el-ḥāla hādi kāyen bezzāf tā' eṭ-ṭuṛuq. Imma ne'ṭīw-ha l ši wāḥed b et-**tulūt** f el-ġella (mūl el-melk ye'ṭi ġi l-blād w ma yeṣṛef wālu), imma b en-**nuṣṣ** (mūl el-melk išārk b en-**nuṣṣ** f ez-zerrī'a w yeddī en-nuṣṣ f el-ġella) w imma b eṛ-**ṛḇe'** (mūl el-melk yeṣṛef kul-ši men jīb-u w yekrī wāḥed el-ḫeddām 'la ṭūl el-'ām w te'ṭī-h eṛ-**ṛḇe'** f el-ġella).*

G- Dans le monde, il est des gens peu nombreux qui ont des **millions** voire des **milliards** et il est des **millions** voire des **milliards** de gens qui n'ont rien.
H- J'ai un ami, il est toujours le **premier** dans ses études. Sa sœur est toujours la **première** en dessin et la **deuxième** en mathématiques. Moi, je suis parfois le **deuxième** parfois le **troisième** en dessin, mais en mathématiques je suis toujours le **dernier**.
I- Au Maghreb, on exploite la terre soit seul, soit avec d'autres. Dans ce cas-ci, il existe plusieurs méthodes: soit nous la cédons à quelqu'un moyennant le **tiers** de la récolte (le propriétaire donne seulement la terre et ne dépense rien), soit moyennant la **moitié** (le propriétaire participe par la **moitié** de la semence et prend la **moitié** de la récolte), soit moyennant le **quart** de la récolte (le propriétaire dépense tout de sa poche et loue tout au long de l'année les services d'un travailleur moyennant le **quart** de la récolte).

Les nombres multiplicatifs
El-a'dād el-mḍubla

J

eḍ-ḍūbl (m) (empr. au fr.) .... le double
el-ṃeṛṛa (f), *el-ḫeṭṛa* (f), (M) .... la fois
telt(a) ḫeṭṛāt/meṛṛāt .... le triple (litt. trois fois) ....
ṛḇe' ḫeṭṛāt/ṃeṛṛāt .... le quadruple
ḫems ḫeṭṛāt/ṃeṛṛāt .... le quintuple
sbe' ḫeṭṛāt/ṃeṛṛāt .... le septuple
'šeṛ ḫeṭṛāt/ṃeṛṛāt .... le décuple
myāt ḫeṭṛa/ṃeṛṛa .... le centuple

K

Les nombres approximatifs et collectifs
El-a'dād et-teqrībiyya w el-jem'iyya

jwāyeh, teqrīb, qṛābt .... environ
wāḥed et-tmenya/ qrābt tmenya .... une huitaine
wāḥed el-'ešṛa/ qrābt 'ešṛa .... une dizaine
wāḥed et-tnāš/ qrābt tnāš .... une douzaine
wāḥed el-ḫmesṭāš/ qrābt ḫmesṭāš .... une quinzaine
wāḥed el-'ešrīn/ qrābt 'ešrīn .... une vingtaine
wāḥed eṛ-ṛeḇ'īn/ qrābt ṛeb'īn .... une quarantaine
wāḥed el-mya/ qrābt mya ..... une centaine
wāḥed el-alef/ qrābt alf .... un millier

L

Les locutions numérales distributives
El-'iḇaṛāt el-'adadiyya et-tawzī'iyya

wāḥed (a) wāḥed (a) .... un (e) par un (e)
zūj b zūj/tnīn b tnīn .... deux par deux
tlāta b tlāta .... trois par trois
ṛeḇ'a b ṛeḇ'a .... quatre par quatre
'ešṛa b 'ešṛa .... dix par dix
'ešrīn b 'ešrīn .... vingt par vingt
mya b mya .... cent par cent

J- Hādi awwel ***ṃeṛṛa*** *nemšī l-el-ḫārij.*
*- Ṣāḥb-ī ġlīḍ bezzāf yewzen ed-***dūbl** *tā'-ī.*
K- Hādi ***wāḥed et-tnāš*** *el-yūm tqāl li weq'āt wāḥed el-kṣīḍa men hna* ***wāḥed el-'ešṛa*** *tā' el-kuḷumīt mātu fī-ha* ***wāḥed et-tmenya*** *tā' en-nās. Hād el-kṣīḍa šeddāt* ***wāḥed el-mya*** *tā' eṭ-ṭunubilāt wāḥed eṛ-ṛeḇ'īn dqīqa.*
L- Et-tlāmed eṣ-ṣġāṛ idīr-u ***zūj zūj*** *geddām el-qism.*

J- C'est la première **fois** que je vais à l'étranger.
- Mon ami est très gros, il pèse le **double** de mon poids.
K- Il y a une **douzaine** de jours, il m'a été dit qu'il y a eu un accident d'ici une **dizaine** de kilomètres où ont été tuées une **huitaine** de personnes. Cet accident avait retenu une **centaine** d'automobiles pendant une **quarantaine** de minutes .
L- Les petits écoliers se mettent **deux par deux** devant la classe.

EXPRESSIONS ET LOCUTIONS IDIOMATIQUES

- *Weḥda men ez-zūj*	Un des deux, de deux choses l'une.
- *El-luwwel b el-luwwel w et-tāli b et-tāli*	Les premiers d'abord ensuite les derniers.
- *Ḫeṭṛa ḫeṭṛa/ṃeṛṛa ṃeṛṛa*	De temps en temps.
- *Ḫerrej el-'šūṛ*	Donner la dîme (aux pauvres).
- *Weḥda weḥda*	Pas à pas, lentement, une par une.
- *B en-nhāṛ el-gehhāṛ*	Au grand jour.
- *'End-u seb' wjūh*	Avoir sept visages.
- *Ma iḫāf ma yeḥšem*	Il n'a jamais peur et il ne se gêne point.
- *Ila ma ḫāf ma yeḥšem*	S'il n'a pas peur, il ne se gêne pas.
- *Bqa ḥāl femm-u*	Il est resté bouche bée.
- *Qelb-u qbīḥ*	Etre malveillant, méchant.
- *Qelb-u kbīr*	Etre bienveillant, généreux.
- *Šeṃṃeṛ 'la drā'-u*	Retrousser les manches.

PROVERBES MAGHRÉBINS

- *'Ešṛa tā' el-'sāṛa ma iketfu-ši ed-djāja*	Dix gauchers, pour ligoter une poule, sont démunis. (Se dit, par ironie envers les gauchers, mais aussi à l'adresse de personnes incompétentes qui unissent leurs efforts pour essayer de réaliser ce dont elles sont incapables).

- *Zūj ḥnūša ma yetlaqāw f el-ġāṛ*	Deux serpents ne cohabitent jamais dans le même trou. (Deux êtres malfaisants, ne se supportent pas).
- *El-qāḍi yesme' men zūj*	Le cadi écoute deux versions. (Il faut entendre les deux sons de cloche).
- *Ma ḫellāw el-lwāla ma iqūlu et-twāla*	Les premiers (les ancêtres) n'ont rien laissé à dire aux derniers.
Zyāṛt en-Nbī telt yām	Un visite digne du Prophète dure trois jours. **Français** : L'hôte et la pluie, après trois jours ennuient.
- *Sbe' ṣnāye' w eṛ-ṛẓeq ḍāye'*	Sept métiers et il fait pitié. **Français** : Douze métiers, treize misères.
- *El-heḍṛa bīn zūj w et-tālt fḍūlī*	Une confidence, c'est entre deux personnes, le troisième serait un intrus. **Français** : Secret de deux, secret de Dieu; secret de trois, secret de tous.
- *Es-ser ṃeṛṛa w et-tānī 'eṛṛa w et-tālt 'lī-h ṭṭelleq el-ṃṛa*	Plaisanterie d'une seule fois est pardonnée, la deuxième est sanctionnée, la troisième, c'est assez pour divorcer d'une femme. (Se dit de celui qui a assez averti).
- *La tbī' l zūj la tešrī 'la tlāta*	Ne point vendre à deux personnes, ne point acheter à trois. (Quand les interlocuteurs sont nombreux, l'entente devient difficile voire impossible).
- *Ḫūd derhem men 'ešrīn w jrī 'el el-bāqi*	Contente-toi d'un dirham parmi vingt et cours après le reste. (Hommage au travail et à la persévérance).
- *Ila ġelbū-k b ej-jdīd ġleb-hum b eṣ-ṣābūn*	S'ils rivalisent avec toi de leurs habits toujours neufs, rivalisent avec eux des tiens toujours propres. **Français** : Qui n'a qu'une seule chemise souvent la lave.

LES SENS <=> *EL-ḤAWĀS*

A

La vue <=> El-ḅṣeṛ

en-nḍeṛ (m), *eš-šūf* (m), *el-ḅṣeṛ* (m) la vue
eš-šūfa (f), *en-neḍṛa* (f), *eṛ-ṛemqa* (f), *el-ḫezra* (f) (A)..............le regard
el-ʿīn (f)..............l'œil, la source, le mauvais œil
el-ʿīnīn (m)..............les yeux
ej-jfān (f)..............les paupières
mummu tāʿ el-ʿīn..............la prunelle de l'œil
šāf..............regarder, voir
ṛemmeš..............clignoter des yeux
ġmez..............cligner de l'œil
ʿweṛ, ʿma, ḍrīr (A)..............aveugle
ḅṣīṛ..............borgne
ḥwel..............louche
ʿmeš..............chassieux
el-ʿmāš (m)..............la chassie
ed-dmūʿ (f)..............les larmes
en-nḍāḍeṛ (f), *el-mrayāt* (f), (T)..............les lunettes
eṭ-ṭḅiḅ tāʿ el-ʿinīn..............l'ophtalmologue

B

ṛmeq, lmeḥ..............apercevoir
ḥḍa, ʿess..............surveiller
beḥleṣ, ḥenẓeẓ, belheq (T)..............dévisager
ḅeḷḷeṭ, bhet (T)..............écarquiller les yeux
ḫzer..............regarder, regarder de travers (M)

C

L'ouïe <=> Es-semʿ

el-wednīn (f)..............les oreilles
smeʿ..............entendre
semmeʿ..............faire entendre
ṣġa, stelġa..............prêter l'oreille
tṣennet..............écouter
ṭṛeš, ṣmek..............sourd
es-sāmʿīn (m)..............les auditeurs
mesmūʿ..............audible
ṭeṛṛeš, ṣemmek..............assourdir
eṭ-ṭṛūša (f), *eṭ-ṭṛeš* (m)..............la surdité
iṭeṛṛeš..............assourdissant

*A- El-**ḅṣeṛ** huwwa l-ḥayāt. En-nās elli ʿend-hum neqṣ f en-**nḍeṛ** tāʿ-hum lāzem yemšīw ʿend eṭ-**ṭbīb tāʿ el-ʿīnīn** bāš yeʿṭī-hum en-**nḍāḍeṛ** tāʿ en-**nḍeṛ**.*
*B- El-qeṭ fāš **yeṛmeq** el-fāṛ **yeḥḍī-h** w **išūf fī-h b nuṣṣ ʿīn** ḥetta l el-weqt elli fāš ineqqez ʿlī-h.*
*C- Nḥāfeḍ ʿla s-**semʿ** tāʿ-ī, ma nebġī š **nesmeʿ** l el-musīqa llī **tṭeṛṛeš**. Netṣennet ʿel el-aġānī b ṣewṭ ḫfīf bāš ma nsemmeʿ š ʿla beṛṛa men ḍāṛ-ī*

A- La **vue** c'est la vie. Les gens qui ont une baisse de leur **vue** doivent aller chez l'**ophtalmologue** pour qu'il leur prescrive des **lunettes** de **vue**.
B- Le chat lorsqu'il **aperçoit** une souris, il la **surveille** et la **regarde à la dérobée** jusqu'au moment où il saute sur elle.
C- Je préserve mon **ouïe**, je n'aime pas **écouter** la musique **assourdissante**. J'**écoute** des chansons avec un son bas pour que cela ne se fasse pas **entendre** à l'extérieur de chez moi.

D

es-skāt (m), *eṣ-ṣemt* (m)................le silence
eṣ-ṣḍā' (m), *el-ḥess* (m)..................... le bruit
eṣ-ṣewt (m)...................... la voix, le volume
el-'yāṭ (m), *el-ġwāt* (m), *eẓ-ẓga* (m) les cris
el-haylula (f).......................... le hululement
jehhed/zīd f eṣ-ṣewt.........hausser la voix, augmenter le volume
nqeṣ f eṣ-ṣewt......................baisser la voix
es-sersār (m), *en-nāqūs* (m)........la sonnerie
eṣ-ṣūnīṭ (emp. au fr.)......................la sonnette

E

Le toucher <=> El-lems

ej-jeld (m)..la peau
mess, ḥāda, qās...................................toucher
tlemmes..tripoter
ṛṭeḇ....................................doux, mou, lisse
ḫreš..rugueux, rêche
ṣeffeq, ḍṛeḇ eṛ-ṛeš......................applaudir
ḥukk..gratter
dlek..frictionner
ed-dlīk (m)......................................la friction
frek...frotter
el-frīk (m).................................le frottement
el-ferrāka (f)....................................le frottoir

F

L'odorat <=> Eš-šemm

en-nīf (m), *el-menḫāṛ* (m), *el-ḫšem* (m) (T)..le nez
šemm..sentir
'ṭeṣ...éternuer
eš-šemmān (m)................l'action de sentir
ḫānez, nāten (T)..................................puant
er-rīḥa (f)..........................l'odeur, le parfum
el-'ṭeṛ (m)..le parfum
m'eṭṭeṛ......................... parfumé, embaumé
šemšem, tšemmem (T)....................renifler
neġneġ..nasiller
el-ḫnūna (f), *el-ḫnāna* (f), (T).........la morve
nser (empr. au ber.), *nṣeṭ, mḫeṭ*.se moucher
ez-zīf (m), *el-mušwāṛ* (m) (empr. au fr.)..le mouchoir
ma fī-h rīḥa......................................inodore

*D- Ma kāyen ma ḥsen men es-**skāt** w el-**hudū'**. Waḫḫa nkūnu **netṣent-u** l el-musīqa b bezzāf bi-na lāzem netfādaw eṣ-**ṣḍā'** w el-**ġwāt**. Lāzem **neneqṣu** f eṣ-**ṣewt** wala **njehdu** fī-h.*
*E- El-**lems** yel'eb ḍewṛ muhimm bezzāf f el-ḥayāt tā' bnādem laḥeqqāš imeknu men bāš iferreq bīn el-ḥāja eṛ-**ṛeṭba** men el-ḥāja l-**ḫeṛša**, el-ḥāja es-**sḫūna** men el-ḥāja l-**bārda**.*
*F- El-insān b ṭeḇ'-u iḥeb **išem** er-**rwayeḥ** el-mezyāna. El-**'ṭeṛ** el-mezyān ye'jeb.*

D- Il n'y a pas mieux que le **silence** et la **tranquillité**. Même si nous **écoutons** la musique à plusieurs, il faut éviter le **bruit** et les **cris**. Il faut **baisser le volume** plutôt que l'**augmenter**.
E- Le **toucher** joue un rôle très important dans la vie de l'homme parce qu'il lui permet de distinguer ce qui est **doux** de ce qui est **rêche,** ce qui est **chaud** de ce qui est **froid**.
F- L'homme par nature aime **sentir** les bonnes **odeurs**. Le **parfum** qui sent bon fait plaisir.

G

Le goût <=> Ed-dūq

ed-dūq (m), *el-benna* (f)......................le goût
dāq, qās..goûter
ed-dūqān (m)..........................la dégustation
ed-dwāq (m).......la primeur, le fruit précoce
el-lsān (m).......................................la langue
el-madāq (m), *eṭ-ṭe'm* (m)..............la saveur
tdewweq.........................savourer, apprécier
dewweq.............donner des fruits précoces
ḥāṛṛ..fort, piquant
ḥlu..sucré, doux
ldīd, bnīn..délicieux
ḥāmeḍ, qāṛeṣ (A, T)..............................acide
bāsel (M), *ṣāmt* (A).................................fade
muṛṛ...amer
ṣṛeṭ, ble'...avaler
bzeq..cracher
ed-dfāl (m), *eṛ-ṛīq* (m)......................la salive
el-kfākef (m).......................l'écume, la bave
sqa...arroser
seqqa, ṛwa.......................mettre de la sauce
el-merqa (f), *eṛ-ṛwa* (m)la sauce, le bouillon
serbi (empr. au fr.)...........se dépêcher, servir

*G- B ed-**dūq** bāš iferreq bnādem bīn el-**ḥlu** w el-**ḥāṛṛ** w el-**ḥāmeḍ**. El-**lsān** isā'ed-na bāš **ntedewqu** l-mākla. El-ḥāja ila kānt **ḥāmḍa** bezzāf aw **ḥāṛṛa** bezzāf ma **nṣeṛṭu-ha** š.*

G- C'est avec le **goût** que l'homme distingue le **sucré**, le **piquant** et l'**acide**. La **langue** nous aide à **savourer** les aliments. Si une chose est trop **acide** ou trop **piquante**, on ne peut pas l'**avaler**.

EXPRESSIONS ET LOCUTIONS IDIOMATIQUES

- *'Eššāq mellāl*	Etre inconstant dans ses passions ou ses goûts.
- *Isiyyel er-ryūg*	Faire venir l'eau à la bouche.
- *Šūf b nuṣṣ 'īn*	Regarder à la dérobée.
- *Wedn-u tqīla*	Il est dur d'oreille.
- *Reḍḍ wedn-u*	Prêter l'oreille.
- *Rṭeḇ bḥāl el-ḥrīr*	Doux comme la soie.
- *Ḥṛeš bḥāl el-qṛāšel*	Rêche comme des cardes.
- *Lsān-u ṛṭeḇ*	Etre bon diplomate.

- *'End-u n-nīf*	Etre fier.
- *Ḍeṛḅa bla m'āwda*	Un coup de grâce.
- *'La ṭeṛf el-lsān*	Avoir un mot sur le bout de la langue.
- *F ṛemšet 'īn*	En un clin d'œil.
- *Bāt ma ṣbeḥ*	Il a disparu, il s'est évaporé.
- *Ha wednī menn-ek*	Tenez-vous le pour dit!

PROVERBES MAGHRÉBINS

- *Ḫṣāṛa f el-yhūdi 'īnī-h*	Dommage que le juif ait de si beaux yeux. (Parole d'une musulmane qui ne peut épouser celui qu'elle désire).
- *Elli bġāt ez-zīn teṣḅeṛ l tqīb el-wednīn*	Celle qui désire être belle doit supporter qu'on lui perce les oreilles. **Français** : Il n'est pas de roses sans épines.
- *Swālf el-ḥzīna ḥed-hum el-wdīna*	Celle qui a un triste sort, même ses tresses sont trop courtes. (La longueur des tresses étant un important critère de beauté dans les sociétés traditionnelles. Se dit de ceux qui subissent un sort trop injuste).
- *Ed-denya ḥḍūḍ : wāḥed dda el-ḫdūd w el-qdūd, wāḥed dda el-'ḍām w ej-jlūd*	La vie est une loterie : pour certains hommes, des femmes aux pommettes pulpeuses et aux tailles élancées, pour d'autres, des femmes aux os saillants et à la peau desséchée.
- *Menḫāṛ-u f ej-jīfa w iqūl īḫ*	Il fait fi de la charogne, mais il garde le nez dedans. **Français** : Je ne veux pas, je ne veux pas, mais jetez-le moi dans le capuchon).

LA PAROLE ET LES SONS
EL-KLAM W EL-AṢWAT

A

tkellem, ḥdeṛ, dwa, tḥeddet............parler
ġenna...chanter
ṣāḥ, ġewwet, ẓgā..............................crier
eṣ-ṣdā', ez-zga, el-ġwāt......le bruit, le cri
ṣeffeṛ...siffler
ṣeffeq, ḍṛeb eṛ-ṛeš.....................applaudir
zeġret...........................faire des youyous
ḍḍākeṛ, tjemme'.........................bavarder
el-muḍākaṛa, el-ḥeḍṛa..............bavardage
'āwed, ḥka...................................raconter
ṣāṭ, nfeḫ......................................souffler
el-qīl w el-qāl.............................les on-dit

B

wejwej, weẓweẓ.......gazouiller (oiseaux..)
qāqa..............caqueter, glousser (poules...)
bebbeḅ..........................marmonner (bouc...)
nbeḥ.................................aboyer (chien...)
lhet...................................haleter (chien...)
'ernen......menacer en montrant les dents, gronder (chien...)
ḥeṛneṭ, nheq, šheq..............braire (âne...)
ḥenḥen............................hennir (cheval...)
be'be'...............................bêler (chèvre...)
me'we'...............................miauler (chat...)
geṛgeṛ..........................roucouler (pigeon...)
zheṛ.......................mugir, vrombir (lion...)
ṛe'ṛe'...............................beugler (vache...)
qeṛqeṛ.......................coasser (grenouille...)
ḍḅeḥ............................croasser (corbeau...)

C

keḥḥ, s'el..tousser
el-keḥḥa, es-se'la, el-keḥba..........la toux
keḥkeḥ, neḥneḥ..........................toussoter
'ṭeṣ...éternuer
geṛṛe'...éructer
tnehhet...soupirer
beḥbeḥ...enrouer
šheq..sangloter
temtem..........................murmurer, chuchoter
bejġeṭ...............................balbutier (enfant)
le'tem...bégayer
šḫeṛ...ronfler
newweḥ...geindre
hetref, hetri (T)...délirer

*A- F el-malā'ib tā' el-kuṛa ġāliban ikūn fī-ha ṣ-**ṣdā'** w el-**ġwāt** bezzāf. Kāyen elli **iṣefṛu** w kāyen elli **iġewtu** w kāyen elli **iġennīw**.*
*B- Kull ḥayawān 'end-u l-ġwāt elli imeyzu. Ed-djāja **tqāqī**, el-kelb **yenbeḥ**, el-ḥmāṛ **iḥeṛneṭ**, el-qeṭ **ime'we'** w es-sbe' **izher**.*
*C- En-nās fāš ikūn fī-hum ez-zkām **ikeḥḥu** w **i'etṣu** bezzāf w ikūnu **mbeḥbḥīn**.*

A- Dans les stades de football, il y a trop de **bruit** et trop de **cris**. Il y a ceux qui **sifflent**, ceux qui **applaudissent**, ceux qui **crient** et ceux qui **chantent**.
B- Chaque animal a un cri qui le caractérise. La poule **caquette**, le chien **aboie**, l'âne **braie**, le chat **miaule** et le lion **mugit**.
C- Les gens, quand ils ont un rhume, **toussent**, **éternuent** beaucoup et sont **enroués**.

D

***serser**, **nūqez** (T)*............sonner
***qerqeb**, **deqdeq**, **ṭeḥṭeḥ** (A)*............tapoter
denden............chantonner, bourdonner
derdeb............trépigner, faire dégringoler
bekbek.....bouillonner (un mets sur le feu)
ferfer............voleter, battre des ailes
ṛefṛef............flotter au vent
šeršer............ruisseler
nesses............filtrer
šenšen............bruire (pluie), tinter
ṭeṛṭeq**, **feṛge'............éclater, exploser
lteḥ**, **zdeḥ............claquer
šeqqef............fracasser
zenzen............crisser, bourdonner
ẓe'ẓe'............hurler
ze'ze'............ébranler
ẖeṛẖeš............tinter, gratter (souris...)
keṛkeṛ............empiler
ẖeṛẖeṛ............vrombir
ẖemẖem............manger goulûment et en produisant du bruit.
ẖbeš............griffer
qezqez............sautiller
qefqef............claquer des dents, trembler de froid ou de peur
jeġjeġ**, **ġeṛweṭ............gargouiller
derdez............trottiner
helhel............crépiter (le feu)
tešteš.......pétiller (mèche, allumettes...)
beqbeq............faire glouglou
neššeš............grésiller
meššeš............grignoter
šeyyeš**, **ḥeyyeḥ............faire une battue (battre les bois pour en faire sortir le gibier)
ṛešš............asperger
hezhez............vibrer
***herr** (M), **deġdeġ** (T)*............chatouiller

*D- Es-sā'a **tserser**, el-qenbula **tetfeṛge'**, el-'āfya **thelhel**, el-kerš **tjeġjeġ**, el-ma **išeṛšeṛ**, eṭ-ṭīṛ **iferfer**.*

D- Le réveil **sonne**, la bombe **explose**, le feu **crépite**, le ventre **gargouille**, l'eau **ruisselle**, l'oiseau **bat des ailes**.

EXPRESSIONS ET LOCUTIONS IDIOMATIQUES

- *'End-u ṣewt tā' ed-dheb*	Avoir une voix d'or.
- *Ṭle' l-u f ṛāṣ-u*	En être dégoûté.
- *Šeṃṃeṛ 'lā d-drā'*	Retrousser les manches.
- *Hezz el-yedd 'la ši wāḥed*	Porter la main sur quelqu'un.
- *H̱āwi idenden*	Creux et ça résonne (Bien creux).
- *Kla azfel*	Il s'est fait taper, il a été roué de coups.

PROVERBES MAGHRÉBINS

- *Eṣ-ṣemt ḥekma w menn-u tferqet el-ḥkāyem, wkān ma gerger weld el-ḥmāma ma yeṭle' lu weld el-ḥenš ḥāyem*	Le silence est sagesse, la source de toutes les sagesses ; si le pigeonneau n'avait pas roucoulé, le petit du serpent n'aurait pas rampé jusqu'à lui. **Français** : Chat miauleur n'est pas grand chasseur ni un sage grand parleur.
- *'Āda f sīd el-mūdden ila ma kuḥḥ iḥenḥen*	C'est l'habitude de celui qui appelle à la prière : s'il ne tousse pas, il toussote. (Se dit de la seconde nature). **Français** : A l'impossible nul n'est tenu.
- *Ẓīẓūn w iqūlu l-u zeġret*	Il est sourd-muet et on lui demande de lancer des youyous.
- *Qreš qreš ma i'emmeṛ el-kerš*	Grignoter ne rassasie jamais. (Allusion aux activités sans rendement).
- *El-kelb en-nebbāḥ ma i'eḍ ma yejreḥ*	Du chien aboyeur, ne crains ni morsure ni blessure. **Français** : méfiez-vous du chien qui n'aboie pas et de l'eau tranquille.
- *Dūz 'el el-wād el-heṛhūṛi la tdūz š 'el el-wād es-sākt*	Traverse la rivière tumultueuse et garde toi de traverser celle qui est silencieuse. **Français** : Il n'est pire eau que l'eau qui dort.
- *Tqāqi w tzīd el-bīḍ*	Elle caquette et pond des œufs. (Se dit quand tout n'est pas fini et que le pire reste à venir).
- *Eḍ-ḍeḥk ġīr et-tebsīma ma tḥenḥen ġīr el-bhīma*	Le sourire plutôt que le rire, car ne hennit que la bête.

LES COULEURS <=> *EL-LWAN*

A

el-lūn (m) .... le teint, la couleur
eṣ-ṣbāġa (f), *ed-dhīn* (m) (T) ......la teinture la peinture
en-nīla (f) .... l'indigo
el-vīrni (m) (empr. au fr.) .... le vernis
eṣ-ṣebbāġ (m) .... le peintre, le teinturier
el-meṣbaġa (f) .... la teinturerie, la blanchisserie
ṣbeġ, *benter* (empr. au fr.), *dhen* (T) teindre, peindre
dbeġ .... tanner
ed-dbāġ (m) .... le sumac
ḍāṛ ed-dbeġ .... la tannerie
ej-jīr (m) .... la chaux
jiyyer .... badigeonner
ḅeyyeḍ .... blanchir
es-sellūm (m) .... l'échelle
eš-šīta (f) .... le pinceau
ed-dīliyyu (m) (empr. au fr.), ... le diluant
el-māstīk (m) (empr. au fr.), ... le mastic

B

ḅyeḍ .... blanc
kḫel, *swed*, *nigru* (péj., empr. au fr.), *ḥeṛṭānī* (empr. au ber) .... noir
z'eṛ .... blond
ṣṃeṛ, *dehmānī*, *ẓṛeg* (A) .... brun
šqer .... roux
ṣheḅ .... albinos
šheb .... blond très clair (barbe, cheveux)

C

ẓṛeq .... bleu
ḥṃeṛ .... rouge
ṣfer .... jaune
ḫdeṛ .... vert
limūnī, *tšīnī* (A), *burgdānī* (T) ......orange
smāwī .... bleu-ciel
mdādī, *ḥelwānī* .... violet
qehwī .... marron
ḥeṛṛūbī. brun foncé, couleur des caroubes
ṛṣāṣī .... gris, couleur de plomb
ṛṃādī .... gris, couleur de la cendre
weṛdī .... rose
nīlī .... indigo
dehbī .... doré
feḍḍī .... couleur d'argent
dīdī .... amarante, pourpre
tūtī .... noir, couleur de mûre
'ekrī .... rouge écarlate

A - F el-beldān tā' el-Meġrib, ġāliban en-nās ***isebġu*** *ḍyūṛ-hum b ej-****jīr*** ***elli*** *ye'ṭī* ***lūn*** *ḅyeḍ. Eḍ-Ḍāṛ el-ḅīḍa f el-Meġrib hiyya aḥsen mitāl f hād eš-ši.*
*B - El-****ḅyeḍ*** *w el-****kḫel*** *maši lwān f el-ḥaqīqa. El-lwān el-asāsiyya hiyya l-ḥmeṛ, el-zṛeq w le-ṣfeṛ.*
C - Nqūlu ***līmūni*** *ḥīt hād el-lūn yešbeh l lūn el-līmūn, nqūlu* ***weṛdi*** *ḥīt hād el-lūn yešbeh l lūn el-weṛda, nqūlu* ***dehbi*** *ḥīt hād el-lūn yešbeh l lūn ed-dheb*

A- Dans les pays du Maghreb, souvent les gens **peignent** leurs maisons à la **chaux** qui donne une **teinture** blanche. Casablanca au Maroc en est le meilleur exemple.
B- Le **blanc** et le **noir** ne sont pas des couleurs en vérité. Les couleurs fondamentales sont le **rouge**, le **bleu** et le **jaune**.
C- Nous disons **orange** car cette couleur ressemble à la couleur de l'orange, nous disons **rose** car cette couleur ressemble à la couleur de la rose, nous disons **doré** car cette couleur ressemble à la couleur de l'or.

D

meġlūq, ġāmeq .... foncé
meftūḥ, fāteḥ, nāṣeḥ .... clair
bāhet, kāšef, ḥāyel .... délavé
māyel/ġādī l-el-kḥūliyya, mestekḥel (T) .... noirâtre
māyel/ġādī l-el-ḇyūḏiyya, mesteḇyeḏ (T) .... blanchâtre
māyel/ġādī l-el-ḥmūṛiyya, mesteḥmeṛ (T) .... rougeâtre
māyel/ġādī l-el-ṣfūṛiyya, mesteṣfeṛ (T) .... jaunâtre
māyel/ġādī l-el-ḫḏūṛiyya, mesteḫḏeṛ (T) .... verdâtre
māyel/ġādī l-el-ẓṛūqiyya, mestezṛeq (T) .... bleuâtre

D- El-lūn imma ikūn ***meftūḥ*** *wella* ***meġlūq*** *wella ikūn 'ādi. Ši ḫeṭṛāt ikūnu bezzāf tā' el-lwān walākin ikūn dāymen wāḥed el-lūn ġāleb, nqūlu f hād el-ḥāla belli hād el-ḥāja* ***māyla l el-ḥmeṛ*** *aw l* ***eṣ-ṣfeṛ*** *aw l* ***el-ḫḏeṛ***...

D- La couleur est soit **claire,** soit **foncée,** soit normale. Parfois, il existe plusieurs couleurs, mais il y a toujours une couleur qui l'emporte, nous disons, dans ce cas, que telle chose est **rougeâtre, jaunâtre, verdâtre**...

EXPRESSIONS ET LOCUTIONS IDIOMATIQUES

- *Ma hiyya wa ma lawnu-ha* (litt.: quelle est-elle et quelle est sa couleur?)	C'est la croix et la bannière.
- *Beddel el-jeww*	Changer d'air.
- *B ṭāy ṭāy*	Au grand jour.
- *Šheṛ el-'asal*	La lune de miel.
- *Ṭṭīḥ ḫīṭ men es-sma*	Il pleut des cordes.
- *Yetqātel m'a el-yām/ez-zmān*	Tirer le diable par la queue.
- *Yedd-u meṭlūqa*	Etre dépensier.
- *Ṭāḥ-u snān-u f ši ḥāja*	Avoir une grande expérience dans quelque chose.
- *Ṣṛeṭ lsān-u*	Avaler sa langue, rester coi.
- *Iweqqef eš-š'eṛ fūq eṛ-ṛāṣ*	Faire dresser les cheveux sur la tête.

PROVERBES MAGHRÉBINS

- *Ḥelfāt el-'ṛūṣa ma tḥeb el-'gūza ḥetta teḅyāḍ el-feḥma*

La bru a fait le serment de n'aimer sa belle-maman que lorsque le charbon deviendra blanc.
Français : Un beau-père aime son gendre, aime sa bru ; une belle-mère aime son gendre, n'aime point sa bru.

- *Bnādem yā kḥel eṭ-ṭḅī'a s-sen yeḍḥek l-es-sen w el-qelb fī-h el-ḫdī'a*

L'homme, ô toi à la nature noire, tes dents sourient, mais ton cœur regorge de perfidie.
Français : Il ne faut pas juger de la liqueur d'après le vase.

- *Ed-dīn swād el-ḫeddīn waḫḫa ikūn drehmīn*

La dette noircit la face (= fait honte), soit-elle de deux dirhams.
(On est toujours gêné devant son créancier).

- *Lu-kān el-ḥemmām iḅeyyeḍ iḅeyyeḍ qbāb-u*

Si le bain rendait blanc, il aurait blanchi ses "qbab" (= seau en bois noircis par l'humidité).
(Qui va au bain ne doit pas s'attendre à devenir plus blanc qu'il n'était, car si c'était ainsi, il y aurait longtemps que les seaux seraient devenus blancs. Se dit pour signifier l'impossible).

- *Ḥetta išīb el-ġṛāḅ w yeṭle' el-ḥmāṛ f-es-sllūm w tnewweṛ el-melḥa*

Jusqu'à ce que le corbeau devienne blanc, que l'âne grimpe à l'échelle et que le sel fleurisse. (= Il faut attendre que...)
Français : Quand les poules auront des dents.

- *El-kerš tewled sebbāġ w debbāġ*

Le ventre de la femme donne naissance à des tanneurs et à des teinturiers.
(Se dit pour mettre en valeur la différence de goût, de caractère... entre frères et sœurs).

LE TEMPS <=> *EL-WEQT*

A

et-tārīḫ (m) ....l'histoire, la date
el-jaww (m) ....le climat
eṣ-ṣehḍ (m), el-ḫummān (m), es-sḫāna (f) (A), el-ḥaṛaṛa (f)....................... la chaleur
el-qāyla (f).......................le fort de la chaleur
sḫūn, ḥāmī...chaud
el-ḫābya (f), el-meḫfiyya (f).........le jarron en poterie
el-ferfāra (f), el-merwaḥa (f). le ventilateur
eš-šimini (m) (empr. au fr.)........la cheminée
el-berd (m) ....le froid
bāred... froid, frais
er-rīḥ (m) ....le vent
eš-šta (f), el-mṭeṛ (m) (T), en-neww (m) (A) ....la pluie
eš-šta (f) (M).........................l'hiver, la pluie
eš-šta le-ḫfīfa................................la bruine
el-mḍella (f), es-sḫāba (f), (T). le parapluie
el-ḥemla (f)...la crue
el-merja (f)....................................la marais
el-ḫezz (m) .....la mousse verte (eau, arbre)
mḫezzez.......... couvert de mousse, rouillé
eḍ-ḍāya (f), el-buḥayṛa (f), (T)......................
el-gelta (f)..la mare
et-telj (m)..la neige
et-tebrūri (m), et-tebrūlli m), (A).....la grêle
en-nda (m)..la rosée
el-ġīs (m), eṭ-ṭīn (m), el-ṭeb'a (f) .la boue
ed-denya/el-ḥāl bāred(a)............il fait froid
ed-denya/el-ḥāl sḫūn(a)........... il fait chaud

B

sḫen... chauffer
berred...rafraîchir
eḍ-ḍel..l'ombre
lbes... se vêtir
tberred..se rafraîchir
lbes ḫfīf.................. s'habiller légèrement
'ṛeq..suer
ġeṭṭa..couvrir
tġeṭṭa...se couvrir
el-ḥṭeb (m), el-'wād (m).............. le bois de chauffage
el-ḫšeb (m), el-lūḥ (m) (A).............. le bois
ej-jmeṛ (m) ....la braise
el-ġyām (m), es-sḫāb (m)...........les nuages
mġeyyem.........................brumeux, couvert
eḍ-ḍbāb (a)................................ le brouillard

*A- F weqt eṣ-**ṣehḍ** fāš ikūn **sḫūn el-ḥāl** bezzāf, nḫeddem el-**ferfāra** tā'-i w nḫel es-sṛājem bāš eḍ-ḍāṛ tebqa **bārda** w yedḫel el-hawa mezyān. Amma f eš-**šta** fāš ikūn el-**berd** w er-**rīḥ** w et-**telj** neš'el el-**'āfya** f eš-**šimini** tā'-i w nsed el-bībān w es-sṛājem bāš eḍ-ḍāṛ tebqa **sḫūna**.*
***B**- El-berd ḫaṭīṛ. Bāš en-nās iqāwmū-h lāzem ifekṛu fī-h men qbel, lāzem ikūn 'end-hum el-**ḥteb** w lāzem **yetġeṭṭāw** mezyān. Eṣ-ṣehḍ maši qbīḥ bḥāl el-berd, yekfi ġāliban bāš **nlebsu ḫfīf** w nebqāw f eḍ-**ḍel** bāš **netberdu**.*

A- En période de **chaleur** quand **il fait** très **chaud**, je fais fonctionner mon **ventilateur**, j'ouvre les fenêtres pour que la maison reste **fraîche** et pour que l'**air** entre bien. En revanche, l'**hiver** quand il y a le **froid**, le **vent** et la **neige**, j'allume le **feu** dans ma **cheminée** et je ferme les portes et les fenêtres pour que la maison reste **chaude**.
B- Le froid est dangereux. Pour que les gens y résistent, il faut qu'ils y pensent à l'avance, il faut qu'ils aient du **bois** et il faut qu'ils se **couvrent** bien. La chaleur n'est pas aussi mauvaise que le froid, il suffit généralement de **nous habiller légèrement**, de rester à l'**ombre** pour nous **rafraîchir**.

C

el-fāyet (m), *el-māḍī* (m)..................le passé
el-ḥāḍeṛ (m)....................................le présent
el-musteqbal (m), *el-māji* (m).......l'avenir, le futur
daba (M), *ḍṛuk* (A), *tewwa* (T) maintenant
el-meṛṛa (f), *el-ḫeṭṛa* (f)(M)..............la fois
el-hlāl (m)....................................le croissant
eš-šheṛ (m)..................le mois, le croissant
el-'ām (m)..l'année
el-qeṛn (m)........................le siècle, la corne
el-jīl (m)..................................la génération
stenna, tsenna, 'āyen, sāyen, qāṛe' (A).. ....attendre
ṣḇeṛ..patienter
b šwiyya, b et-tāwīl, b el-'qel................... doucement

D

Les saisons <=> El-fṣūl

el-faṣl (m), *el-musem* (m)...............la saison
eš-šta (f) (M)........................l'hiver, la pluie
eš-šta (f) (A, T)...................................l'hiver
el-lyālī (f)......les nuits, la période de très grand froid durant 40 jours et commençant le 23 décembre.
el-fayaḍān (m)..........................l'inondation
eṛ-ṛḇī' (m)..................................le printemps
el-ḫrīf (m)..l'automne
eṣ-ṣīf (m)...l'été
eṣ-ṣṃāyeṃ (f).......la période caniculaire de 40 jours commençant le 23 juillet

E

el-lbās (m), *el-keswa* (f), *el-ḥwāyej* (m), *el-qeš* (m) (A)..........................les vêtements l'habillement
eṣ-ṣūf (f)..la laine
el-qeršāl (m)..la carde
el-qṭen (m)..le coton
el-mḍel (m) (T), *taraza* (f) (empr. au ber.), (M) ....le chapeau de paille
eṣ-ṣebba'iyyāt (f), *el-ligāt/gwanduwāt* (f), (T), (empr. au fr.) ....les gants
et-tqāšeṛ(f), *el-klāst*(f), (T).les chaussettes
el-ḇūṭ (m), (empr. au fr.) ....les bottes
eš-šāš (m), *el-kāškūl* (m), (empr. au fr.)............ ....l'écharpe
el-'āfya (f), *en-nāṛ* (f)..............................le feu
el-ġṭa (m)....................................la couverture
ez-ẓeṛbiyya (f), *el-qṭīfa* (f)................le tapis
el-ḥenbel (m)......le tapis en débris de laine
el-ḥṣīṛa (f)..la natte
el-ġyām (m), *es-sḥāb* (m)...............le nuage
eṛ-ṛ'āḍ (m)......................................le tonnerre
el-berq (m)...l'éclair
'ers ed-dīb (m) (M), *qaws quzaḥ* (m).............. ....l'arc-en-ciel

*C- Bīn el-**māḍī** w el-**musteqbal** kāyen el-**ḥāḍeṛ**. Lāzem n'īšu l-**ḥāḍeṛ** w netsennāw el-**musteqbel** walākin bla ma nensāw el-'amal.*
*D- El-**fṣūl** b ṛeḇ'a huma: eš-**šta**, eṛ-ṛ**bī'**, eṣ-**ṣīf** w el-**ḫrīf**. F-eṣ-**ṣīf** en-nhāṛ ṭwīl w eš-**šems** qāsḥa bezzāf w f eš-**šta** ikūn en-nhāṛ qṣīṛ w eš-**šems** tġīb mūṛ el-**ġyām**.*
*E- F eš-šta ikūn el-ḇ**eṛq** w eṛ-ṛ**e'ḍ** w eḍ-ḍḇāḇ, ikūn 'āwed el-**ġīs** bezzāf w el-**ḥemla**. En-nās ilebsu l-lbās tā' eṣ-**ṣūf** w el-**qṭen** bḥāl ej-**jellāba** w et-**tqāšer** w eš-**šāš**...*

C- Entre le **passé** et l'**avenir**, il existe le **présent**. Il faut que nous vivions le **présent** et que nous attendions le **futur,** mais sans oublier le travail.
D- Les quatre **saisons** sont : l'**hiver**, le **printemps**, l'**été** et l'**automne**. En **été**, la journée est longue et le **soleil** est dur ; en **hiver**, la journée est courte et le **soleil** disparaît derrière les **nuages**.
E- En hiver, il y a les **éclairs**, le **tonnerre** et le **brouillard**. Il y a aussi beaucoup de **boue** et de **crues**. Les gens mettent des vêtements de **laine** et de **coton** comme la **djellaba**, les **chaussettes**, l'**écharpe**...

F

el-ḫḍuṛiyya (f)................................ la verdure
eš-šjeṛ (m).. les arbres
eṭ-ṭyūṛ (m), *el-ḅṛāṭeḷ* (m), *ez-zwāwej*, (m), (A), *el-'ṣāfeṛ* (m), (T)........... les oiseaux
el-msārya (f), *et-teḥwīsa* (f). la promenade
tsāra, *ḥewwes*........................... se promener
en-nuwwāṛ (m) ....les fleurs
newweṛ...fleurir
medbāl, *medbūl*.............fané, flétri, étiolé
el-weṛḍ (m) ....les roses
er-riḥla (f)................................... l'excursion
qṭef, *zewwel*, *ḥiyyed*, *jme'*...........cueillir

G

el-werq (m), *el-wrāq* (m) ....les feuilles
yābes, *šāyeḥ* (T)....................................... sec
qāseḥ..dur
ḫerref, *jna*.......................récolter des fruits
ṣfāṛ...jaunir
ṭāḥ...tomber
'teṛ..trébucher
ẓḅeṛ, *meqqes* (A)..................élaguer, tailler
ṭāyeḅ...cuit, mûr
el-kermūṣ (f).................................. les figues
el-ḅākūr /*el-bitr*(m), (T) les figues précoces
el-'neb (m) ....le raisin
el-bḥāyer (f)... les cucurbitacées, potagers
el-bettīḫ (m) ....les melons
es-swīhla (f) ....la variété sphérique du melon
ed-dellāḥ (m) ....les pastèques

H

L'heure <=> *Es-sā'a*

el-magana (f), *el-mengāla*, (f) *es-sā'a* (f).... ....la montre
es-sā'a (f).. l'heure
ed-dqīqa (f)...................................... la minute
dqīqa (f)...une minute
zūj dqāyeq, *dqīqtīn*............... deux minutes
et-tāniyya (f), *es-sīgūn* (m), (empr. au fr.) .... la seconde
nuṣṣ sā'a.............................une demi-heure
ṛḅe' sā'a...............................un quart d'heure
tulūt sā'a, *ṛḅe' ḍṛāj* (T).....un tiers d'heure
sā'tīn, *zūj swāye'*.................... deux heures
qedd qedd, *b eḍ-ḍeḅṭ*, *swa swa*...tout juste
swī'a (f) ....une petite heure
mrīgla (empr. au fr.)............................. réglée
el-maw'id (m), *er-rāndifu* (m), (empr. au fr.).... ....le rendez-vous

*F- F eṛ-ṛḅī' eš-**šjeṛ** **inewweṛ**. Ibān en-**newwāṛ** w el-**ḫḍuṛiyya**. En-nās yemšīw **yetsarāw** f el-**fdāden** bīn eš-**šjeṛ** m'a wlād-hum teḥt **sma ẓeṛqa**.*
*G- F-le-ḫrīf el-**werq** iwelli **yābes** w **yeṣfāṛ** w **iṭīḥ**. F hād el-fṣel **yetḫerfu** l-**bḥāyer** : el-**bettīḫ** w ed-**dellāḥ** w f hād el-fṣel 'āwd **iṭīḅ** el-**keṛmūs** w el-'**neb**...*
*H- F **sā'a** 'end-na settīn **dqīqa** w f kull **dqīqa** 'end-na settīn **tīgūn**. F ṛḅe' **sā'a** kāyen ḫmesṭāš tā' ed-**dqāyeq** w f **nuṣṣ sā'a** kāyen tlātīn **dqīqa**.*

F- Au printemps les **arbres fleurissent**. Les **roses** et la **verdure** apparaissent. Les gens **se baladent** dans les **champs** entre les **arbres** avec leurs enfants sous un **ciel bleu**.
G- En automne les **feuilles** deviennent **jaunes, sèchent et tombent.** En cette saison, on **récolte** les **cucurbitacées** : les **melons**, les **pastèques** et c'est à cette saison aussi que **mûrissent** les **figues** et le **raisin**...
H- Dans une **heure**, nous avons soixante **minutes** et dans chaque **minute**, nous avons soixante **secondes**. Dans un **quart d'heure**, il y a quinze **minutes**, et dans une **demi-heure**, il y a trente **minutes**.

I

šḥāl f es-sā'a?, qedd-āš el-weqt ? (T)..........quelle heure est-il ?
ḥtaṛem el-weqt..........respecter le temps
qtel el-weqt..........tuer le temps
ḥedded el-weqt..........fixer le temps
zād..........avancer
weḫḫeṛ..........retarder, reculer
beddel..........changer
*et-te'ḫīr(m), er-ruṭāṛ(m)(empr. au fr.)*le retard
šḥāl tā' el-weqt?..........combien de temps?
el-mudda (f)..........la période, la durée

J

La semaine <=> Es-simana

en-nhāṛ (m), el-yūm (m)..........le jour
el-līl (m)..........la nuit
el-lyālī (f)..........les nuits
hād en-nhāṛ, el-yūm (m)..........aujourd'hui
men daba šwiya (M)..........d'ici peu
el-fjer (f)..........l'aube
eḍ-ḍu (m), eḍ-ḍaww (m)..........la lumière
eš-šems (f)..........le soleil
eṣ-ṣḇāḥ (m)..........le matin
nuṣṣ en-nhāṛ, et-tnāš, eḍ-ḍhuṛ..........midi
el-'šiyya (f)..........l'après-midi, le soir
eḍ-ḍlāṃ (m)..........l'obscurité, le noir
nuṣṣ el-līl..........minuit
eš-šuṛūq (m)..........le lever du jour
el-ġuṛūḇ (m)..........le coucher du soleil
en-njūm (f)..........les étoiles
el-gemṛa (f)..........la lune
eḍ-ḍya (m)..........l'éclat

K

es-simana (f) (empr. au fr.), ej-jem'a (f) (T), el-usbū' (m)..........la semaine
es-simanat (f)..........les semaines
hād en-nhāṛ..........ce jour-ci
dāk en-nhāṛ, hāk en-nhāṛ (T)...ce jour-là
kull yūm/nhāṛ..........chaque jour
līl w nhāṛ..........nuit et jour
el-bāreḥ, yāmes..........hier
ġedda, ġedwa..........demain
(a)wel el-bāreḥ, lul bāreḥ..........avant hier
mūr ġedda, be'd ġedda, men ġed (A)..........après demain
ellaġedda, menġedda..........le lendemain
bekri..........de bonne heure, jadis

*I- Ḥeddedt wāḥed el-**mew'id** l el-mudīr tā'-i hād el-'šiyya m'a er-ṛeḇ'a. Hādi yallāh el-ḥḍāš qel ṛḇe'. **'end-ī l-weqt,** bāqī ḫemsa d es-swāye' w ṛbe' walākin el-**weqt idūz** fī-sa'. Lāzem **neḥtāṛem el-kelma** tā'-i w ma nkūn š **ṛuṭāṛ**.*
*J- En-**nhāṛ** yenqāsem 'la bezzāf tā' el-wqāt men **eš-šṛūq** l el-**ġuṛūb**. Kull weqt 'end-u s-smiyya tā'-u : el-**fjer**, eṣ-**ṣḇāḥ** ḥetta l el-**'ešṛa**, **nuṣṣ en-nhāṛ**, el-**'šiyya**, el-**līl** w **nuṣṣ el-līl**.*
*K- Hād e**s-simana** kāyen bezzāf tā' el-ḥeflāt f el-'ā'ila. El-**bāreḥ** matalan kānt el-ḥefla 'end 'emm-i, el-**yūm** 'end-ī w **ġedda** 'end ḫālt-ī w **be'd ġedda** 'end bent 'emm-ī.*

I- J'ai **fixé** un **rendez-vous** à mon directeur cet après-midi à quatre heures. Il est à peine onze heures moins le quart. **J'ai le temps**, il reste cinq heures et quart, mais le **temps passe** vite. Il faut que je **respecte ma parole** et que je ne sois pas en **retard**.
J- Le **jour** se décompose en plusieurs temps du **lever du soleil** à son **coucher**. Chaque moment a son appellation. L'**aurore**, le **matin** jusqu'à dix heures, midi, l'**après-midi** (le **soir**), la **nuit** et **minuit**.
K- Cette **semaine**, il y a plusieurs fêtes dans la famille. **Hier,** par exemple, il y avait la fête chez mon oncle, **aujourd'hui**, c'est chez moi, **demain**, chez ma tante et **après demain**, c'est chez ma cousine.

L

Les jours <=> El-yām

el-tnīn....................lundi
et-tlāt(a)....................mardi
lāṛḅe'....................mercredi
el-ḫmīs....................jeudi
ej-jem'a....................vendredi
es-sebt....................samedi
el-ḥed....................dimanche

M

Le mois <=> Eš-šheṛ

eš-šehriyya (f)....................le salaire mensuel
šahrī, b eš-šheṛ....................mensuel
šahriyyan....................mensuellement
eš-šhūṛa (m)....................les mois
eš-šheṛ hāda....................ce mois-ci
šehrīn, zūj šhura....................deux mois
telt šhūṛ....................trois mois
eš-šheṛ elli fāt....................le mois dernier
eš-šheṛ elli jāy....................le mois prochain
šheṛ w nuṣṣ....................un mois et demi
šheṛ ṛemḍan....................le mois du ramadan

N

Le calendrier solaire
Et-teqwīm eš-šemsī

janfi (empr. au fr.)....................janvier
yebrāyer (empr. au fr.)....................février
maṛs (empr. au fr.)....................mars
abrīl (empr. au fr.)....................avril
māyyu (empr. au fr.)....................mai
jwa (empr. au fr.)....................juin
jwiyi, jwilya (T), (empr. au fr.)....................juillet
awt, ut (empr. au fr.), ġušt....................août
siptamḅeṛ (empr. au fr.)....................septembre
ktūḅeṛ (empr. au fr.)....................octobre
nufamḅeṛ (empr. au fr.)....................novembre
ḍiṣamḅeṛ (empr. au fr.)....................décembre

*L- 'End el-mselmīn nhāṛ ej-**jem'a** huwwa nhāṛ eṣ-ṣāḷa f ej-jāme'.*
*- Es-**sebt** w el-**ḥed** yyām eṛ-ṛāḥa. En-nās izūṛu ḥbāb-hum w ṣḥāḅ-hum.*
*M- 'End-ī wāḥed ṣāḥḅ-ī ṭāḥ f el-ḫedma w therres men rejl-u. Dḫel l eṣ-ṣḅiṭāṛ **eš-šheṛ elli fāt**, ṛā-h ma zāl temma **hād eš-šheṛ** w ġādi yebqa temma **eš-šheṛ elli jāy**. Fāš yeḫrej yebqa išūf eṭ-ṭbīb **šehriyyan** l muddet **telt šhūṛ**. Eš-**šehriyya** tā'-u bqa išed-ha laḥeqqāš lekṣīḍa weq'āt f weqt el-ḫedma.*
*N- El-'ām el-milādī yebda f **janfi** w yetsāla f **ḍiṣamḅeṛ**.*
*- Es-sana ed-diṛāsiyya tdūm men šheṛ **siptamḅeṛ** ḥetta l šheṛ **jwa** w men be'd tjī el-'uṭḷa tā' eṣ-ṣīf elli tdūm telt šhūṛ : **jwa, jwiyi** w **awt.***

L- Chez les musulmans, le jour du **vendredi** est un jour de prière à la mosquée.
- Les **samedis** et **dimanches** sont des jours de repos : les gens rendent visite à leurs parents et amis.
M- J'ai un ami qui est tombé pendant le travail et qui s'est cassé la jambe. Il est rentré à l'hôpital le **mois dernier**, il y est encore ce **mois-ci** et il y restera le **mois prochain**. Quand il sortira, il continuera à voir le médecin **mensuellement** pour une période de **trois mois**. Il continue de percevoir son **salaire mensuel**, car l'accident s'est produit pendant le travail.
N- L'année chrétienne débute en **janvier** et se termine en **décembre**.
- L'année scolaire dure du mois de **septembre** jusqu'au mois de **juin**, après quoi viennent les vacances d'été qui durent deux mois: **juillet** et **août**.

O

L'année <=> El-'ām

el-'ām (m), *es-sana* (f), *es-sna* (f).... l'année
el-'wām (m), *es-snīn* (f)............. les années
'ām w nuṣṣ............................. un an et demi
ṛāṣ el-'ām, et-tālī tā' el-'ām......................
.... la fin de l'année
el-luwwel dyāl el-'ām.................... le début de l'année
eṣ-ṣāḥa (f), *el-ġella* (f).................. la récolte
el-'ām ej-jāy.................. l'année prochaine
el-'ām elli fāt.................. l'année dernière
el-'ām elli qbel.................. l'année d'avant
'ām be'd 'ām................. année après année
el-'ām el-'aṛabī............ l'année hégirienne
el-'ām el-milādī........... l'année chrétienne
kull 'ām, kull s(a)na............ chaque année
'amāyen, sanatīn .... deux années
telt snīn.. trois ans
ṛeḅ' snīn.. quatre ans
'īd el-mīlād............................ l'anniversaire

P

Les étapes de la vie
Maṛāḥil el-ḥayāt

el-ḥayāt (f), *ed-denya* (f), *el-'īša* (f)...la vie
el-'ṃeṛ (m), *es-sinn* (m)........................ l'âge
kber... grandir
el-qewwa (f), *ej-jehd* (m), *eṭ-ṭāga* (f) (A), *el-fuṛṣa* (empr. au fr.) (A)............ la force
el-mīlād (m), *ez-zyāda*............ la naissance
ed-drārī (m), *el-wlād*, (m) *el-fṛūḫ* (m)...........
.... les enfants
el-bnāt (f), *eṭ-ṭeflāt* (f), *ed-derriyyat* (f)......
.... les filles
eṛ-ṛḍā'a (f)................................. l'allaitement
eṣ-ṣġeṛ (m), *eš-šabāb* (m)........... la jeunesse
šāref, šīḫ, kbīr, šībānī...................... vieux
eš-šeṛf (m)................................. la vieillesse
el-meṛḍ (m)...................................... la maladie
ṃṛīḍ.. malade
eḍ-ḍe'f (m)...................................... la faiblesse
el-'ya (m), *et-te'b* (m)..................... la fatigue
lāntrīt (m) (empr. au fr.), *et-taqā'ud*...............
.... la retraite
el-mūt (f).. la mort

*O- Rāṣ el-'**ām elli fāt**, weld ṣāḥḅ-ī kānt 'end-u '**amāyen**, el-'**ām ej-jāy** tkūn 'end-u ṛeḅ' **snīn**. '**Am mūṛ 'ām**, iwelli wāḥed aḫūṛ. **Kull 'ām** neḥtāflu b '**īd el-mīlād** tā'-u.*
*P- Bnādem yebda l-**ḥayāt** tā'-u ḍ'īf 'end el-**mīlād** tā'-u, ma ḥeddu **yekber** w huwwa iwelli qwī, walayenni hād el-**qewwa** tā' eš-**šabāb** tā'-u ma tdūm š bezzāf, fī-sā' eš-**šeṛf** w el-ṃ**eṛḍ** ileḥqū-h w iwelli ḍ'īf 'āwed w yebqa itsenna el-**mūt**.*

O- La fin de l'**année dernière**, le fils de mon ami avait **deux ans**, l'**année prochaine**, il aura **quatre ans**. **Année après année**, il devient un autre. **Chaque année**, nous fêtons son **anniversaire**.
P- L'être humain commence sa **vie**, faible à sa **naissance**. Plus il **grandit,** plus il devient fort, cependant cette **force** de la **jeunesse** ne dure pas longtemps, très vite, la **vieillesse** et la **maladie** le rattrapent puis il redevient faible de nouveau et il se met à attendre la **mort**.

EXPRESSIONS ET LOCUTIONS IDIOMATIQUES

- *Ṣāfi/ẖḷāṣ (M), ḅaṛaka, ḅeṛka/sāyi (A) yekfi/yezzi (T)*	Ça y est, c'est fini, assez.
- *Yejṛeḥ w idāwi*	Il souffle le chaud et le froid.
- *Ḥetta l en-nhāṛ elli ma 'end-u ẖū-h*	Renvoyer aux calendes grecques.
- *Es-semm tā' el-berd*	Un froid de canard.
- *La zīn la mji bekri*	Ni beauté ni ponctualité.
- *Bqa 'el eḍ-ḍeṣṣ*	Devenir déshérité.
- *Sāket bḥāl eṭ-ṭenna (litt. : muet comme une jarre)*	Muet comme une carpe.
- *Ye'ṛef šnu f el-gedra*	Connaître le dessous des cartes.
- *Ḥetta išīb el-ġṛāḅ*	Quand les poules auront des dents.
- *Edda ši wāḥed hād en-nhāṛ ġedda*	Tenir quelqu'un en haleine.
- *Ja f el-ẖet*	Mordre à l'hameçon.
- *Ma mazāl š neṛḍe' ṣeb'-ī*	N'être pas tombé de la dernière pluie.
- *Izīd el-'āfya*	Jeter de l'huile sur le feu.
- *F sa'a. f nhaṛ*	En une heure/en une journée.
- *B es-sa'a/b en-nhaṛ*	En heure/en journée.
- *Sa'a, sa'a*	De temps en temps.
- *beddel sa'a b uẖṛa*	Changer d'air.
- *Nhaṛ nhaṛ*	A longueur de journée.
- *M-el-'ām el-'ām*	D'une année à l'autre.
- *Meṛṛa hak(a) meṛṛa hak(a)*	Un coup comme ci, un coup comme ça.

PROVERBES MAGHRÉBINS

- *Weṛḍa weḥda ma tdīr ṛbī‘*	Une seule rose ne peut faire le printemps.
- *Elli fāt-ek b-līla fāt-ek b-ḥīla*	Une nuit de plus, une ruse de plus. (Le temps n'est pas avare de nouveautés)
- *Ez-zmān ki s-sīf ila ma qṭe‘tī-h iqeṭ‘-ek*	Le temps est telle l'épée, à ne pas être vigilant, l'on risque de se couper. **Français** : Le moment où je parle est déjà loin de moi.
- *Ez-zmān iḥennet*	Le temps dément. **Français** : Il ne faut jurer de rien.
- *‘Īš nhāṛ tesm‘ ḫḅāṛ*	Vis une journée de plus, tu auras une nouvelle de plus. **Français** : Qui vivra verra.
- *Elli i‘eml-u iblīs f-‘ām t‘eml-u l-‘gūza f-nhāṛ*	Ce que fait le diable en un an, la vieille le fait en un jour. **Français** : Si le diable sait tout, c'est qu'il est vieux.
- *La ttīq b-el-lyāli ila ṣḥāt w el-‘gūza ila ṣellāt*	Ne te fie point ni aux "lyali" ni aux prières de la vieille femme.
- *Eḍ-ḍīf ḍīf waḫḫa yeg‘ed šta w ṣīf*	L'invité reste un invité, resterait-il hiver et été.
- *Klām eḍ-ḍīf w eš-šta tā‘ eṣ-ṣīf*	Propos d'invité, pluie d'été. (Il ne faut pas trop y compter).
- *Elli yeṣḥeḅ el-gerrāb iṣeḥḅu f el-lyāli*	Qui veut profiter des services du porteur d'eau l'été, doit le fréquenter pendant les "lyali". (C'est pendant cette période froide de l'hiver qu' il est réduit au chômage, allusion à la prévoyance).
- *B en-nqāṭ iḥemlu el-wīdān*	C'est avec des gouttes que les rivières se mettent en crue. **Français** : Les petits ruisseaux font les grandes rivières.

L'ESPACE <=> *EL-MKĀN*

A

hna ... ici
lhīh, hnāk, ġādi (A, T) ... là-bas
el-fūq (m) ... en haut
el-teḥt (m) ... en bas
teḥt ... sous
bīn ... entre
el-lū (m), *er-rūl* (m, A), *el-wṛa*(m) l'arrière en arrière
el-qeddām (m) ... l'avant, en avant
qeddām ... devant
ḇeṛṛa ... dehors
el-dāḫel (m) ... l'intérieur, à l'intérieur
b el-meqlūb ... à l'envers
el-weṣṭ (m) ... le milieu
'el-eṭ-ṭeṛf (m) ... sur le côté
f eṛ-ṛāṣ (m) ... au bout, à la tête
b'īd ... loin, lointain
qrīb ... proche, près
eṭ-ṭabi'a (f) ... la nature
el-aṛḍ (f) ... le sol, la terre
el-gemṛa (f) ... la lune
el-ḫusūf (m) ... l'éclipse
es-sma (f) ... le ciel
el-'ālam (m) ... le monde
en-njūm (f) ... les étoiles
el-bḥeṛ (m) ... la mer
el-muja (f) ... la vague
el-mwāj (f) ... les vagues
eṛ-ṛeġwa (f) ... l'écume
laplāj (m) (empr. au fr.), *el-plāya* (empr. à l'esp.) (M), *eš-šeṭ* (m) (T) ... la plage
el-jazīra (f) ... l'île
eṣ-ṣeḥṛa (f) ... le Sahara
el-ġāba (f) ... la forêt
et-tṛāḇ (m) ... la terre
el-wāḥa (f) ... l'oasis
el-ḫendeq (m) ... la tranchée
el-ḥdūra (f), *el-heḇṭa* (f), *el-hewda* (f) ... la pente
el-'eqba (f), *eṭ-ṭel'a* (f) ... la côte
el-ġeḇṛa (f) ... la poussière
eṛ-ṛemla (f) ... le sable
ej-jbel (m) ... la montagne
el-'rubiyya (f), *el-bādiyya* (f), *er-rīf* (m) ... la campagne
el-kudya (f) ... la colline
es-sehb (m) ... le ravin
luṭa (f) ... la plaine
et-telj (m) ... la neige
el-qent (m), *eṛ-ṛekna* (f), *et-teṛkīna* (f) (T) ... le coin
el-qā' (m), *el-lṣel* (m), *el-qe'ṛ* (m) ... le fond

*A- F weqt el-'uṭla tā' eṣ-ṣīf, be'ḍ en-nās ifeḍlu yemšīw l el-**bḥer**, be'ḍ uḫrīn yebġīw yemšīw l ej-**jbel** bāš yetmet'u b el-**ġāba** w b eṭ-**ṭabi'a** w weḥdīn uḫrīn ifeḍlu el-**bādiyya**.*
*- El-**bḥeṛ** m'eṛḇen wāḥed eṭ-ṭeṛf kbīr men el-**'ālam** b el-muqāṛana m'a el-**tṛāb**. El-**aṛḍ** el-bāqya, el-aġlabiyya tā'-ha ma teqder š ttesken : men wāḥed ej-jīha eṣ-**ṣeḥṛa** w eṛ-ṛ**emla** w men jīha uḫṛa et-**telj** w **lāglas**.*

A- Pendant les vacances d'été, certains préfèrent partir à la **mer**. D'autres préfèrent aller à la **montagne** pour profiter de la **forêt** et de la **nature**. D'autres encore optent pour la **campagne**.
- La **mer** accapare une bonne partie de la planète en comparaison avec la **terre**. La terre restante, dans sa majeure partie n'est pas habitable : d'une part le **désert** et le **sable**, d'autre part la **neige** et les **glaciers**.

B

les points cardinaux
Ej-jīhāt el-aṣliyya

eš-šerq (m)........................l'est
el-ġeṛḅ (m)........................l'ouest
eš-šmāl (m)........................le nord
el-janūb (m)........................le sud
šerqī........................oriental
ġeṛḅī........................occidental
janūbī........................méridional
šamālī........................septentrional
el-ġerbiyyīn (m)........................les occidentaux
eš-šerqiyyīn (m)........................les orientaux
eš-šmāl (m), el-ysāṛ (m)........................la gauche
līmīn (m)........................la droite
el-weṣṭ (m)........................le milieu
eṭ-ṭeṛf (m)........................l'extrémité, la limite
el-ḥedd (m)........................la frontière, dimanche
el-ḥdūd (m)........................les frontières

C

temma, temm........................là
men hna........................d'ici
men lhīh, men hnāk, men ġādi (A, T)........................de là-bas
ajī, ṛwāḥ, t'āla, īji (T)........................viens!
sīr, ṛūḥ, mši........................va!, pars!
tḥerrek........................bouger, se déplacer
'la........................sur
f, fī........................dans
teḥt........................sous
ḥda, bāḥda (T)........................à côté de
geddām........................devant
mūṛ, ṛuḷa (A, T)........................derrière
qbālt........................en face
b'īd........................lointain
qrīb........................proche
el-merkez (m)........................le centre
el-'lu (m)........................la hauteur, l'altitude
eṭ-ṭul (m)........................la longueur
el-'eṛḍ (m)........................la largeur

*B- F **šamāl** Ifrīqya kāyen el-Meġrib el-kabīr. F eš-**šerq** d el-Meġrib 'end-na Tūns w Lībya f el-**weṣṭ** 'end-na el-Ġazāyer w f el-**ġeṛḅ** 'end-na el-Meġrib w Muriṭānya.*
*F eš-**šamāl** kāyen el-bḥeṛ w f el-**janūb** kāyen eṣ-ṣeḥṛa. El-Meġrib mujūd f **ġeṛḅ** el-beldān el-maġāribiyya, hād el-beldān imetlu el-**ġeṛḅ** b en-nisba l duwwāl eš-**šerq**. Walākin duwwal el-Meġrib w duwwal eš-**šerq** imetlu kull-hum eš-**šerq** b en-nisba l duwwal el-**ġeṛḅ** el-uṛupī.*
*C- F Briṭānya, 'la 'eks Fransa, el-asbaqiyya **f** eṭ-ṭrīq maši l **līmen** walākin l eš-**šmāl**.*

B- Au **nord** de l'Afrique, il y a le grand Maghreb. A l'**est** du Maghreb nous avons la Tunisie et la Libye, au **milieu** nous avons l'Algérie et à l'**ouest** nous avons le Maroc et la Mauritanie. Au **nord** il y a la mer et au **sud** il y a le désert. Le Maroc se trouve à l'**ouest** des pays maghrébins, ces pays représentent l'**occident** par rapport au pays de l'**orient**. Cependant, les pays du Maghreb (c-à-d de l'**occident**) et ceux de l'**orient** représentent tous l'**orient** par rapport aux pays de l'**occident** européen.
C- En Grande Bretagne, à l'opposé de la France, la priorité **sur** la route n'est pas à **droite**, mais à **gauche**.

EXPRESSIONS ET LOCUTIONS IDIOMATIQUES

- *Ma šeddāt-u ḥetta ḅlaṣa*	Ne pas tenir en place.
- *N'es 'la yedd-ek tā' līmen*	Dormir sur ses deux oreilles.
- *Telfāt l-u el-qebla*	Perdre la tête/la boussole.
- *Ma ši ḥetta l temma* (litt. : ce n'est pas jusqu'à là-bas)	Ce n'est pas tout à fait cela, ce n'est pas fameux.
- *F ḍheṛ ši wāḥed*	Derrière le dos de quelqu'un, à son insu.
- *Yeḍḥek men teḥt l teḥt*	Rire dans sa barbe.
- *Šāf en-njum*	Voir trente-six chandelles.

PROVERBES MAGHRÉBINS

- *Il a sreqti sreq ej-jmel, ila 'šeqti, 'šeq el-qṃeṛ*	Si tu voles, vole un chameau ; si tu tombes amoureux d'une femme, qu'elle ait l'éclat de la lune. (Il faut faire les choses jusqu'au bout).
- *Mdeḥ ṣāḥḅ-ek qeddām en-nās w lūm-u eṛ-ṛāṣ f-eṛ-ṛāṣ*	Loue ton ami en public et critique-le en tête à tête.
- *Ḥetta bḥeṛ ma kṛeh ez-zyāda*	Aucune mer ne refuse davantage d'eau. **Français** : La fontaine elle-même dit qu'elle a soif.
- *Elli ma qedrāt tkūn nejma f-es-sma tkūn šem'a f-eḍ-ḍāṛ*	La femme qui ne peut être une étoile dans les cieux (= très belle), qu'elle soit du moins une bougie dans son logis.
- *Ila bġā-k el-qṃeṛ b hlāl-u fāš jāw en-njūm ila mālu*	Si de toi la lune est amoureuse, que t'importe si les étoiles venaient à s'éclipser. (Si tu es dans le secret des dieux et dans leur bonne grâce, que t'importent les rumeurs des médisants).

LES ANIMAUX ET LES REPTILES
EL-ḤAYAWĀNĀT W EZ-ZAWĀḤIF

A

el-ḥayawān (m) .... l'animal
el-weḥš (m) .... le fauve
el-bhīma (f), el-hāyša (f), ed-dābba. la bête
eṣ-ṣūṭ (m), el-mṣiwṭa (f) la verge, le fouet
ẓe'ṛeṭ .... ruer
et-tẓe'ṛīṭ (m) .... les ruades
es-serj (m) .... la selle
el-ġūl (m) .... l'ogre
eḍ-ḍkeṛ (m) .... le mâle
el-fḥel (m) .... l'étalon
en-nta (f), en-netwa (f) .... la femelle
ḫaṭīṛ, ḫṭīṛ .... dangereux
el-'eḍḍa (f), el-ledġa (f) .... la morsure
eš-šewwāl (m), el-ke''āla (f) (empr. au ber.), ez-zenṭiṭ (m), ed-dil (m), ed-denb (m), el-qezziba (f) .... la queue
ṛebḅa .... élever
el-hṛūḅ (m) .... la fuite
el-ḫūf (m) .... la peur
ḥadiqat el-ḥayawān .... le zoo
tferrej .... regarder un spectacle
el-ṃenḍeṛ (m) .... le spectacle
el-gṭi' (m) .... le troupeau
el-fṛūḫ (m), eṣ-ṣġāṛ (m) .... les petits

B

Les animaux domestiques
El-ḥayawanāt el-ṃṛebya

el-kelb (m) .... le chien
ej-jṛu (m) .... le chiot
el-qett (m), el-qaṭṭūs (m), (T) .... le chat
el-ḥṃāṛ (m) .... l'âne
el-bġel (m) .... le mulet
el-berde' (f), el-ḥlās (m) .... le bât
eṣ-ṣṛiṃa (f) .... le mors
eš-škima (f) .... le licol
el-'ewd (m), el-ḥṣān (m) .... le cheval
ej-jde' (m) .... le poulain
el-kiḍāṛ (m) .... le cheval de somme
el-ḅegṛa (f) .... la vache
el-'etrūs (m) .... le bouc
el-me'za (f) .... la chèvre
el-jdi (m) .... le chevreau, cabri
en-ne'ja (f) .... la brebis
el-ḫewli (m), el-kebš (m), el-'ellūš (m), (T) .... le mouton
ej-jmel (m) .... le chameau, le dromadaire
en-nāqa (f) .... la chamelle
el-ḫenzīr (m) .... le cochon
el-qniyya/el-qnīna (f) (empr. au ber.) le lapin

*A- Es-simana lli fātet ddīt ḫū-ya l el-**ḥadiqa** tā' **el-ḥayawanāt** bāš **yetferrej** f el-**wḥūš**. Ši weḥdīn kānu ibānu **ḫaṭīrīn**, ši weḥdīn la. Men be'd eẓ-ẓiyyāṛa, qāl l-ī bellī 'ejbū-h el-ḥayawanāt w ṭleḅ menn-ī wāš yeqder **iṛebbi** wāḥed el-**feṛḫ** f eḍ-ḍāṛ.*
*B- Bāš i'āwen ṛāṣ-u, l-insān i'īš m'a wāḥed el-mejmu'a ntā' el-**ḥayawānāt** f eḍ-ḍāṛ tā'-u; Hād el-**ḥayawanāt** isā'du-h bezzāf f el-ḥayāt el-yawmiyya tā'-u. Kull ḥayawān yel'eb ḍewṛ kbīr f 'alāqt-u m'a mulā-h : El-**ḅegṛa** te'ṭī el-lḥem w el-ḥlīb matalan, el-**ḥṃāṛ** idīr ḍehṛ-u f ḫedmet mūlā-h, el-**kelb** yeḥḍī eḍ-ḍāṛ...*

A- La semaine dernière, j'ai amené mon frère au **zoo** pour qu'il **regarde** les **fauves**. Certains avaient l'air très **dangereux** d'autres pas. Après la visite, il m'a dit que les **animaux** lui avaient plu et m'a demandé s'il pouvait **élever** un **petit** (animal) à la maison.
B- Pour se faire aider, l'homme vit avec un ensemble d'**animaux** chez lui. Ces **animaux** l'assistent beaucoup dans sa vie quotidienne. Chaque animal joue un rôle important dans sa relation avec son propriétaire : la **vache** donne de la viande et du lait par exemple, l'**âne** met son échine au service de son maître, le **chien** garde la maison ...

C

el-kūri (m) (empr. au fr.), *el-meṛbeṭ* (m) .... l'écurie
es-sqīfa (f) .... le dais
ez-zrība (f) (empr. au ber.) l'enclos, bergerie
el-ḫeṛṭāḷ (m), (M) .... l'avoine
el-medra (f) .... la fourche
ed-drās (m) .... le dépiquage
et-tben (m) .... la paille
eš-š'īr (m) .... l'orge
eṛ-ṛbī' (m), *el-ḥšīš* (m) .... l'herbe
ṛḅeṭ .... attacher
kettef, kṭef (A), (empr. au ber.) .... enchaîner
semmen .... engraisser
smīn .... gras, gros
ḥḍa, ḥres, 'ess .... surveiller
dez, gezz, jezz (T) .... tondre
ed-dzāz (m), *el-gzāz* (m), *el-jzāz* (m) .... la tonte
mḫuḍ .... battre le lait
eš-šekwa (f) .... la baratte
es-sāreḥ (m), *eṛ-ṛā'ī* (m) .... le berger
sreḥ .... garder les bêtes
el-mesreḥ (m) .... la pâturage, le pré
el-'ṛubiyya (f), *er-rīf* (m), *el-bādiyya* (f) .... la campagne

D

les animaux sauvages
el-ḥayawānāt el-weḥšiyya

nqāṛeḍ .... disparaître (espèce)
es-sbe' (m), *es-sīd* (m) (T) .... le lion
ed-dīb (m) .... le loup
en-nems (m) .... le furet
et-te'leb (m) .... le renard
el-arneb (m) .... le lièvre
en-nmer (m) .... le tigre
el-fehd (m) .... la panthère
el-ḫellūf (m) .... le sanglier
el-qerd (m), *eš-šādī* (m)(A) .... le singe
eẓ-ẓaṛāfa (f) .... la girafe
el-ġzāla (f) .... la gazelle
eḍ-ḍbe' (m) .... l'hyène
ed-dubb (m) .... l'ours
el-fīl (m) .... l'éléphant
el-gāmūs (m) .... le buffle
lāṛwī (m) .... le mouflon
fāret el-ḫīl .... la belette
el-krekdān (m) .... le rhinocéros
eḍ-ḍeṛḅān (m) .... le porc-épic

*C- El-ḥayawānāt ma'end-hum š kull-hum nefs el-qīma. Be'ḍ el-ḥayawānāt lāzem ismānu, bdā-k eš-ši nethellāw fī-hum kter men l-ūḫrīn. El-bgeṛ w el-ġnem matalan ne'ṭīw l-hum el-fūl, w eš-**š'īr** w el-**ḫeṛṭāl** w nebnīw l-hum el-**kūri** w nelqāw l-hum es-**sāreḥ** elli **yeḥḍi**-hum... El-ḥmīr w le-bġāl... ne'ṭīw l-hum ġīr et-**tben** w eṛ-**ṛbī'**.*
*D- Be'ḍ el-**ḥayawānāt** el-weḥšiyya tā' el-**ber** bdāt **tenqāṛeḍ** šwiyya b šwiyya. nqedru ndekru ed-**dubb** elli nheḍṛu 'lī-h ktīr el-yum, el-**fīl** elli ṭāḥ ḍaḥiyya tā' nyāb-u w eẓ-**ẓaṛāfa** w ġīr-hum bezzāf men el-**ḥayawānāt**.*

C- Les animaux n'ont pas tous la même valeur. Certains animaux doivent être **engraissés**, c'est pour cela que nous prenons soin d'eux plus que d'autres. Les bovins et les ovins par exemple, nous leur donnons des fèves, de l'**orge**, de l'**avoine**; nous leur construisons une **écurie**, nous leur trouvons un **berger** qui les **garde**...Les ânes, les mulets..., nous ne leur donnons que de la **paille** et de l'**herbe**.
D- Certains **animaux** sauvages **terrestres** commencent à **s'éteindre** petit à petit. On peut citer l'**ours** dont on parle beaucoup actuellement et l'**éléphant** qui est tombé victime de ses défenses, mais aussi la **girafe** et bien d'autres animaux encore.

E

ṣeyyeḍ, ṣṭāḍ .... chasser
eṣ-ṣyāḍa (f), *el-meṣyeḍ* (m) .... la chasse
eṣ-ṣeyyāḍ (m) .... le chasseur
ṛāmi .... adroit au tir
el-klāṭa (f), *el-mkeḥla* (f), *el-megṛūna* (f), (T) .... le fusil
el-ferdi (m), *el-kābūs* (m) .... le pistolet
el-ḫeṛṭūm (m) .... la trompe
el-qeṛṭāṣ (m), *el-kārtūš* (empr. au fr.) (T) .... les cartouches, les balles
eṛ-ṛṣāṣ (m) .... le plomb
eṭ-ṭṛīḍa (f) (M) .... le gibier
eḍ-ḍeṛḇa (f) .... le coup
ḍreḇ .... tirer
ḥāfeḍ, steḥfeḍ .... protéger
el-qānūn (m) .... la loi
smeḥ .... tolérer
mne' .... interdire
'āqeb .... punir

F

el-fekṛūn (f)/*bufekrān* (f) (empr. au ber.), (A). .... la tortue
el-ḥenš (m) .... le serpent
el-lef'a (f), *el-ḥeyya* (f) .... la vipère
buneffāḫ (m) .... la vipère, la couleuvre
ej-jṛāna (f), *qeṛqūṛa* (f), *eḍ-ḍefḍe'* (m) .... la grenouille
et-timsāḥ (m) .... le crocodile
el-'eqṛeḇ (f) .... le scorpion
el-qenfūd (m) .... le hérisson
el-fāṛ (m) .... la souris, le rat
eṭ-ṭuḇḇa (f), *ej-jeṛḇu'* (m), (T) .... la taupe
eḍ-ḍeḇḇ (m), *beryūl* (m), (T) .... le lézard
ez-zermumiyya (f) .... le lézard vert
zṛeġmīl (m) .... le mille-pattes
tata (f) (M), *el-būya* (f) (T) .... le caméléon

G

eṣ-ṣennāṛa (f), *eš-šūka* (f) .... le dard
er-rejlīn (m) .... les pattes
es-semm (m) .... le poison, le venin
ṛhej .... empoisonner avec de l'arsenic
eṛ-ṛhej (m) .... l'arsenic blanc, le poison
el-ġāṛ (m), *el-ḥefṛa* (f), *el-ge'ṛa* (f) (A), *en-neqba* (f) (T) .... le trou
hṛeḇ .... fuir
ḫāf .... avoir peur

*E- Eṣ-**ṣyāḍa** **mesmūḥa** walākin el-**qānūn** **yemne'-na** b ism el-**ḥifāḍ** 'el el-**ḥayawān** bāš **nṣeyḍu** jmī' el-**ḥayawanāt**.*
*Eṣ-**ṣeyyāḍ** yeqder, f weqt eṣ-ṣyāḍa, yeddī el-**klāṭa** w el-**qeṛṭās** tā'-u w **iṣeyyeḍ** b la ḥetta ši **ḫaṭaṛ** 'lī-h illa ila **ḍṛeb** ši **ṭṛīḍa** elli **meḥfūḍa**.*
*F- Kāyen ši ḥayawānāt ḫaṭīṛin w kayen ḫrin maši ḫaṭīṛin. El-ḥayawānāt el-ḫaṭīṛa, kull wāḥed men-ha imettel **ḫaṭaṛ** ḫāṣṣ. El-**qenfūd** w el-**fekṛūn** w ej-**jṛāna** matalan ma imetlu ḥetta ḫaṭaṛ ; El-**ḥenš** w el-**'eqṛeḇ** iqetlu b semm-hum ; et-**timsāḥ** yeqdeṛ yākel bnādem.*
*G- Kāyen el-**'eḍḍa** elli fī-ha **ḫaṭaṛ** w kāyen el-**'eḍḍa** lli ma fī-ha š. El-ḥayawān bḥāl el-insān, fāš **iḥess b el-ḫaṭaṛ** imma **yetḫebbe'** f el-**ġāṛ** tā'-u wa imma **i'eḍḍ**.*

E- La **chasse** est **tolérée,** mais la **loi** nous **interdit,** au nom de la **protection de l'animal,** de **chasser** tous les **animaux**.
Le **chasseur** peut, en période de chasse, amener son **fusil**, ses **balles** et **chasser** sans aucun **danger** pour lui sauf s'il **tire** sur un **gibier** protégé.
F- Il est des animaux dangereux et d'autres qui ne le sont pas. Chacun des animaux dangereux présente un **danger** particulier. Le **hérisson**, la **tortue**, la **grenouille, par exemple,** ne présentent aucun danger. Le **serpent** et le **scorpion** tuent par leur venin; le **crocodile** peut dévorer un homme.
G- Il y a la **morsure** qui présente un **danger** et il y a la **morsure** qui n'en présente pas. L'animal est comme l'homme : quand il se **sent** en **danger,** soit il **se cache** dans son **trou**, soit il mord.

EXPRESSIONS ET LOCUTIONS IDIOMATIQUES

- *Rẖa l-ljām*	Lâcher la bride.
- *Ḥekk 'el eḍ-ḍebṛa*	Gratter la plaie.
- *Thersu-l-u ej-jnāḥ*	Il s'est brisé les ailes.
- *Ibḥet 'el ed-djāja mnīn tewled*	Chercher le sexe des anges. (Se complaire dans des discussions oiseuses).
- *Me'rūf bḥāl et-ṭūṛ el-ḅ,yeḍ*	Etre connu comme le loup blanc.
- *Ma inewweḍ ed-djāja 'el el-ḅ,īḍ*	Il ne ferait pas de mal à une mouche.
- *Tṭīr l-u b ez-zerba*	Avoir les nerfs à fleur de peau.
- *Ijīb l-u el-Lāh huwwa bbā-ha*	Se prendre pour le nombril du monde.
- *Ṣḥīḥ bḥāl el-ḥellūf*	Fort comme un sanglier.
- *Bḥāl el-qeṭṭ w el-fāṛ*	Comme chien et chat.
- *Ǵsel kerš-u*	Faire bonne chère, faire ripaille.
- *El-'īša tā' el-klāb*	Une vie de chien.

PROVERBES MAGHRÉBINS

- *Ana mīr w nta mīr škūn isūg hād el-ḥmīr?*	Prince je suis, prince tu es, qui sera l'ânier? (Quand on est plusieurs à vouloir gouverner, on perd les gouvernails).
- *Fāš išīb ed-dīb ile'b-u 'lī-h et-t'āleb*	Quand le loup devient vieux, il se fait berner par les renards. Quand les gens qui étaient investis d'un pouvoir tombent en disgrâce, ils se font mépriser par tout le monde). **Français** : Le coup de pied de l'âne va au lion devenu vieux.

- *Ez-zīn zīn el-weṛḍa w eẓ-ẓheṛ ẓheṛ el-qerda*	La beauté est celle d'une rose, la chance est celle d'une guenon. (Se dit d'une jeune fille très belle, mais qui n'arrive pas à trouver un mari ou à garder son foyer).
- *Ila bġāt el-qenfūda men bīn eš-šūk te'ṭī-h*	Si dame hérisson veut bien donner son cul, elle écartera ses piquants. (Inutile de surveiller une femme).
- *El fāṛ f el-mṣīḍa w yeṭleb wṛīḍa*	La souris est dans la souricière et elle demande une rose. (Ne soyons pas trop naïfs au point d'ignorer notre malheur).
- *Dūz 'la femm es-sbe' w ma ddūz š 'la femm elli jā' w šbe'*	Plutôt la gueule d'un lion que la bouche d'un parvenu.
- *Ğewwe' qeṭṭ-ek yākul fīrān-ek jewwe' kelb-ek yeḥḍi ḍāṛ-ek*	Affame ton chat, il mangera tes souris; affame ton chien, il gardera ta maison. (Allusion aux rapports de force gérés par la dépendance).
- *Ej-jmel išūf ġīr ḥdebbet ḫū-h*	Le chameau ne voit que la bosse de son frère.
- *Tāfeq el-qeṭ m'a el-fāṛ 'la teḫrāb eḍ-ḍāṛ*	Le chat et la souris se sont alliés pour ruiner le logis. (Se dit de celui que l'on croyait fidèle, mais qui s'avère enfin aussi traître que l'ennemi).

LES OISEAUX ET LES INSECTES
EṬ-ṬYŪR W EL-BḪAḪEŠ

A

eṭ-ṭīṛ (m), *el-ḇeṛṭāl*, (m) *el-'eṣfūṛ* (m) .... l'oiseau
el-'ešš (m) .... le nid
'eššeš .... faire le nid
el-menqāṛ (m), *el-qemqūm* (m) .... le bec
nqeb, *nqeṛ* .... picorer
el-ḥbūb (m), *en-nqeb* (m) .... les grains
eṭ-ṭīṛān (m) .... le vol
el-ḇīḍa (f), *el-'eḍma* (f) (T) .... l'œuf
ḇeyyeḍ .... pondre
ḥeḍḍen .... couver
feqqeṣ .... éclore
el-ḥḍān (m) .... la couvée
er-rīš (m) .... les plumes
er-rīša (f) .... la plume
reyyeš .... déplumer
ej-jnāḥ (m) .... les ailes
ez-zeqq (m) .... la fiente
zeqq .... fienter
zwīn, *šbāb* (A), *mlīḥ*, *bāhi* (T) .... beau
ġenna .... chanter
el-qfez (m) .... la cage
el-mākla (f), *el-akl* (m) .... la nourriture
eš-šṛāḇ (m) .... le vin, le boire

B

el-ḥjel (m) .... les perdrix
el-ḥmām (m) .... les pigeons
el-ḥjel tā' el-ḫla .... les ramiers
el-bulbul (m) .... le rossignol
ez-zāwej (m), *buzwīš* (m) .... le moineau
el-ġṛāḇ (m) .... le corbeau
ez-zeṛzūṛ (m) .... l'étourneau
el-feḫḫ (m), *mṣīḍa* (f), *mendāf* (m), (A, T) .... le piège
el-hedhūd (m) .... la huppe
el-lḥem (m) .... la chair, la viande
el-ġāba (f) .... la forêt
eš-šjeṛ (m) .... les arbres
mūka (f) (M), *el-bāmu* (f), (A), *el-būma* (f) (T) .... le hibou
bellārej (m) .... la cigogne
ṭīṛ el-bgeṛ .... le héron vérary, ique-bœuf
el-babġā' (m), *babaġāyyu* (m) le perroquet
en-nser (m) .... le vautour
el-'qāb (m) .... l'aigle
siwana (f) .... le milan
el-bāz (m) .... l'épervier
ṭīṛ el-ḥuṛṛ .... le faucon
en-n'āma (f) .... l'autruche
tiflillest (f) (empr. au ber.), *el-ḫṭāf* (f), *ḫeṭṭīf* (f) .... l'hirondelle
ṭīṛ el-līl .... la chauve-souris

*A - Eṭ-**ṭyūṛ iweldu el-ḇīḍ** f el-'**eš** w **ineqbu l-ḥbūb**. Er-**rīš** tā'-hum yeḥmī-hum men el-berd w isā'ed-hum bāš **iṭīru**. Ndīr-u l-ḇe'ḍ men hum f el-**qfez** walākin nḥermu-hum men ḥurriyyet-hum.*
***B** - Be'ḍ eṭ-ṭyūr mezyānīn l el-mākla, be'ḍ ḫrīn la. El-**ḥjel**, el-**ḥmām** matalan 'end-hum **lḥem** bnīn ; el-**ġṛāḇ**, **mūka**, **bellārej**...**lḥem**-hum qbīḥ w ma yettenkel š.*

A- Les **oiseaux pondent** des **œufs** dans un **nid** et **picorent** des **grains**. Leurs **plumes** les protègent du froid et leur permettent de **voler**. On en met certains dans une **cage**, mais on les prive de leur liberté.
B- Certains oiseaux sont bons à manger, d'autres non. Les **perdrix**, les **pigeons** par exemple, ont une **viande** délicieuse ; le **corbeau**, le **hibou**, la **cigogne**...leur **viande** est mauvaise et ne se mange pas.

C

Les oiseaux de basse-cour
Eṭ-ṭyūṛ el-ṃṛebyīn

el-ferrūj (m), ed-dīk (m), el-berrūg (m), es-serdūk (m)..........le coq
ed-djāja (f), ej-jāja (f)..........la poule
bībi (m), serdūk el-hind, ed-dendūn (m), (empr. au fr.), (T)..........le dindon
el-ḅerk (m), el-ḅeṭ (m)..........le canard
el-weẓẓ (m)..........les oies
el-ḥjel le-mṛeḅḅī, bišku (m) (T)..........les pintades
eṭ-ṭāweṣ (m)..........le paon
en-neẖẖala (f)..........le son
el-ḥbūb (m)..........les grains

D

Les insectes <=> El-bẖāẖeš

el-beẖẖūš (m)..........l'insecte
ḥejjīla (f), faṛāša (f), feṛṭeṭṭu (m) (T)..........le papillon
en-nāmūs (m), el-wešwāš (m) (T)..........les moustiques
ṭāṛ..........voler
el-feṛṭūṭ (m)..........la sauterelle
en-neḥla (f)..........l'abeille
el-'sel (f)..........le miel
eš-šme' (m)..........la cire
eš-šem'a (f)..........la bougie
ej-jbeḥ (m)..........la ruche
eš-šehda (f)..........l'essaim d'abeilles
qṛeṣ, ldeġ, 'eḍḍ..........piquer
ed-debbān (m)..........les mouches
ed-dbībna (f)..........le moucheron
et-tīkūk (m), en-ne'ra (f)..........les taons
ṛẓūẓī (m), ẓenḅūṛ (m), buzemzem (m) (T)..........la guêpe
buje'ṛān (m), el-ẖenfūs (m)..........le scarabée
serrāq ez-zīt..........la blatte
el-beqq (m)..........la punaise
el-qrād (m)..........les tiques
el-qmel (m)..........les poux
eṣ-ṣīḅan (m)..........les lentes de poux
el-ḅeṛġūt (m)..........les puces
es-sūs (m)..........la mite
en-nemla (f)..........la fourmi
ej-jṛāḍ (m)..........le criquet
bubzīz (m), buẓeṛṛāṛ (m)..........la cigale
eṣ-ṣeṛṣāṛ (m)..........le grillon
er-rtīla (f)..........l'araignée
el-'elqa (f)..........la sangsue
buġlāl (m), el-bebbūš (m)..........l'escargot
el-bebbūš el-'eryān..........limace, limaçon
meṣbāḥ el-līl..........le ver luisant

*C- Ġeddāt-ī tebġi bezzāf eṭ-ṭyūṛ w b el-ẖuṣūṣ eṭ-ṭyūṛ elli tṛebbi hiyya. Kān 'end-ha wāḥed el-'adad kbīr. Kull nhāṛ es-sūq tbī' ed-**djāj** w **bībi** wella l-**ḥjel** w b dāk el-flūs tešri kull ši elli ḥāṣ-ha f eḍ-ḍāṛ men es-sukkāṛ w el-qehwa ḥetta l en-**neẖẖāla** w eḍ-**ḍṛa** l eṭ-ṭyūṛ tā'-ha.*
*D- Men el-**ḥašaṛāt** elli fī-ha fāyda kbīra l bnādem hiyya en-**neḥla** lli teṣne' eš-**šme'** w el-**'sel**. En-**nḥel** iṛ'āw 'el ez-zuhūṛ w i'īšu f ej-**jbūḥa**. 'End-hum wāḥed es-**sennāṛa iqeṛṣu** bī-ha lli yet'edda 'lī-hum.*

C- Ma grand-mère aime beaucoup les oiseaux et en particulier ceux qu'elle élève elle-même. Elle en avait un grand nombre. Chaque jour de marché, elle vend des **poules**, des **dindons** ou des **pintades** et avec cet argent, elle achète tout ce dont elle a besoin à la maison, du sucre et du café jusqu'au **son** et au maïs pour ses oiseaux.
D- L'un des **insectes** qui présentent un grand intérêt pour l'homme est l'**abeille** qui fabrique la **cire** et le **miel**. Les **abeilles** butinent les fleurs et vivent dans des **ruches**. Elles disposent d'un dard pour **piquer** celui qui les agresse.

EXPRESSIONS ET LOCUTIONS IDIOMATIQUES

- *Ṭṭīṛ-l-u fī-sā'/b ez-zerba (M)*	Avoir la tête près du bonnet, être susceptible.
- *Bḥāl elli fī-h el-ḅīḍa*	Il a la bougeotte.
- *Bāẓẓ!*	Eh bien dis donc!
- *I'eyyeṭ l Rebb-ī lli ẖelqu*	Hurler de douleur.
- *Aš t'āwed, aš teḥki?*	Qu'est-ce que tu racontes?

PROVERBES MAGHRÉBINS

- *Elli kla djāj en-nās isemmen tā'-u*	Qui déguste la volaille des autres doit engraisser la sienne. (Se faire inviter, c'est bien ; inviter à son tour l'est tout aussi bien).
- *Bellārej ja ibūs weld-u 'ewṛ-u*	La cigogne voulait embrasser son petit, il lui a crevé l'œil.
- *Ila šetti mūka ẖeṭṭāba, 'ṛef bellārej 'rīs*	Si tu vois que le hibou demande à se fiancer, sache que la mariée est la cigogne. (Se dit quand de ceci, on déduit cela).
Ed-djāja tḅeyyeḍ w el-feṛṛūj iḥeṛqu zukk-u	La poule pond des œufs et le coq a mal au derrière. (Se dit de celui qui s'apitoie démesurément sur le sort d'un autre qui semble bien supporter ce sort).
- *Kemša tā' en-nḥel ḥsen men šwāri tā' ed-debbān*	Une poignée d'abeilles vaut mieux qu'un bissac de mouches. (L'important est la qualité)
- *El-'etba mjeṛḍa w eṛ-ṛekna mdewda*	Le seuil est bien astiqué, mais les recoins sont pleins d'asticots. (Se dit de celui qui ne s'occupe que de la façade).

LES VOYAGES ET LES MOYENS DE LOCOMOTION
EṢ-ṢFER W EL-MERKŪB

A

ṣāfeṛ..................voyager
hājeṛ..................immigrer
eṣ-ṣafaṛ (m)..................le voyage
ej-jūla (f)..................l'expatriation
el-ġeṛḅa (f), el-menfa (f)..................l'exil
el-ḥanīn (m)..................la nostalgie
eṭ-ṭṛīq (f)..................la route
el-'uṭla (f), el-'wāšīr (f), bermesyūn (m)/ el-kūnji (f) (empr. au fr.)....les vacances
ẓāṛ..................visiter
eẓ-ẓeṭṭāṭ (m) (M)..................le guide
tsāra, ḥewwes..................se balader
el-fendeq (m), luṭīḷ (m), (empr. au fr.) l'hôtel
el-ḥaṛīṭa (f), el-ḅḷān (m) (empr. au fr.) le plan
el-msāfrīn (m)..................les voyageurs
el-kra (m)..................la location
wejjed..................préparer
'eṛḅen..................réserver
eṭ-ṭāksī (f) (empr. au fr.)..................le taxi
eš-šānṭa (f), el-baliza/el-malita (f) (empr. au fr.)..................la valise
eṣ-ṣāk (m) (empr. au fr.), eš-škāṛa........le sac
eṣ-ṣenḍūq (m)..................le coffre, la boîte
el-werqa (f), el-kārṭa (f)/el-biyyi (m) (empr. au fr.)..................le billet
ndeh, ṣāg, sāq..................conduire
en-ndīh (m), es-sūgān (m).........la conduite
laṣuṛānṣ (f) (empr. au fr.)..................l'assurance

B

el-'unwān (m), ladrissa (f) (empr. au fr.)..................l'adresse
el-ḫārij (m)..................l'étranger
el-bīt (m), eš-šāmṛi (m)/eš-šembṛa (f) (empr. au fr...................la chambre
el-ḫlāṣ (m)..................le paiement
el-wrāq (m), el-kwāġṭ (m)..........les papiers
lakārt et-te'rīf (empr. au fr.)..................la carte d'identité
el-ḅāṣḅūṛ (m) (empr. au fr.)...... le passeport
el-flūs (m), ed-drāhem, (m) eṣ-ṣwālḍ (m)..................l'argent
el-frank (m) (empr. au fr.)..................le franc
eḍ-ḍūḷāṛ (m) (empr. à l'ang.)..................le dollar
et-teṣwīṛa (f)..................la photo
el-meṭ'em (m), eṛ-ṛisṭuṛa (f), (empr. au fr.)..................le restaurant
el-ġla (m)..................la cherté
eṛ-ṛḫa (m)..................le bon marché

A - Eṣ-ṣfeṛ elli yenjeḥ huwwa lli ikūn meḍṛūs mezyān men qbel. Lāzem el-wāḥed ***iwejjed*** *el-****baliza*** *tā'-u w el-****biyyi*** *tā'-u w lāzem* ***i'eṛben luṭīḷ*** *fīn ġādi yen'es. Bāš* ***iḥewwes*** *w* ***iẓūṛ*** *mezyān el-blaṣa fāš ṛā-h, lāzem 'āwd tkūn 'end-u wāḥed el-****ḥaṛīṭa*** *elli tsā'd-u 'āwd bāš ma yetlef š*
*B - Fāš ši wāḥed yebġi yemši l el-****ḫārij*** *lābed ikūn 'end-u l-****wrāq*** *tā'-u :* ***ḷakāṛṭ****, el-****ḅāsḅūṛ****...Lāzem 'āw-d ibeddel el-****flūs*** *bāš yeqder iḫelleṣ* ***luṭīḷ*** *w eṛ-****ṛisṭuṛa*** *w eṭ-ṭāksi...*

A- Le voyage qui réussit est celui qui est bien étudié à l'avance. Il faut que la personne **prépare** sa **valise**, son **billet** et il faut qu'elle **réserve** l'**hôtel** où elle va coucher. Pour bien **se balader** et bien **visiter** l'endroit où elle se trouve, il faut aussi qu'elle ait un **plan** qui peut l'aider aussi à ne pas se perdre.
B- Quand quelqu'un veut partir à l'**étranger**, il est nécessaire qu'il ait ses **papiers** : la **carte**, le **passeport**...Il faut qu'il change l'**argent** afin qu'il puisse payer l'**hôtel**, le **restaurant**, le taxi...

C

el-kāṛ (empr. au fr.) ....l'autocar, le bus
šedd/qbeṭ/ḫād el-kāṛ....... prendre l'autocar
el-bagāj (empr. au fr.) .... les bagages
el-ḇḷaṣa (f) (empr. au fr.) ....la place
en-nemra (f) (empr. au fr.), *er-reqm* ....le numéro
es-serjem, *eṭ-ṭāqa* (f)....................la fenêtre
el-bāb (f) ....la porte
el-bibān tā' el-kār..... les portières du bus
el-mutūr (empr. au fr.) ....le moteur
ez-zhīr............................ le vrombissement
el-grisūn (empr. au fr.) ....le graisseur
el-msārya (f), *et-ṯwīsa* (f)...........la balade
el-kursi, *eš-šelya*(f)la chaise, le siège
el-qeddām.................................... (au) devant
eḷ-ḷūṛ, *eṛ-ṛūḷa* (f) (T, A)... derrière, l'arrière

D

eš-šīfūṛ (empr. au fr.) ....le chauffeur
el-pirmi (empr. au fr.) ....le permis de conduire
kṣīḍa (f) (empr. au fr.) .... l'accident
es-sekra (f).. l'ivresse
sekrān, *ḫāḇeṭ* (A)..................................ivre
meblisi (empr. au fr.), *mejṛūḥ*........... blessé
ej-jeṛḥa (f)............ les blessés, la blessure
el-mūta (f).......................................les morts
lafūt (m) (empr. au fr.), *el-ġalāṭ* (m), *el-fāḷṭa* (empr. à l'esp.) ....la faute
labilānṣ (f) (empr. au fr.) ....l'ambulance
eṣ-ṣḇiṭāṛ (m), (empr. au fr.) ....l'hôpital
la bās .... pas de problème, pas de malheur
el-kuṣṭa (f) (empr. au fr.) ....le constat
eš-šhūd (m).................................. les témoins

*C- Ana dāymen **nšed el-kāṛ** fāš nebġi nṣāfeṛ. Nāḥed **blāṣa** ḥda es-**serjem** f wāḥed el-**kursi** lli ikūn l **geddām** ila kān el-**mutūr eḷḷūṛ** , wella eḷḷūṛ ila kān el-**mutūr** el **geddām** bāš ma iṣedde'-ni š ez-**zhīr**.*
*D- Ḥḍeṛt yāmes l wāḥed **le-kṣīḍa** qbīḥa. Kānu fī-ha tlāta tā' el-**jeṛḥa** w zūj d el-**mūta**: eš-**šīfūṛ** w wāḥed le-mṛa. Fāš weṣlāt **labilāns** ddāt dūk en-nās l eṣ-**ṣḇiṭāṛ**. Men be'd jāw ej-jaḍaṛmiyya bāš isewlu eš-**šhūd w** idīru l-**kuṣṭa**. Iḍher belli lāfut tā' eš-šīfūṛ, waqīla kān sekrān.*

C- Moi, je **prends** toujours le **car** quand je veux voyager. Je prends **place** près de la **fenêtre** dans un **siège** qui se trouve **devant** si le **moteur** est **derrière** ou **derrière** si le **moteur** est **devant** pour que le **vrombissement** ne m'importune pas.
D- J'ai assisté hier à un **accident** terrible, il y avait trois **blessés** et deux **morts** : le **chauffeur** et une dame. Lorsque l'**ambulance** est arrivée, elle a transporté ces gens à l'**hôpital**. Tout de suite après, les gendarmes sont arrivés pour interroger les **témoins et** dresser un **constat** . Il semblerait que la **faute** soit au **chauffeur**, peut-être était-il **ivre**.

E

ej-jaḍaṛmiyya (m) (empr. au fr.) ... gendarmes
el-būlīs (m), *el-bulisiyya* (f) (A, T), (empr. au fr.) ... la police
ed-diwana (f) ... la douane
el-qānūn (m) ... la loi
ed-dewla (f) ... l'État
el-ferdi (m), *el-kābūs* (m) ... le pistolet
es-slāḥ (m) ... l'arme
el-keswa (f) ... l'uniforme
el-kaṣkiṭa (f) (empr. au fr.) ... la casquette
el-ḫṭiyya (f), *el-ḅṛūṣi* (m) (empr. au fr.) ... l'amende
el-furyān (m) (empr. au fr.) ... la fourrière
el-ḥebs (m), *es-sjen* (m) ... la prison
eṣ-ṣuṛ'a (f) ... la vitesse, rapidité
eṛ-ṛaḍaṛ (m)(empr. au à l'ang. par le fr.) ... le radar
eṛ-ṛwīḍa (f) (M), *ḍeṛṛāja*, (f) *jeṛṛāṛa* la roue
eṛ-ṛwāyeḍ (M), *eḍ-ḍṛāṛīj* (A) ... les roues
eḍ-ḍu (m), *eḍ-ḍaww* (m) ... la lumière
lafizit (f) (empr. au fr.) ... la visite
el-ḫeṭ el-ḅyeḍ ... la ligne blanche
eṣ-ṣṭup (m) (empr. au fr.) .. le stop, auto-stop
es-senyāl (m) (empr. au fr.) ... le signal
eṣ-ṣemṭa (f), *el-ḥzām* (m), *es-sentūra* (f) (empr. au fr.) ... la ceinture (de sécurité)

F

ṭle' ... monter
hḅeṭ, hewwed, nzel, ḥūf ... descendre
ḥbes, wqef ... arrêter
ksīri (empr. au fr.) ... accélérer
frāni (empr. au fr.) ... freiner
ed-derksyūn (m) (empr. au fr.) ... la direction
ḍūḅel (empr. au fr.) ... doubler
ḍūḅḷāj (m), (empr. au fr.) ... le dépassement
el-fīṛāj (m) (empr. au fr.), *eḍ-ḍūṛa* ... le virage
el-ḫaṭaṛ (m) ... le danger
el-mrāya (f) ... le miroir, le rétroviseur
el-klākṣūn (m) (empr. au fr.), *el-bewwāṭa* (A) ... le klaxon
el-ṃāṛka (f) (empr. au fr.) ... la marque
el-ḥsān (m), *el-'ewd* (m) ... le cheval
el-ḫyūl, (m), *el-'udān* (m) ... les chevaux
el-ḅuḷa (f) (empr. au fr.) ... volant, ampoule
el-ksiratūr (m) (empr. au fr.) ... l'accélérateur
eḍ-ḍu el-ḥmeṛ, eṣ-ṣṭup (empr. au fr.) ... le feu rouge
pamuṛ (m) (empr. au fr.) ... le point mort
maršaryān (empr. au fr.) ... la marche arrière
el-ḅḷāka (f) (empr. au fr.) ... le panneau de signalisation
el-parkin (m) (empr. au fr.) ... le parking

*E- Ej-**jaḍaṛmiyya**, el-**būlīs** w-ed-**diwana** ḫeddāmīn m'a d-dewla bāš ije'lu en-nās iḥtāṛmu el-**qānūn**. 'End-hum **keswa** me'ṛūfa w **es-slāḥ**. F eṭ-ṭṛīq matalan lāzem teḥtāṛem **qānūn es-sayr** : eṣ-**ṣṭup**, eṣ-**ṣemṭa**, el-**ḫeṭ el-ḅyeḍ**, eṣ-**ṣuṛ'a** w-lla t'eṛṛeḍ nefs-ek l el-**ḅṛūṣi**.*

*F- Ḥū-ya šedd el-pirmi w šra wāḥed et-tunubīl, **ṃāṛka** almāniyya, fī-ha seb'a tā' el-**ḫīl**.*

*- el-**fīṛāj** nqellu eṣ-ṣuṛ'a, f eḍ-**ḍūḅḷāj** nšūfu f el-**mrāya** w nšedu l-**ḅūḷa** mezyān w fāš ikūn ši **ḫaṭaṛ** **neklākṣuniw** aw **nḥebsu** f ḫeṭṛa.*

E- Les **gendarmes**, la **police** et la **douane** travaillent pour l'**État** pour faire respecter la **loi** par les gens. Ils disposent d'un **uniforme** connu et d'une **arme**. Sur la route, par exemple, il faut que tu respectes le **code de la route** : le **stop**, la **ceinture**, la **ligne blanche**, la **vitesse** sinon, tu t'exposes à un **procès verbal.**

F- Mon frère a eu son **permis** de conduire et a acheté une voiture de **marque** allemande, elle fait sept **chevaux**.

- Dans le **virage**, on réduit la vitesse ; pendant le **dépassement**, on regarde dans le **rétroviseur** et on tient bien le **volant** et quand il y a un **danger**, on **klaxonne** ou on s'**arrête** d'un coup.

G

La bicyclette <=> El-bšeklīṭ

el-bšeklīṭ (f) (empr. au fr.) ....la bicyclette
el-mutūr (m) (empr. au fr.) . lamotocyclette, le moteur
el-muturāt (m).................les motocyclettes les moteurs
el-gidūn (m) (empr. au fr.) ....le guidon
ej-jānṭa (f) (empr. au fr.) .... la jante
ej-jwāneṭ (f) (empr. au fr.) .... les jantes
eṛ-ṛāyyu (m) (empr. au fr.) ....le rayon
es-sensla (f)...................................... la chaîne
es-snāsel (f)................................. les chaînes
el-kursi (m) ....la selle
el-krāsa (m)...............les selles, les chaises
el-frān (m) (empr. au fr.) ....le frein
el-franāt (m) (empr. au fr.) ....les freins
el-ḅumḅa (f) (empr. au fr.) ....la pompe
el-byasa (f) (empr. au fr.) ....une pièce
berda (empr. au fr.)..................................perdre
ṛwīḍa tberdi...................... une roue qui perd
kruvi (empr. au fr.) ....crevaison
ṭāḥ 'el el-bšeklīt...................il est tombé à vélo
el-kursi eḷ-ḷuṛāni..................la selle arrière
el-kūrs tā' el-bšeklitāt.................la course de vélos

H

La voiture <=> Eṭ-ṭunubīl

eṭ-ṭunubīl (f), *es-seyyāra* (f), *el-kherba* (T), (f), *el-kerrusa* (A), (f).......la voiture
eṭ-ṭāksi (f).. le taxi
el-ṃazūṭ (m) (empr. au fr.) ....le mazout, le gazole
liṣānṣ (m) (empr. au fr.) .... l'essence
el-ḅumḅa (f) (empr. au fr.)...............la pompe à essence
el-byās (m) (empr. au fr.) ....les pièces
el-kuntūr (m) (empr. au fr.) .... le compteur
el-kāpu (m) (empr. au fr.) .... le capot
el-kūfr (m) (empr. au fr.) ....le coffre
es-sukūr (m) (empr. au fr.) la roue de secours
ez-zīt (f)... l'huile
tneqleb......................................se renverser
keṛwāẓa... croiser
laguš (m) (empr. au fr.), *eš-šmāl*....la gauche
laḍṛwaṭ (f) (empr. au fr.), *līmen*.......la droite
er-rādyatūr (m) (empr. au fr.) ....le radiateur
eṛ-ṛāḍyu (m) (empr. au fr.) .... la radio
el-fitās (m) (empr. au fr.) ....le levier de vitesse, la vitesse
ḷānṭīṛ (m) (empr. au fr.) ....l'antenne
ampān (m) (empr. au fr.) .... la panne
el-kūd (m) (empr. au fr.) .... le code
el-fāṛ (m) (empr. au fr.) .... le phare

*G- Fāš nebġi netsāra 'el el-**bšeklīt**, 'eṃṃeṛ-ni ma nensa l-**ḅumḅa** w el-**byasāt** bāš ila teḥt **cruvi** ma neṛje' š 'la rejlāy.*
*H- Kāyen et-tunubilāt elli yemšīw b el-**ṃazūṭ** w elli yemšīw b **liṣāneṣ**.*
*- F Fṛanṣa, el-**asbaqiyya l līmen** w f Anglaṭiṛṛa al-**asbaqiyya** l eš-**šmāl**.*
*- F el-līl fāš **tkeṛwāẓi** ši wāḥed lāzem ṭṭeyyeḥ el-**fāṛ** w tdīr eḍ-ḍu dyal el-**kūd** bāš ma te'mī-h š.*

G- Quand je veux me balader à **bicyclette**, jamais je n'oublie la **pompe** et les **pièces** de sorte que si j'ai une **crevaison**, je ne revienne pas à pied.
H- Il existe des voitures qui roulent au **gazole** et celles qui roulent à l'**essence**.
- En France, la **priorité** est à la **droite**, en Angleterre la **priorité** est à la **gauche**.
- La nuit quand tu **croises** quelqu'un, il faut que tu baisses les **phares** et que tu allumes les feux de **code** pour ne pas l'aveugler.

I

Le train <=> El-mašīna

et-trān (m)/*el-mašīna* (f), (empr. au fr.)le train
mīqāt eṣ-ṣafaṛ .... l'horaire des voyages
lagāṛ (m) (empr. au fr.) .... la gare
es-sekka (f), *es-sbīka* (f)................ les rails
el-werqa (f), *el-biyyi* (empr. au fr.) le billet
qeṭṭe' el-biyyi................. prendre un billet
el-giši (m) (empr. au fr.) .... le guichet
eṭ-ṭāṛīf (m) (empr. au fr.) .... le tarif
el-iršādāt (f) .... les renseignements
sāl, sewwel, seqsa. demander, interroger
tebdāl et-trān .... la correspondance
el-ḫeṭṭ (m)... la ligne
eṛ-ṛuṭāṛ (m) (empr. au fr.) .... le retard
el-ġāṛ (m)... le tunnel
eṛ-ṛāṣ tā' et-trān .... la locomotive
el-kuntrulūr (m) (empr. au fr.) . le contrôleur
el-fāgu (m) (empr. au fr.) .... le wagon
mšāt 'lī-h/fāt-h (A) *et-trān* (f)..... il a raté le train

J

el-kāmyu (m) (empr. au fr.) .... le camion
eš-šrejma (f) (empr. au fr.) ... le chargement
es-sel'a (f) .... la marchandise
lakabīn (f) (empr. au fr.) .... la cabine
et-tqel (m) .... le poids
el-kāṛ (m) (empr. au fr.) ..... le bus, l'autocar
el-kīṛān (m)............... les bus, les autocars
eṭ-ṭūbīs (m) (empr. au fr.) .... l'autobus
el-maḥeṭṭa (f), *es-sṭasyūn* (m) (empr. au fr.) .... la station
lagāṛ (m) (empr. au fr.)........................ la gare
el-bīkūb (f), (M), (empr. à l'ang. par le fr.) .... le pick-up
eṭ-ṭeyyāṛa (f) .... l'avion
el-maṭāṛ (m) .... l'aéroport
el-ḇāṭu (m) (empr. au fr.), *el-ḇāḇūṛ* (m), *el-merkeb* (m) .... le bateau
es-sfīna (f).................................... le vaisseau
el-qāmra (f) .... la cabine du capitaine
el buṣul (m), *el-buṣla* (f).......... la boussole
el-mri (m), *mrayt el-hend* (f).les jumelles
el-fluka (f).. la barque
el-mqadaf (m)...................................... la rame
el-meṛṣa (f) .... le port
ġṛeq.. sombrer
qṭe'.. traverser

I- Bāš ma ***temši š 'lī-k et-trān*** *'lī-k teṭleb el-****biyyi*** *tā'-ek f el-weqt f* ***lagāṛ*** *w teḥḍi* ***mīqāt eṣ-ṣfeṛ***. *Et-****trān*** *yemken l ha tdīr eṛ-****ṛuṭāṛ***, *li hada lāzem temši l el-****giši*** *tā' el-****iršadāt*** *w tsewwel wāš ma kāyen š ši* ***ṛuṭāṛ*** *'el le-****ḫeṭṭ*** *tā'-k.*
J- Ila bġīti ***tṣāfeṛ*** *f eṭ-****ṭeyyāṛa*** *lāzem temši l el-****maṭāṛ***, *ila bġīti* ***tsāfeṛ*** *f el-****ḇāṭu*** *lāzem temši l el-****meṛṣa***, *ila bġīti* ***tṣāfeṛ*** *f el-****kāṛ*** *lāzem temši l el-****maḥeṭṭa*** *tā' el-****kīṛān***.

I- Pour ne pas **rater le train**, tu as à demander ton **billet** à temps à la **gare** et à surveiller les **horaires des voyages**. Le **train** peut avoir du **retard**, c'est pour cela qu'il faut que tu ailles au **guichet** des **renseignements** pour demander s'il n'y a pas du **retard** sur ta **ligne**.
J- Si tu veux **voyager** en **avion**, il faut que tu ailles à l'**aéroport**, si tu veux **voyager** en **bateau**, il faut que tu ailles au **port**, si tu veux **voyager** en **car**, il faut que tu ailles à la **station** des **cars** (la gare routière).

EXPRESSIONS ET LOCUTIONS IDIOMATIQUES

- *Dīr hāk w hāk*	Faire la part des choses.
- *Bqa ʿel eḍ-ḍeṣ*	Etre sur le pavé.
- *ʿĪš b fātḥa*	Vivre d'amour et d'eau fraîche.
- *Dīr hbel terbeḥ*	Faire l'âne pour avoir du son.
- *B ʿīd ma beʿdet es-sma ʿel el-aṛḍ*	Aussi loin que l'est le ciel de la terre, être aux antipodes.
- *ʿEryān ki ma ẖelqāt-u umm-u*	Tout nu.
- *Serreq w ġeṛṛeḅ*	Aller dans tous les sens.
- *H̱wi l-blād*	Vider les lieux.
- *Ed-denya b el-meqlūb*	Le monde à l'envers.
- *Ijīw men et-telt el-ẖāli*	Venir par monts et par vaux.
- *Men kull jīha w ṭṛīq*	De toute part.
- *H̱rej men el-aṛḍ*	Survenir brusquement.

PROVERBES MAGHREBINS

- *Ej-jula tzeyyen er-rjāl*	Les voyages forment les hommes. **Français** : Quiconque a beaucoup vu peut avoir beaucoup retenu.
- *Elli ma jāl ma ʿṛef ḥeq er-rjāl*	Qui ne voyage pas, ne connaît point la valeur des hommes. **Français** : L'univers est une espèce de livre dont on n'a lu que la première page quand on n'a vu que son pays.
- *El-jāṛ qbel eḍ-ḍāṛ w eṛ-ṛfīq qbel eṭ-ṭṛīq*	Il faut choisir son voisin avant de choisir sa maison et son compagnon avant de prendre la route.

LES MESURES (MASSE, CAPACITE, SURFACE)
EL-'BĀR (ET-TQEL, EL-KAYL, EL-MISĀḤA)

A

el-mīzān (m), *el-bāskula* (f) (T), (empr. au fr.) .... la balance, la bascule
et-tqel, el-mīzān (T) .... le poids
el-'ḅāṛ (m) (M) .... la mesure
'beṛ, qās .... mesurer
el-'eḅṛa (f) .... la pesée
el-ḫenša (f) (M) .... le sac en toile
el-ḥbel (m), *el-qenneb* (m), *el-kūrda* (f) (empr. au fr.) .... la corde, la ficelle
eš-šṛīṭ (m) .... le cordon, le tendoir
el-ḫīṭ (m) .... le fil
wzen .... peser
ḫfīf .... léger
tqīl .... lourd
yeṭṛu, itra .... le litre
ez-zāj, el-ḅeḷḷāṛ (T) .... le verre
el-ḅeḷḷāṛ (m) .... le cristal
el-kilu (m) .... le kilogramme
el-mitru (m) .... le mètre
b le-'ḅāṛ .... avec mesure

B

el-qeṛ'a (f), *ed-debbūza* (f), (T) la bouteille
el-qella (f) .... la cruche de 16 ou 20 litres suivant les régions.
ma .... liquide
el-bīdu (m), *el-bidūn* (m) (empr. au fr.) .... le bidon
el-bermīl (m) (empr. au fr.) .... le baril
es-sitirna (f) (empr. au fr.) .... la citerne
jūj iṭṛu (M), *itertīn* (T), *zūj itrāt* (A) .... deux litres
ḫāwi, fāṛeġ .... vide
'āmeṛ, m'ebbi .... plein
sedd, qfel, ṣekkeṛ, belle' .... fermer
el-bušūn (m) (empr. au fr.), *el-meġṭa* (m), *el-ġeṭṭāya* (f) .... le bouchon
el-ferši (m), *el-fernān* (m), (T) .... le liège
el-mīka (f) (M)/*el-plāstīk* (m), (A), (empr. au fr.) .... le plastique
el-ḥdīd (m) .... le fer
zewwel, gle', neḥḥi (A) .... enlever
ḥell, fteḥ .... ouvrir

A- Bāš ***n'eḅṛu*** *'ādatan šwāḥed el-ḥāja,* ***in'eḅṛu-ha*** *b el-****gṛām****, b el-****yeṭṛu*** *aw b el-****mitr*** *ḥasab eṭ-ṭaḅī'a tā'-ha :* ***ma****,* ***misaḥa*** *aw* ***tqel****.*
B- *El-****qṛā'i*** *imma ikū-nu* ***mesdudīn*** *b el-****bušūn*** *tā' el-****ḥdīd*** *w imma b el-****bušūn*** *tā' el-****ferši****. El-****qeṛ'a*** *meṣnū'a men ez-****zāj****, men el-****mīka*** *aw men el-****ḥdīd****...*

A- Pour **mesurer** habituellement une chose, nous la **mesurons** en **grammes**, en **litres** ou en **mètres** selon sa nature : **liquide**, **surface** ou **masse**.
B- Les **bouteilles** sont, soit **fermées** par un **bouchon** en **fer**, soit par un **bouchon** en **liège**. Elles sont en **verre**, en **plastique**, en **fer...**

C

el-gṛām (m) (empr. au fr.) ....le gramme
el-kilu (m) (empr. au fr.) ....le kilogramme
nuṣṣ kilu....................un demi kilogramme
el-kiluyāt, el-kiluwwat..les kilogrammes
tqīl...lourd
ḫfīf...léger
uqiyya (f) ....l'once (mesure valant cent grammes)
eṛ-ṛāḇ'a (f), *nuṣṣ ṛṭel*............la demi-livre
eṛ-ṛṭel (m)...la livre
el-qenṭāṛ (m) ....le quintal
el-qnāṭeṛ (m) ....les quintaux
ṭūn (m) (empr. au fr.).......................une tonne
eṭ-ṭnān (m)....................................les tonnes
el-gamīla (f) (M), (empr. au fr.), *ez-zlāfa* (f).. la mesure de céréales valant un kilogramme
zūj gwāmel dyāl eš-š'īr......deux gamelles d'orge
eṣ-ṣā' (m)........mesure de céréales variable selon les régions.
mūd (m) (M).......................................boisseau (mesure de céréales variable selon les régions)
muddāyen...................:...................deux *muds*
ṣeḥfa (f) (M)............une mesure de céréales équivalant à 60 *muds*

D

el-misāḥa (f) ....la surface
el-blād (f) ....le terrain, le pays
'ešṛa mitru ....dix mètres
el-ḫeddām (m) (M)......travailleur, mille m^2
el-qāla (f), *nuṣ mitr*..............un demi-mètre
el-gṭāṛ (m) (empr. au fr.) ....l'hectare
el-ḫelfa (f), *el-ḫeṭwa* (f).......................le pas
eš-šber (m) ....l'empan
ed-drā' (m).......................................la coudée
el-'ādel (m) ....l'assesseur (témoin instrumentaire du cadi).
es-senyātūr (m) (empr. au fr.), *et-teṣḥīḥa* (T) ....la signature
senyi (empr. au fr.), *ṣeḥḥeḥ, weqqe'*.signer
bā' el-blād ....vendre la terre
el-ḥīṭ (m) .... le mur
eṣ-ṣūṛ (m), *eẓ-ẓeṛb* (m), (empr. au ber.)........... ....la clôture
el-būrniyya (M), (empr. au fr.) ......la borne
el-ḥedd (m)..............la frontière, dimanche
el-ḥdūd (m) ....les frontières, les limites
el-melkiyya (f) ....la propriété
el-meḥkama (f) ....le tribunal
el-qāḍi (m) ....le cadi
el-ḫṣim (m)................................l'adversaire
šāre'..................................... aller en justice
es-sijill (m).................................le registre
en-nusḫa (f).......................................la copie
el-'eqd (m)..l'acte
eḍ-ḍūṣi (m) (empr. au fr.), *el-milef* (f) ....le dossier
eṛ-ṛsem (m)..................le titre de propriété
ej-jāṛ (m) ....le voisin
ej-jīrān (m) ....les voisins
eš-šhūd (m)..............................les témoins
ej-jīha (f) .... le côté

*C- **Ṭūn** idīr 'ešṛa tā' el-**qnāṭeṛ**, **qenṭāṛ** fī-h myāt **kilu**, **kilu** isāwi alf **gṛām**.*
*D- Fāš nḥebbu nešrīw ši **blād**, njību ej-**jīrān** w n'eḇṛu el-**misaḥa** tā'-ha w ndīru el-**burniyyāt** elli ibeynu l-ha l-**ḥdūd** w men be'd el-blād twelli **melkiyya** ntā'-na. F meṛḥala zawja, lāzem nḥeḍṛu ḍ-**ḍūsi** w nqedmū-h l el-**meḥkama** l et-tesjīl w bāš nāḫdu eṛ-**ṛsem**.*

C- Une **tonne** fait dix **quintaux**, un **quintal** contient cent **kilogrammes**, un **kilogramme** est égal à mille **grammes**.
D- Quand nous voulons acquérir un **terrain**, nous faisons venir les **voisins**, nous mesurons sa **surface** et nous installons les **bornes** pour en marquer les **frontières**. Ensuite, le terrain devient notre **propriété**. Dans un deuxième temps, il faut préparer le **dossier** et le présenter au **tribunal** pour l'enregistrement et pour avoir un **titre de propriété**.

EXPRESSIONS ET LOCUTIONS IDIOMATIQUES

- *Ḥedd-u qedd-u*	Tout juste ce qu'il faut.
- *'Īn-ah maši ḫūt*	Il est louche, il n'est pas net.
- *Dār eṛ-ṛāṣ*	Prendre la leçon.

PROVERBES MAGHRÉBINS

- *Es-sekra b eṛ-ṛḍūṃa wa la jmīl el-kās*	Boire de l'alcool au goulot plutôt que de supporter les bontés de la coupe. **Français** : Qu'importe le flacon pourvu qu'on ait l'ivresse.
- *Ḥebba waḥda tteqqel el-mīzān*	Un seul grain fait pencher la balance. **Français** : Une goutte d'eau fait déborder le vase.
- *Eṛ-ṛḥa ṭeḥnet ṣeḥfa w 'la mūd 'yāt*	La meule a moulu une "sahfa" et pour un "moud" la voilà fatiguée. (Se dit de celui qui fait preuve tour à tour de sérieux et d'inconséquence).
-*'Am tā' en-n'ās yeswa mūd tā' en-neḫḫāla*	Un an de sommeil vaut un "moud" de son. (Chaque chose a sa valeur).
- *Medd rejl-ek 'la qedd ḥāyk-ek*	Allonge tes pas selon la longueur de ta couverture. (Allusion au sens de la mesure). **Français** : Il faut faire le pas selon la jambe.
- *Uqiyya f el-kef ḫir men ṣelṭāni f et-telf*	Une once dans le creux de la main vaut mieux qu'un "seltani" (pièce d'or) qui se perd au loin. **Français** : Un tien vaut mieux que deux tu l'auras.
- *Kūl w qeyyes hād ez-zmān mġeyyes*	Mange à ta mesure, ces temps sont boueux. (Invitation à la prudence).

LE MAGHREB <=> *EL-MEĠRIB*

A

šamāl Ifrīqya .... l'Afrique du Nord
el-Maġrib (m) ....le Maroc, le Maghreb
el-menṭaqa (f) .... la région
er-Rḇāṭ .... Rabat
el-Gazāyer (f), ed-Dzāyer l'Algérie, Alger
Tūns (f) ....La Tunisie, Tunis
el-'āṣima (f) ....la capitale
el-ḥdūd (m) .... les frontières
es-sukkān (m) ....les habitants
el-Amāziġ (m), eš-Šlūḥ, (m) el-Beṛḇeṛ (m)
................les Berbères, les Amazighes
el-Qbāyel (m)........................... les Kabyles
et-Twārga (m), eṭ-Ṭwāṛq (m) .les Touaregs
el-mdūn (f) ....les villes
el-qerya (f) .... le village
el-qbīla (f) ....la tribu
el-'erq (m) ....l'ethnie
el-'rūbiyya (f), er-rīf, el-bādiyya (f)(T)....
....la campagne

B

et-tārīḫ (m) ....l'histoire, la date
ma qbel et-tārīḫ ....la préhistoire
eš-še'b (m) .... le peuple
eš-šu'ūb (m) .... les peuples
el-ġezw (m) .... la conquête
el-ġazawāt (f) .... les conquêtes
el-Finīqiyyīn (m) ....les Phéniciens
er-Rumān (m) ....les Romains
el-Windāl (m) ....les Vandales
el-Bizanṭiyyīn (m) .... les Byzantins
el-'Reḇ (m) ....les Arabes
el-'Utmān (m) .... les Ottomans
el-Berṭqīz (m) ....les Portugais
Franṣīṣ (m), el-gwer (m)..........les Français
el-isti'ṃāṛ (m)...................... la colonisation
el-ḥimāya (f) ....la protectorat
ed-difā' (m) ....la défense
el-muqāwama (f) ....la résistance
el-istiqlāl (m).......................l'indépendance

*A- F **šamāl Ifrīqya**, f elli nsemmiw-h el-**Meġrib** el-kabir, 'end-na el-**Meġrib**, el-**Gazāyer**, **Tūns**, **Libya** w **Muriṭānya**. El-**'āṣimāt** tā'-hum huma : er-**Rḇāṭ**, el-**Gazāyer**, **Tūns**, Ṭṛābles w Nwākšūṭ. F hād el-**menṭaqa** men el-'ālam, mujūdīn el-**'Reb** w el-**Amaziġ**. El-**Qbāyel** **'erq amāziġī** bḥāl et-**Twārga**, es-**sukkān** tā' janūb el-**Gazayer** w Lībya w šamal en-Nījīr w Muritanya w Mali...*
*B- Šamal Ifrīqya 'ref f et-**tārīḫ** tā'-u **ġazawāt** mettāb'a men **ma qbel et-tārīḫ** ḥetta 1 el-qern el-'ešrīn. Awel **ġezw** huwwa ta' el-**Finīqiyyīn** men be'd jaw er-**Rūman**, el-**windāl**, el-**Bizanṭiyyīn**, el-**'Reb**, el-**'Utmān**, el-**Berṭqīz**, es-**Sbelyūn** w **Franṣīṣ**.*

A- En **Afrique du Nord**, dans ce que nous appelons le grand **Maghreb**, nous avons le **Maroc**, l'**Algérie**, la **Tunisie**, la Libye et la Mauritanie. Leurs **capitales** sont : **Rabat**, **Alger**, **Tunis**, Tripoli et Nouakchott. Dans cette **région** du monde, se trouvent les **Arabes** et les **Amazighes** (les Berbères). Les **Kabyles** sont une **ethnie amazighe** comme les **Touaregs**, les **habitants** du sud de l'**Algérie**, du sud de la Libye, du nord du Niger, de la Mauritanie et du Mali...
B-L'Afrique du Nord a connu durant son **histoire** des **conquêtes** successives depuis la **préhistoire** jusqu'au vingtième siècle. La première **conquête** fut celle des **Phéniciens**. Après vinrent les **Romains**, les **Vandales**, les **Byzantins**, les **Arabes**, les **Ottomans**, les **Portugais**, les Espagnols et les **Français**.

C

Les langues <=> El-lugat

el-luġa (f), *el-klām* (m), *el-hedṛa*, (f) *el-lsān* (m)....................................... la langue
tkellem, hdeṛ, tḥeddet, dwa............parler
qāl, ḥka...dire
el-lehja (f)..................................... le dialecte
el-hedṛa (f), *el-ḥdīt* (m) ....la parole
eṣ-ṣewt (m)..........................la voix, le son
el-'eṛbiyya (f) ....l'arabe
el-'eṛbiyya ed-dārija........l'arabe dialectal
el-'eṛbiyya el-fuṣḥa...........l'arabe littéral
tamaziġt (f), *eš-šelḥa* (f).........l'amazighe (la langue berbère)
el-qbāyliyya (f)......la variété de la langue berbère dite kabyle
eš-šawiyya (f).........la variété de la langue berbère dite chaouia
er-rifiyya (f)...........la variété de la langue berbère dite rifaine
es-susiyya (f), *eš-šelḥa* (f)......la variété de la langue berbère dite chleuh
tamešsāqt (f)............la variété de la langue berbère dite touarègue
el-fṛanṣawiyya (f) ....le français
eṣ-ṣḇelyūniyya (f) ....l'espagnol

D

et-te'līm (m) .... l'enseignement
t'ellem ....apprendre
el-medṛaṣa (f), *el-mekteb* (m) (T), *eš-škūla* (f) (A) ....l'école
el-lūḥa (f)........... l'ardoise, les planchettes
eṭ-ṭaḇāšīr (m)......................................la craie
el-msīd (m), *ej-jāme'* .....l'école coranique
el-btidā'ī (m)...............................le primaire
et-tānawī (m) ....le secondaire
ej-jāme', el-mesjid ....la mosquée
el-jāmi'a (f).............................. l'université
el-kulliyya (f)................................ la faculté
fhem .... comprendre
el-ktāba (f), *el-ktība* (f)................l'écriture
kteb ....écris!
er-rīša (f) .... la plume
es-smeḫ..........l'encre faite avec de la laine brûlée et de la lessive, la cire des oreilles, le jus de pipe
el-ḥṛūf (m) ....les lettres
el-qṛāya (f) ....la lecture, l'étude
qṛa, dṛeṣ.....................................lire, étudier
el-beḥt (m) ....la recherche

*C- F el-Meġrib 'end-na tlāta tā' el-**luġāt** aw ḥetta reḇ'a ila ḥseb-na es-**sḇelyūniyya** f šamāl el-Meġrib. Hād et-tlāta tā' el-**luġāt** huma **el-amāzīġiyya**, el-'**eṛbiyya** w el-**fṛansawiyya**.*
*D- Et-**te'līm** ifūt men bezzāf tā' el-maṛāḥil. El-meṛḥala el-lūwla hiyya el-**btidā'ī**, net'elmu fī-ha el-**ktāba** w el-**qrāya**. Men be'd tji merḥalat et-**tānawī** w f en-nihāya merḥalat el-**jāmi'a** elli hiyya merḥalat el-**beḥt**.*

C- Au Maghreb nous avons trois **langues** et même quatre si nous comptons l'**espagnol** au nord du Maroc. Ces trois **langues** sont l'amazighe, l'**arabe** et le **français** .
D- L'**enseignement** passe par plusieurs étapes. La première étape est le **primaire**, nous y apprenons l'**écriture** et la **lecture**. Après, vient l'étape du **secondaire** et à la fin, l'étape de l'**université** qui est l'étape de la **recherche**.

E

Les États <=> Ed-duwwal

ed-dewla (f) .... l'État
el-ḥukūma (f) .... le gouvernement
eṛ-ṛāyes (m), *eṛ-ṛa'īs* (m).......... le président
el-malik (m).......... le roi
el-wuzaṛa (m) .... les ministres
el-wiẓāṛa (f) .... le ministère
el-wazīr el-lūwwel.......... le premier ministre
el-jīš (m), *'esker* (m), *lārmi* (m), (empr. au fr.).......... l'armée
el-qāyed (m)....le responsable de l'autorité dans un village ou dans un quartier
el-bāša (m) (empr. au turc) .....le responsable de l'autorité dans une agglomération urbaine
el-meḫzen (m) (M).l'administration, l'État
el-mḫazniyya (m) (M).....le corps militaire attaché à l'administration. Il s'apparente de nos jours à la police municipale
el-beḥriyya (f).......... la marine
el-būlīs (m)/*el-būlisiyya* (f) (A, T) (empr. au fr.) *eš-šurṭa* (f).......... la police
eš-šīḫ (m) .... le chef de tribu, le responsable administratif
el-iḍāṛa (f) .... l'administration
el-meṣḷaḥa (f) .... le service
el-maṣāḷiḥ (f) .... les services
el-mahām (f) .... les missions
es-sulṭa (f) .... l'autorité
el-mudīr (m) .... le directeur
en-nāyeb (m), *ej-jwān* (m), (A), (empr. au fr.) .... l'adjoint
eš-šāweš (empr. au turc), (m), *el-bewwāb*, (m) *el-'essās* (m).......... le portier
el-muwaḍḍaf(in)(m) ..le(s) fonctionnaire (s)
el-mekteb (m) (M), *el-bīru* (m), (empr. au fr.) .... le bureau

F

Les cultures <=> Et-taqāfāt

et-taqāfa (f) .... la culture
el-fuḷkḷūr (m) .... le folklore
ḥāfeḍ, steḥfeḍ .... préserver
ṭāḷeḅ .... revendiquer
el-ġna (m) .... le chant
ġenna .... chanter
el-musīqa (f) .... la musique
eš-šṭīḥ (m), *eṛ-ṛeqṣ* m) .... la danse
šṭeḥ, ṛqes .... danser
el-'ādāt (f) .... les coutumes
et-taqālīd (f), *el-'wāyed* (f), (A) .... les traditions
el-mu'taqadāt (f) .... les croyances
el-fenn (m) .... l'art
el-funūn (m) .... les arts
el-ma'īša (f) .... la vie, le mode de vie
el-lbās (m), *el-qešš* (A).......... l'habillement
lbes .... s'habiller
el-mākla .... la cuisine, la nourriture

E- 'la ṛāṣ kull ***dewla*** *nwejdu eṛ-****ṛāyes*** *aw el-****malik*** *w 'la ṛāṛ kull* ***ḥukūma*** *nwejdu el-****wazīr el-luwwel****. Huwwa lli yeḫtāṛ el-****wuẓaṛa*** *tā'-u. Kull* ***wiẓāṛa*** *'end-ha el-****mahām*** *tā'-ha w el-****iḍāṛāt*** *w el-****maṣāḷiḥ*** *tā'-ha. Kull* ***meṣḷaḥa****, kull* ***iḍāṛa*** *'end-ha el-****mudīr*** *ntā'-ha w el-****muwwaḍḍafīn*** *ntā'-ha.*
*F- Kull mujtama' 'end-u mejmū'a tā' et-****taṣeṛṛufāt*** *mḥedda b et-****taqāfa*** *tā'-u. Hād et-****taṣeṛṛufāt*** *them kull majālāt el-ḥayāt : el-****'ādāt*** *aw et-****taqālīd*** *aw el-****funūn*** *bḥāl el-****musīqa****, eṛ-****ṛāqṣ****...*

E- A la tête de chaque **État**, nous trouvons un **président** ou un **roi** et à la tête de chaque **gouvernement,** nous trouvons un **premier ministre**. C'est lui qui choisit ses **ministres**. Chaque **ministère** a ses **missions**, ses **administrations** et ses **services**. Chaque **service**, chaque **administration** a son **directeur** et ses **fonctionnaires**.
F- Chaque société a un ensemble de **comportements** déterminés par sa **culture**. Ces **comportements** concernent tous les domaines de la vie : les **coutumes**, les **traditions** ou les **arts** comme la **musique**, la **danse**...

G

Les religions <=> Ed-diyyānāt

ed-dīn (m) ....la religion
el-ferḍ (m) ....le précepte, la loi divine
es-sunna (f)............la tradition du prophète
el-mūmen ....le croyant
el-mumna ....la croyante
'bed ....adorer
mejjed ....glorifier
ġfer ....pardonner
l'en ....maudire
'āqeb ....châtier
w'ed .... faire un vœu, promettre
'eyyed .... célébrer une fête
ẖṭeb ....prêcher
slem .... se faire musulman
sellem ....saluer
šehhed .... dire la profession de foi
twedda .... faire ses ablutions
rke' .... incliner le corps en faisant la prière.
ṣeddeq .... faire l'aumône
taqī ....pieux
kāfer ....impie
faqīr ....pauvre, membre d'un ordre religieux
ḥājj ....pèlerin
el-ḥejjāj (m) ....les pèlerins
'ibādat el-aṣnām .... l'idolâtrie
eṣ-ṣanam (m) ....l'idole
el-mušrik ....le polythéiste
el-mulḥid (m) ....l'athée
el-ẖāleq (m) ....le créateur
el-kufr (m) ....l'incrédulité
el-'adāb (m) ....le supplice
ed-dunya (f) ....le bas-monde
el-aẖira (f) ....l'autre monde
eš-šahīd (m) ....le martyr
el-huda (f) ....la bonne direction
eṣ-ṣalib (m) ....la croix
el-qerbān (m) ....le sacrifice
eḍ-ḍariḥ (m) ....le mausolée
eṭ-ṭariqa (f)..... le moyen, l'ordre religieux
ej-jedba (f) ....l'extase
el-ḥeḍra (f) .... la réunion, la fête en l'honneur d'un marabout
el-we'da (f)........l'offrande, la fête donnée dans un marabout
el-mqeddem (m), eš-šiẖ (m) .... le prieur, chef d'une corporation religieuse.
el-weqf (m), el-ḥubus (m) ....le legs inaliénable dont l'usufruit constitue les revenus des mosquées.
el-medheb (m) .....le courant, la doctrine, le rite
el-medheb el-mālikī........le rite malékite
el-medheb el-ḥanafī..........le rite hanéfite
el-medheb eš-šāfi'ī............le rite chaféite
el-medheb el-ḥanbalī.....le rite hanbalite

*G- Wāḥed el-mejmū'a tā' en-nās iẖelṭu bīn ed-***dīn** *w eš-***še'wada***. F el-islām, matalan, be'ḍ en-nās y'āmnu b el-***'īn***, b eṭ-***ṭīra***, i***ṭelbu el-gemra***, i'elqu eṣ-***ṣfīḥa** *aw el-***ẖmīsa** *f el-bāb aw f el-ḥīṭ...Kul hād el-***'adāt** *ma 'end-ha ḥetta ši 'alāqa m'a el-***islām***. Ed-***diyyānāt** *lūẖra i'erfu ḥetta huma be'ḍ el-***'ādāt** *elli 'end-ha 'alāqa akter b eš-***še'wada** *men ed-***dīn***.*

G- Un ensemble de gens confondent la **religion** et la **superstition**. Dans l'**islam**, par exemple, certaines personnes croient au **mauvais oeil**, au **mauvais augure**, **implorent la lune**, suspendent un **fer à cheval** ou la **main de Fatma** à la porte ou au mur...Toutes ces **habitudes** n'ont aucun rapport avec l'**islam**. Les autres **religions** connaissent, elles aussi, certaines **pratiques** qui ont plus de rapports avec la **superstition** qu'avec la **religion**.

EXPRESSIONS ET LOCUTIONS IDIOMATIQUES

- *El-qīl w el-qāl*	Le qu'en dira-t-on.
- *Ki qāl lāẖūr*	Comme dirait l'autre.
- *Iḥekk yeddā-h*	Se frotter les mains, se lécher les babines.
- *Dīr yedd el-Lāh*	Mettre la main à la pâte.
- *Dhen es-sīr*	Graisser la patte.
- *Herres eṛ-ṛāṣ*	"Casser la tête", "les pieds".
- *Ḥna eṛ-ṛāṣ*	Baisser la tête, se soumettre.
- *Rje' f 'eql-u*	Reprendre ses esprits.
- *Lsān-u ṭwīl*	Avoir la langue bien pendue.
- *Išūf f ši wāḥed 'lām*	Vouer un culte à quelqu'un.
- *'El el-Lāh*	A la grâce de Dieu.
- *El-'yādu bi el-Lāh*	Qu'à Dieu ne plaise.
- *La dīn la medheb*	Ni foi ni loi.
- *Ma yāmen la b el-Lāh la b 'ebd-u*	Ne croire ni à Dieu ni à diable.
- *L wjeh el-Lāh*	Pour l'amour de Dieu.
- *Aš men denb dert ?*	Qu'est-ce que j'ai fait au bon Dieu?

PROVERBES MAGHRÉBINS

- *Umm el-ẖeṛṣīn te'ṛef luġt el-ẖeṛṣīn*	La mère des muets connaît le langage des muets. (Se dit de celui qui est bien placé pour savoir quelque chose).
- *Ila tbedlāt el-ḥwāl tetbeddel el-qwāl*	Aux mêmes situations, même discours ; aux situations différentes, discours différents.

- *Bḥāl elli yesreq ġṭāt es-seyyed, ibāt yejri w yeṣbeḥ f bāb-u*	Tel qui vole la couverture d'un saint : toute la nuit en cavale, le lendemain, il se retrouve au point de départ (grâce aux vertus du saint. Quand on agit illicitement, on ne va pas très loin).
- *Selṭān bla še'b w še'b bla selṭān kull-hum ytāma*	Sultan sans sujets et sujets sans sultan, tous des orphelins. **Français** : Abeilles sans reine, ruche perdue.
- *Ḥākem ḍāḷem wa la qbīla sāyba*	Un gouverneur despote plutôt que des gouvernés insoumis. (Ce qui importe, c'est la paix).
- *Eš-šrīf men fe'l-u*	Un saint n'est saint que par ses actes. (La sainteté des actes est autrement plus honorable que la sainteté de l'ascendance).
- *Ed-dūla ma tkūn bla fḥel*	Un troupeau de vaches n'est jamais sans taureau. (Toute société a un chef qui la gouverne)
- *El-yhūdi ila 'elleq el-fnār iwelli jeyyār*	Un juif qui faillite fait, badigeonneur, il se fait. (Allusion au sens de l'adaptabilité)
- *Bāb ej-jenna ma 'lī-ha bewwāb*	Le paradis n'a pas de portier. (Le bien est à la portée de tout le monde).
- *Elli bġa iḥej iḥāwel 'la ḥmār-u*	Qui veut aller à la Mecque ménage son âne. **Français** : Qui veut aller loin ménage sa monture.
- *Elli ḫānu-ha drā'-ha tqūl mesḥūra*	Celle qui se fait trahir par ses bras se dit ensorcelée. (Le prétexte facile).

LES PAYS, LES PEUPLES ET LES NATIONALITÉS
ED-DUWWAL, EŠ-ŠU'ŪB W EL-ĠINSIYYĀT

A

Afrique <=> ***Afrīqya***

el-qāṛṛa (f) .... le continent
el-beldān (m) .... les pays
Afrīqya (f) .... l'Afrique
el-Afrīqiyyīn (m), el-Afāriqa les Africains
Nijīrya (f) .... le Nigeria
en-Nijīriyyīn (m) .... les Nigérians
Muriṭānya (f) .... la Mauritanie
el-Muriṭāniyyīn (m) .... les Mauritaniens
es-Sūdān (m) .... le Soudan
es-Sūdāniyyīn (m) .... les Soudanais
es-Sīniġāl (m) .... le Sénégal
es-Sīniġāliyyīn (m) .... les Sénégalais
et-Tšāḍ (m) .... le Tchad
et-Tšāḍiyyīn (m) .... les Tchadiens
Lībya (f) .... la Libye
el-Lībiyyīn (m) .... les Libyens
Miṣr (f) .... l'Égypte
el-Miṣriyyīn (m) .... les Égyptiens
Ġīnya (f) .... la Guinée
el-Ġīniyyīn (m) .... les Guinéens
Ityūpya (f) .... l'Éthiopie
el-Ityūpiyyīn (m) .... les Éthiopiens
el-Kāmirūn (m) .... le Cameroun
el-Kāmirūniyyīn (m) .... les Camerounais

B

Asie <=> ***Āsya***

Āsya (f) .... Asie
el-Asyawiyyīn (m) .... les Asiatiques
Sūrya (f) .... la Syrie
es-Sūriyyīn (m) .... les Syriens
Lubnān (m) .... le Liban
el-Lubnāniyyīn (m) .... les Libanais
Filisṭīn (m) .... la Palestine
el-Filisṭīnyyīn (m) .... les Palestiniens
Isrā'īl (f) .... Israël
el-Isrā'īliyyīn (m) .... les Israéliens
el-'Irāk (m) .... l'Irak
el-'Irāqiyyīn (m) .... les Irakiens
Īrān (m) .... l'Iran
el-Irāniyyīn (m) .... les Iraniens
el-Hind (m) .... l'Inde
el-Hnūd (m) .... les Indiens
eš-Šīnwa (f) .... la Chine, les Chinois
el-Bākistān (m) .... le Pakistan
el-Pākistāniyyīn (m) .... les Pakistanais

*A- Es-sukkān tā' el-**qāṛṛa l-Ifrīqya** nsemmīw-hum el-**Afrīqiyyīn**. F **Afrīqya** mujūḍīn bezzāf tā' eḍ-ḍiyyānāt w bezzāf tā' el-luġāt. El-aġlabiyya tā' el-**belḍān el-afrīqiyya** methelfa w faqīra. En-numuw eḍ-ḍimuġrāfī fī-ha 'āli bezzāf.*
*B- Eḍ-ḍewla le-kbīra f **Āsya**, ḥetta f el-'ālam men en-nāḥiyya tā' es-sukkān, hiyya eš-**Šīnwa**.*

A- Les habitants de l'**Afrique**, nous les appelons les **Africains**. En **Afrique**, se trouvent beaucoup de religions et beaucoup de langues. La majorité des **pays africains** sont sous-développés et pauvres. La croissance démographique y est très élevée.
B- Le plus grand pays en **Asie**, même dans le monde sur le plan de la démographie, est la **Chine**.

L'Europe <=> Uṛupa

Uṛupa (f) .... l'Europe
el-Urupiyyīn (m), *el-Gwer*..les Européens
Fransa (f) .... la France
el-fransawiyya (f) ..... la langue française,
el-Fransawiyyīn (m), *el-Gwer*, (m)
Fransīṣ (m)........................ les Français
Beljīka (f) .... La Belgique
el-Beljīkiyyīn (m) .... les Belges
Hulānḍa (f) .... la Hollande
el-hulānḍiyya (f) ....la langue hollandaise
Almānya (f) ....l'Allemagne
el-almāniyya (f) ....la langue allemande
el-Almāniyyīn (m) .... les Allemands
eṭ-Ṭālyān (m)...................................... l'Italie
eṭ-Ṭālyān (m), *eṭ-ṭlāyen* (m)......les Italiens
eṭ-ṭālyāniyya (f).......... la langue italienne,
Anglaṭiṛṛa (f) .... l'Angleterre
en-ngliziyya (f) ....la langue anglaise
en-Neglīz (m), *lānglīz* (m)...... les Anglais
Ṣḅānya ....l'Espagne
eṣ-ṣḅelyūniyya (f) ..la langue espagnole,
es-Ṣḅelyūn (m) ....les Espagnols

Rūsya (f) .... la Russie
er-rūsiyya (f) ....la langue russe
er-Rūsiyyīn (m)..........................les Russes
el-Beṛtqīz (m) ...le Portugal, les Portugais
el-beṛtqīziyya (f) ... la langue portugaise,

L'Amérique <=> Amirīka

Amirīka (f), *mirikān* .... l'Amérique
Amrīka el-janūbiyya .... l'Amérique du sud
Amrīka eš-šamāliyya l'Amérique du nord
el-amirīkiyyin (f)...............les Américains
Kanaḍa (f) .... le Canada
el-Kanaḍiyyīn (m) .... les Canadiens
el-Bṛāzīl (m)..................................... le Brésil
el-Bṛāzīliyyīn (m) .... les Brésiliens
el-Arjantīn (m)...........................l'Argentine
el-Arjantīniyyīn (m) ....les Argentins
el-Mīksīk (m).................................le Mexique
el-Mīksīkiyyīn (m)................les Mexicains

C- Urupa aw el-qārra el-qdīma mujūda f šamāl el-kura el-arḍiyya. El aġlabiyya tā' ed-duwwāl tā'-ha duwwāl ***metqedma*** *w en-numuw ed-dimuġrāfī fī-ha ḍ'īf.*
*M'a el-****weḥda*** *en-neqdiyya lli ġādi tḥeqqeq-ha* ***Urupa*** *men hna šwiyya, hād el-qāṛṛa ġādi twelli 'end-ha ahemmiyya kbīra 'el el-mustawa el-'ālamī.*
*D- El-qārra el-****amrīkiyya*** *tsemma b el-****'ālam el-jadīd****. Es-sukkān el-aṣliyyīn tā' el-qāṛṛa el-****amrīkiyya*** *huma el-Hnūd.*

C- L'**Europe** ou le vieux continent se trouve au nord du globe terrestre. La majorité de ses pays sont des pays **développés** et la croissance démographique y est faible.
Avec l'**unité** monétaire que va réaliser l'**Europe** d'ici peu, ce continent aura une grande importance au niveau international.
D- Le continent **américain** est appelé le **Nouveau Monde**. Les habitants originels du continent **américain** sont les Indiens.

EXPRESSIONS ET LOCUTIONS IDIOMATIQUES

Jāb l-u et-tmām	Donner un coup fatal.
Qṭe' eḍ-ḍeḇrā teḇra	Attaquer le mal dans ses racines.
Ma 'end-u la ṛāṣ la rejlīn	Il n'a ni queue ni tête.
Byeḍ bḥāl el-ḥlīb	Blanc comme neige.
ma 'ref fīn ireḍ b eṛ-ṛāṣ	Il ne sait où donner de la tête.
Ṣṛeṭ wāḥed el-kelma	Avaler sa salive.
Ma 'ṛef bāš ṛwāt	Ne pas être au courant des nouvelles.

PROVERBES MAGHRÉBINS

- *Ed-dheb iḫeṣṣeṛ el-medheb*	L'or (l'argent) corrompt le dogme.
- *Kebber-na b el-ḥmāṛ w 'mel-na l-u šehṛa l-ljām men ed-dheb w er-rkāb men en-neqṛa, ḥeṛneṭ l-ḥmāṛ ma bġa ġīr ljām-u*	Nous avons honoré l'âne : un mors d'or et un étrier d'argent, mais il se mit à braire et réclame son bât ordinaire. (Chacun est heureux à sa manière).
- *Bḥāl el-ḫeyyāṭa el-ḥemqa fīn el-mqeṣ fīn el-ḥelqa*	Telle la couturière qui perd la tête, quand elle retrouve les ciseaux, elle perd le dé. (Se dit ironiquement d'une personne étourdie).
- *Ḫella zekku 'eryān w mša isāwem el-meṛjān*	Il a laissé son derrière nu et il est allé s'enquérir du prix du corail. (Se dit lorsque l'on se trompe de priorité).

L'HABILLEMENT ET LA PARURE
EL-KESWA W EZ-ZĪNA

A

el-lbās (m), el-keswa (f), el-qešš (m), (A) .... les vêtements, l'habillement
el-ḥwāyej (M), el-keswa (f) .... les effets les choses
lbes .... s'habiller
el-muḍa (f) (empr. au fr.) .... la mode
retteb, ḥūṭ, neḍḍem, settef, ḥemmel .... ranger
zewwel, gle', ḥeyyed, neḥḥi ...... enlever
ṭwa, tna, ṭebbeq (A) .... plier
eš-šṭāweṭ (m), eš-šrāmt (m), ed-drābl (m) .... les loques, les haillons
el-mareyyu (m), el-ḫzāna (f) .... l'armoire
ḥedded .... repasser
el-ḥeddāda (f), el-meṣlūḥ le fer à repasser
el-'ellāqa (f), el-m'līq (m) .... le cintre
el-ḥzām, eṣ-ṣemṭa, es-sentūra. la ceinture
el-fūṭa (f), es-serfīta (f) (A), el-mendīla (f), (T) .... la serviette
eṣ-ṣūf (m) .... la laine
el-qṭen (m) .... le coton
el-kettān (m) .... le lin
en-nīlu (m) (empr. au fr.) .... le nylon
ej-jīrzi (m) (empr. au fr.) .... le jersey
tirgāl (m) (empr. au fr.) .... le tergal
satina (f), satan (T), (empr. au fr.) ...... le satin
el-ḥrīr (m) .... la soie
qaṭīfa (f) .... le velours
mūslīn (m) .... la mousseline

B

Vêtements et objets féminins
El-keswa w le-ḥwāyej tā' en-nsa

et-tekšīta (f) (M) .... la *takchita* (robe traditionnelle marocaine)
el-qefṭān (m) (empr. au turc) .... le caftan
es-sebniyya (f) .... le grand foulard
ḷīzāṛ .... l'étoffe de lin, le drap de lit
ed-derra (f), ez-zīf, el-ḥerma (f), el-funara (f), (empr. au fr.) .... le foulard
el-blūza (f) (empr. au fr.) .... la blouse
es-sutyanāt (m) (empr. au fr.), el-bustu (T)..... el-ḥebbayāt .... les soutiens-gorge
eš-šerbīl (m) ...... les babouches féminines
ej-jelṭīṭa (f) .... le jupon
ej-jīppa (f), el-fālḍa (empr. à l'esp.).... la jupe
eš-šūka, eš-šūlka, eš-šekkāl..... la broche
el-meqbeṭ (m) .... la barrette
el-messāk (m) .... l'épingle
eḍ-ḍūnṭīl (m) (empr. au fr.) .... la dentelle
eḍ-ḍikulṭi (m) (empr. au fr.) .... le décolleté
es-swāk (m) .... l'écorce de noyer pour teindre les gencive et les lèvres
el-'ekkāṛ (m) .... le rouge à lèvres
el-kḥūl (m) le khôl, le collyre d'antimoine
el-merwed (m) .... le bâtonnet à collyre
en-nettāf (m) .... la pince à épiler
el-makyāj (m) (empr. au fr.)...... le maquillage
ed-dalāl (m) .... la coquetterie

A- El-bīt ntā'-ī ***mneḍḍem*** *mlīḥ. Fāš* ***negle' ḥwāyj-i****, ndīr-hum 'el el-'****ellāqa*** *aw* ***neṭwī****-hum w ndīr-hum f el-****mareyyu****.*
*B- Nhār el-'ers, en-nsa ilebsu l-lbās et-teqlīdi bḥāl et-****tekšīṭa****, el-****qefṭān*** *w eš-****šerbīl****.*

A- Ma chambre est bien **rangée**. Lorsque j'**enlève** mes **vêtements**, je les mets sur un **cintre** ou je les **plie** et les mets dans l'**armoire**.
B- Le jour de la fête de mariage, les femmes s'habillent en vêtements traditionnels comme la "**takchita**", le **caftan** et les **babouches.**

C

Vêtements mixtes
El-keswa tā' er-rjāl w en-nsa

es-serwāl (m) ....le pantalon
el-fista (f) (empr. au fr.) ....la veste
el-kūstīm (m), (empr. au fr.), *keswa*..costume
el-qamija (f), *es-sūriyya* (T) ....la chemise
eš-šūrt (m) (de l'ang. par le fr.) ....le short
ej-jakita (f) (empr. au fr.) ....la jaquette
es-sufitma (f) (empr. au fr.) maillot de corps
ed-djīn (m) (empr. au fr.) ....le blue-jean
et-trīku (m) (empr. au fr.), *meryūl* (m) (A)..... ....le tricot
es-slīp (m) (empr. au fr.) ....le slip
el-māyyu (m) (empr. au fr.) .... le maillot
el-geṛṣūn (m), *el-kāḷṣu* (m), (A), (empr. au fr.) ....le caleçon
el-keḅḅūṭ (m) ....le manteau
eṣ-ṣeḅḅāṭ (m) (empr. au fr.)..........les souliers
eṣ-ṣenḍala (f) (empr. au fr.) ....les sandales
et-tqāšer (f), *el-klāst* (T) ....les chaussettes
el-belġa (f) ....la/les babouche(s)
el-ḅāḷṭūf (m) (empr. au fr.)..... les pantoufles
el-kaskiṭa (f) (empr. au fr.).......... la casquette
ṭagiyya (f), *buniyya*(A), (empr. au fr.) bonnet
eš-šāšiyya (f).............la chéchia, la calotte
el-līgāt/el-gwānduwwāt (f) (T), (empr. au fr.) ....les gants
eṭ-ṭāḅliyya (empr. au fr.) ....le tablier
el-bijama (f) (empr. au fr.)............. le pyjama
el-genḍūṛa (f), *el-qeššāba* (f) .. la *gandoura* (vêtement ample et long)

D

La parure <=> Ez-zina

ez-zīna (f), (M), *et-tešbīḥ* (m), (A, T)..parure
el-ḥili, *el-ḥūla* (f), *el-lwiz* (m), *ed-dheb* (m) (M), *eṣ-ṣyāġa* (A, T) ....les bijoux
ed-dheb (m) ....l'or
ed-dheb eṣ-ṣfeṛ....................l'arsenic jaune
en-neqra (f), *el-feḍḍa* (f) ....l'argent
el-merjān (m) ....le corail
eḍ-ḍyamānḍ (m) (empr. au fr.)......le diamant
el-jūheṛ (m) ....les perles
el-'āj (m) ....l'ivoire
el-'enbeṛ (m) ....l'ambre
en-nḥās (m) ....le cuivre
el-ḫātem (m) ....la bague
ed-demlīj (m), *el-ferda* (f) (T), *el-msāyes* (f) (A)....................le bracelet
el-ḥenna (f) .... le henné
ṛeḅṭāt el-ḥenna....................se teindre les mains et les pieds avec du henné
ḥalaqāt, *el-ḫruṣ* (f), *mengūš* (m), *flāyek*(f, A) *ḅḷāḷeṭ* (m) (T).les boucles d'oreilles
es-sensla (f), *eš-šerka* (f), (T) .....la chaîne
es-sbīka (f)..le collier de femme, le lingot
el-geṛmīṭ (m) (empr. au fr.).......la gourmette
eš-šūka (f), *el-bzīm*....................la broche
el-messāk (m) ....l'épingle
el-mḍemma (M), *el-mḥezma* (A).................. ....la ceinture d'or ou d'argent
eš-šertla (f) .... l'assortiment de sept bracelets autour du poignée
el-ḫelḫāl(m) anneau de chevilles en argent
er-rdīf (m) A) ...l'anneau de chevilles en or

C- Fāš ikūn el-berd ndīr ***serwāl*** *sḫūn,* ***sufitma***, ***qamija***, ***triku***, ***fista***, ***mūnṭu***, ***šāš*** *w* ***ligāt*** *; ndīr et-****tqāšer*** *w* ***ṣebbāt*** *mezyān w neḫrej bla ma nḫāf men el-berd. Walākin f eṣ-ṣīf, ndīr ġi* ***genḍūṛa*** *w el-****belġa*** *baraka.*
*D- F el-ḥafalāt el-bnāt w en-nsa yetzeynu b el-****jūheṛ*** *tā'-hum bāš ibānu mlāḥ. Idīru* ***ḫwāten*** *w* ***ḥalaqāt*** *w* ***snāsel****...*

C- Quand il fait froid, je porte un **pantalon** chaud, un **maillot de corps**, une **chemise**, un **tricot**, une **veste**, un **manteau**, une **écharpe** et des **gants** ; je mets des **chaussettes** et de bonnes **chaussures** et je sors sans avoir peur du froid. L'été, en revanche, je ne mets qu'une "**gandura**" et des **babouches**, cela suffit.
D- Pendant les fêtes, les filles et les femmes se parent de leurs **bijoux** pour paraître belles. Elles mettent des **bagues**, des **boucles d'oreilles**, des **chaînes...**

E

Vêtements et parure amazighes
El-keswa w el-ḥili l-amāzīġiyya

ej-jellāba (f) .... la djellaba
el-qebb (m) .... la capuche
eṛ-ṛezza (f), el-'māma (f), eš-šāš (m), *(A)* .... le turban
el-ḫlāḫel (m) .... les anneaux de chevilles
el-wšām (m) .... le tatouage
el-ḥendira (f) .... un vêtement féminin réservé à la mariée.
el-ḥāyek (m) . vêtement mixte sous forme d'une bande d'étoffe sans couture.
es-selhām (m), *el-heddūn* (m), *el-bernūs (m)* .... le burnous (vêtement masculin ample, long, sans manches, doté d'une capuche et se fermant au niveau de la poitrine par deux ou trois boutons)

F

el-ḫiṭ (m) .... le fil
el-ḫyūṭ (m) .... les fils
el-yebra (f) .... l'aiguille
el-ybāri (f) .... les aiguilles
el-ḥelqa (f) .... le dé
et-teqba (f), el-ge'ra (f)(A), en-neqba (f), (T) .... le trou
eṣ-ṣḍāfa (f), fesqāl (A), felsa (f) (T) ḅ uṭuna (empr. au fr.), *el-qefla (f)* .... le bouton
el-ḫyāṭa (f) .... la couture
ḫeyyeṭ .... coudre
ḫeyyāṭ (m) .... couturier, tailleur
ṭṛeẓ .... broder
eṭ-ṭeṛẓ (m), *eṭ-ṭṛīẓa (f)* .... la broderie
reqqe' .... rapiécer, raccommoder
el-mqeṣ (m) .... les ciseaux
el-makina d tle-ḫyāṭa la machine à coudre

*E- El-lbās el-aṣli lli imeyyez ša'b el-Amāzīgh huwwa ej-**jellāba**, eṛ-**ṛeẓẓa** w es-**selhām**. Hād el-lbās ma me'ṛūf ḥetta f ši ḅ laṣa ġir f šamāl Ifrīqya.*
Men bīn el-ḥwāyej bāš yetzeynu en-nsā f hād el-menṭaqa hādi huwwa l-wšām, el-ḫlāḫel w el-ḥenna.
*F- Ḫālt-i kānt 'end-ha **makina** tā' **le-ḫyāṭa** w kānt fennāna f el-**ḫyāṭa**. Gā' ej-jīrān tā'-ha kānu yeddīw l-ha l-ḥwāyej tā'-hum bāš **yetḫeyṭu** wella **yetreq'u**. 'End-ha le-**ḫyūṭ** f kull lūn w el-**ybāri** f kull škel. Be'ḍ el-ḥeṭrāt tḫelli el-**ḫyāṭa** w tebda **teṭṛeẓ**.*

E- Les vêtements originels qui caractérisent le peuple amazighe sont la **djellaba**, le **turban** et le "**selham**". Cet habillement n'est connu nulle part sauf en Afrique du Nord.
Entre autres choses dont se parent les femmes dans cette région, on trouve le **tatouage, les bracelets de chevilles** et le **henné**.
F- Ma tante maternelle avait une **machine à coudre**. Elle était une artiste en **couture**. Tous ses voisins lui apportaient leurs habits pour qu'ils fussent **cousus** ou **raccommodés**. Elle avait des **fils** de toutes les couleurs et des **aiguilles** de toutes les sortes. Parfois, elle laissait la **couture** et se mettait à **broder**.

G

el-kemm (m) .... la manche
el-kmām (m) .... les manches
šemmer .... retrousser les manches
ej-jīb (m), *el-mektūb* (m)(T) .... la poche
ṣebben, ġsel .... laver
el-ġsīl (m), *et-teṣbīn* (m) .... le lavage
nšer .... étendre
jeffef .... mettre à sec
eṣ-ṣābūn (m) .... le savon
el-ferrāka (f) .... le frottoir
mkemmeš .... froissé, ridé
bhet, šheb .... déteindre
'rīḍ .... ample
ḍeyyeq, meḥzūq (T) .... étroit
wās' .... large
qṣīr .... court, petit
ṭwīl .... long, grand
ṭwi, ṭni, ṭebbeq (A) .... plier
eṣ-ṣebbāṭ (m) (*empr. au fr.*) .. les chaussures, les souliers
mwesseḫ .... sale
el-wseḫ (m) .... la saleté

G- Ila l-ḥāja ***mwesḫa nṣebben****-ha w* ***neṭwi****-ha w* ***nḥūṭ****-ha w ila* ***mkemša*** *nḥedded-ha .*

G- Si le vêtement est **sale**, je le **lave**, je le **plie** et je le **range** et s'il est **froissé**, je le **repasse**.

EXPRESSIONS ET LOCUTIONS IDIOMATIQUES

- *Qeššābt-u wās'a*	Il supporte la plaisanterie.
- *Zeyyeṛ es-semṭa*	Se serrer la ceinture.
- *Dīr teḥt eṣ-ṣebbāṭ ši wāḥed*	Mettre le grappin sur quelqu'un, asservir.
- *Te'ṭī-h ḥwāyj-ek*	On lui donnerait le bon Dieu sans confession
- *Ġādi l el-hāwiyya*	Aller à la dérive.
- *Ši 'la ši*	Sens dessus dessous.
- *Bġa yeḥši keṛmūst-u*	Vouloir mettre son grain de sel.
- *Reffes l-i njebben l-ek*	Passez-moi la rhubarbe, je vous passerai le séné.

PROVERBES MAGHRÉBINS

- *Elli meksi b mtā' en-nās 'eryān*	Est nu, celui qui des vêtements des autres est vêtu. (Il va se retrouver nu dès qu'on les lui réclamera).
- *Muḥand ma nebġī-h w jellābt-u nelbes-ha*	Mohamed, je ne l'aime point, sa djellaba, je la veux bien. (Se dit pour fustiger les rapports d'intérêt).
- *Eš-šūka ma tzūl b le-qṭen*	On n'extrait pas une épine avec du coton. **Français** : Aux grands maux les grands remèdes.
- *'Enq ḥmāla ḥmāla w 'enq šṛīṭ šṭṛīṭ*	A un cou digne, un cordon de soie, à cel ıi qui ne l'est point, un cordon de palmier nain. (A chacun ce qu'il mérite).
- *Yebla l-ḥrīr ḥetta yebla w ma yemseḥ š eṭ-ṭwājen*	Un tissu de soie aussi vieux soit-il ne dégénère jamais en torchon pour essuyer les marmites. (Les objets de valeur sont éternels).
- *Aš ḫeṣṣ-ek ā el-'eryān ? "el-ḫwātem a sīdi"*	Que te manque-t-il, ô homme nu ? "Des bagues monsieur" (Se dit quand le superflu l'emporte sur l'essentiel).
- *Elli tṭūf ma teġzel eṣ-ṣūf*	Celle qui, tout le temps se promène, ne peut filer la laine. (Pour faire aboutir un projet, il faut s'y adonner sérieusement). **Français** : Pierre qui roule n'amasse pas mousse.
- *El-ḥenna ḥerša w el-māšṭa 'emša w el-'ṛūsa qāyes-ha bu hezhāz*	Le henné est râpeux, la coiffeuse a les yeux chassieux et la mariée a la tremblote. (Se dit quand rien ne va plus).

LA VILLE <=> *EL-MDĪNA*

A

el-mdīna (f) ....la ville
el-qerya(f), el-filāj(m)(empr. au fr.) le village
el-'imāṛa (f), el-ḅaṭima (f) (empr. au fr.) ....
....le bâtiment
el-mūbel (m) (M), (empr. au fr.) .. l'immeuble
eḍ-ḍāṛ, el-maḥāl (m) ....la maison
el-villa (f) (empr. au fr.) ....la villa
eṭ-ṭeḅqa (f), eṭ-ṭāj (m) (empr. au fr.) ..l'étage
el-fūqi (m), eṭ-ṭāj el-luwwel.....le 1er étage
et-teḥti / es-sefli (m)....le rez-de-chaussée
eṭ-ṭrīq ....la route
eš-šāri' (m) ....l'avenue
ez-zenqa (f) ....la rue
el-ḥeyy (m), el-ḥūma (f)...............le quartier
ed-derb (m)......................l'impasse, la ruelle
eṭ-ṭriṭwāṛ (m) (empr. au fr.), el-mādda (f) (T) ..
....le trottoir
er-rejliyya (f), el-mtrejlīn (T) ....piétons
eš-šānṭi (m) (empr. au fr.), el-gudṛūn (empr. au fr.), el-kayāṣ (T), (empr. au fr.) .chaussée
eḍ-ḍuwwāṛ (m), eḍ-ḍšeṛ (m)....... le hameau, (agglomérat, d'habitats à la campagne)
ḥeyy el-qezdīr ....le bidonville

B

el-kerwazma (f) (empr. au fr.) le croisement
eḍ-ḍūṛa (f), el-fiṛāj (empr. au fr.) ...le virage
el-ḅašaṛ, el-ġāši (m), en-nās (m), el-'bād, (m) el-qūm (m)...les individus, les gens
ed-dḥās/ez-zḥām (m).............. la bousculade la foule
el-hamāj (m)..............................les barbares
el-me'ma'a (f)........la mêlée, le tohu-bohu
el-ḥadīqa (f), ej-jnīna (f), ej-jerḍa (f), (empr. au fr.) ....le jardin public
el-qisāriyya (f) (M)........magasin de bijoux et d'habillement
tsāra, ḥewwes...............................se balader
el-māṛši (m), (empr. au fr.) ....
....le marché couvert
es-sūq (m) ....le marché en plein air
el-swāq (m) ....les marchés en plein air
sūq el-ġzel ....le marché de laine
sūq ej-jeld .... le marché du cuir
ej-jūṭiya (f) .... le marché aux puces
sūq ed-dheb ....le marché de bijoux
el-maḥeṭṭa tā' el-kīrān..... la gare routière
lafiṛāy (m) (empr. au fr.) ....la ferraille (endroit où l'on vend des pièces détachées d'occasion).

*A- En-nās tā' el-'ṛubiyya lli yemšīw awwel meṛṛa l el-**mdīna**, yetḥel'u men el-**ḅaṭimāt** le-kbār w eš-**šwāre'** eṭ-ṭwāl. Yelqāw belli en-nās w eṭ-**ṭeṛqān** ktār w ez-**znāqi** ḍeyqīn bezzāf.*
*B- Fāš nebġi **netsāra** nemši l es-**swāq** aw l ej-**jūṭiyya**. Waḥḥa kāyen dāymen **ed-dḥās** bezzāf, ye'jebni nemši men **sūq** l **sūq** : men tā' el-**ġzel** l tā' ej-**jeld** l tā' **ed-dheb**...*

A- Les gens de la campagne qui vont pour la première fois en **ville** sont surpris par les grands **bâtiments** et les longues **avenues**. Ils trouvent qu'il y a trop de gens et trop de **routes** et que les **rues** sont trop étroites.
B- Quand je désire me **balader**, je vais au **marché en plein air** ou au **marché aux puces**. Même s'il y a toujours de la bousculade, il me plaît d'aller de **marché** en **marché**: de celui de la **laine,** à celui du **cuir,** à celui des **bijoux**...

C

La poste <=> El-ḅuṣṭa

el-ḅuṣṭa (f) (empr. au fr.) ....la poste
el-ḥsāb (m).......................................le compte
el-manḍa (f) (empr. au fr.) ....le mandat
el-ḫṭiya/el-ḅṛūṣi (m) (empr. au fr.).. l'amende
et-tewṣīl/er-risibu (m) (empr. au fr.) ..le reçu
el-fāktūr (m) (empr. au fr.) ....le facteur
et-tenber (m) (empr. au fr.) ....le timbre
el-giši (m) (empr. au fr.) .... le guichet
el-ḅṛiyya (empr. au ber.), er-risāla...la lettre
el-jawāb (m).................................... la réponse
el-kuliyya (f)......................................le colis
ej-jwa (m), el-ġša/el-ġlāf (m).. l'enveloppe
rukumānḍi (m) (empr. au fr.) un recommandé
et-tiligṛām (m) empr. au fr.) ..le télégramme
et-tilifūn (m) (empr. au fr.) ......le téléphone

D

ṣeṛṛeḍ, ṣīfeṭ (empr. au ber), rsel, b'et (A)..... .... envoyer
šedd, qbeṭ, ḫda................recevoir, prendre
qeyyed, kenneš (M), ṃeṛki (empr. au fr.) ....marquer, noter
en-nemra (f) (empr. au fr.), er-reqm (m) ....le numéro
ḫelleṣ, sellek (A) ....payer
el-ḫḷāṣ (m) .... le paiement
'eyyeṭ, lāġa, zegga..........................appeler
feṛṛeq, qessem, wezze'..............distribuer
'emmeṛ, 'ebbi (T)...........................remplir
senya (empr. au fr.), mḍa, ṣeḥeḥ (T), bṣem, weqqe' ....signer
eš-šīk (m) (empr. au fr.) ....le chèque
el-fātūra (f) (empr. au fr.) ....la facture
el-qder (m), el-mebleġ (m) .... le montant
et-tefṛāq/et-tewzī' (m) ....la distribution
el-mukālama (f) ....la communication

*C- El-ḅ**uṣṭa** teḍṃen l el-muwwāṭinīn wāḥed el-mejmū'a tā' el-ṃaṣāliḥ meḫtalfa w metnew'a. Elli bġa yešri et-**tenber** aw yersel ši **ḅṛiyya** aw ši **tiligṛāṃ** aw ši **manḍa** yemši l el-**giši** ntā' el-**buṣṭa**.*
*El-**fāktūr** ḫeddām m'a l- **ḅuṣṭa** w mkellef b **tefṛāq** el-**ḅṛawāt** 'el en-nās f eḍ-ḍyūṛ w f el-bḷāṣa tā' el-ḫedma tā'-hum.*
*D- Bāš **tḫeḷḷeṣ** ši fāktūra yemken **tāḫed** šīk w **terselu**, walāyenni lāzem qbel **t'emeṛu** : **tqeyyed** et-tārīḫ w el-qder w **tsenyi**.*

C- La **poste** assure aux citoyens un ensemble de services divers et variés. Celui qui désire acheter un **timbre** ou envoyer une **lettre**, un **télégramme** ou un **mandat**, s'adresse au **guichet** de la **poste**.
Le **facteur** travaille avec la poste et il est chargé de la **distribution** du **courrier** aux gens chez eux et sur le lieu de leur travail.
D- Pour **payer** une facture, il est possible de **prendre** un chèque et de l'**envoyer**, mais il faut auparavant le **remplir** : **marquer** la date, le montant et **signer**.

E

L'autorité <=> **Eṣ-ṣulṭa**

el-meẖzen (m), (M) l'administration, l'État
eṣ-ṣulṭa (f) .... l'autorité
el-qāyed (m) (M), *el-'umda* (m), (T), *el-mīr* (m) (A) responsable de l'autorité, dans un village ou dans un quartier
el-bāša (m) (empr. au turc) .... le responsable de l'autorité dans une agglomération urbaine
el-qānūn (m) .... la loi
el-'āmel (m), (M), *el-wāli* ...... le gouverneur
sheṛ .... veiller
en-niḍāṃ (m) .... l'ordre
ḥāfeḍ, steḥfeḍ .... protéger, assurer
el-hnā (m), *es-silm* (m) .... la paix
el-amn (m) .... la sécurité

F

et-tešrī' (m) .... la législation
et-tenfīd (m) .... l'exécution
el-ḥukm (m) .... le jugement
el-mujtama' (m) .... la société
el-ḥeqq (m), *eš-šṛe'* (m) .... le droit
el-ḃāṭṭeḷ /*ez-ẓūṛ*(m) .... l'arbitraire, le non-droit
t'edda .... enfreindre
et-teḍwiṛa/eẓ-ẓṭāṭa (m) (M).. le pot-de-vin, le bakchich
el-ḥebs (m), *es-sijn* (m) .... la prison
es-silūn (m), (empr. au fr.) .... la cellule
el-i'dām (m) .... la peine capitale
er-rasalima (f) (empr. au fr.), *el-ma'lūmā* (f), *el-iršādāt* (f) .... les renseignements
el-kumisiriyya (f) (empr. au fr.) .... le commissariat
el-muqāṭa'a (f) .... l'arrondissement
ḃaṭeṛwi (empr. au fr.), (M) .... la patrouille
ḷaṛāf (f), (empr. au fr.) .... la rafle
ḷānkīṭ (m) empr. au fr.) .... l'enquête
el-fūḍa (f) .... l'anarchie
es-serbīs (m), (empr. au fr.) .... le service
sreq, ẖwen .... voler
ḍṛeḃ, deqq, ġred (M) .... frapper
ej-jerḥ (m) .... la blessure
ška .... se plaindre
eš-šikāya (f) .... la plainte
qeddem .... présenter
el-meḥkama (f) .... le tribunal
el-qāḍi, ej-jūj (m) (A) .... le cadi, le juge
el-muḥāmi (m) .... l'avocat
el-mujrim (m) .... l'assassin
el-ḃaṛā'a (f) .... l'innocence

E- Ed-dewla bāš ***tḥāfeḍ*** *'la n-**niḍāṃ*** *f el-blād,* ***t'eyyen*** *wāḥed el-mejmū'a tā' en-nās* ***imetlu****-ha w* ***iṣeḥṛu*** *'el el-**amn*** *w 'el* ***ḥtiṛāṃ*** *tā' el-**qānūn*** *f kull el-manāṭiq : Ej-jaḍaṛmiyya mkelfīn b el-'ṛubiyya w el-qūṛa; el-būlīs b el-mdīna; ed-diwāna b el-ḥdūd; ej-jīš mkellef, huwwa, b el-**ḥifāḍ*** *'el el-blād men ẖaṭaṛ ajnabī.*
*F- El-ḥayāt m'a en-nās f el-**mujtama'*** *mebniyya 'la* ***ḥtiṛāṃ*** *el-qānūn. El-**fūḍa*** ***lāzem teṭḥāṛeb****. Lāzem neškīw b elli yet'edda el-qānūn w* ***yet'edda ḥeqqu*** *w* ***nqeddemū****-h l el-**meḥkama*** *bāš el-**qāḍi*** ***yeṣḍe****r* ***ḥukm*** *ḍeḍḍu.*

E- L'État, pour **assurer** l'**ordre** dans le pays, **désigne** un ensemble de personnes pour le **représenter** et **veiller** à la **sécurité** et au **respect** de la **loi** dans toutes les régions : les gendarmes sont **chargés** de la campagne et des villages; la **police** de la ville; la **douane** des frontières; l'**armée** est chargée, elle, de protéger le territoire d'un danger étranger.
F- La vie avec les gens en **société** est basée sur le **respect** de la loi. L'**anarchie** doit être combattue. Il faut que nous nous **plaignions** de celui qui **enfreint** la loi et dépasse son **droit** et que nous le **présentions** au **tribunal** pour que le **juge** prononce un **jugement** contre lui.

EXPRESSIONS ET LOCUTIONS IDIOMATIQUES

- *Dar eš-šūk f eṭ-ṭrīq l ši wāḥed*	Mettre des bâtons dans les roues à quelqu'un.
- *Bḥāl elli ibūl f eṛ-ṛmeḷ*	Donner un coup d'épée dans l'eau, peigner la girafe.
- *Ḫrej qelb-u*	Etre à bout de souffle.
- *El-gnāza ḥāmya w el-miyyet fāṛ*	Une tempête dans un verre d'eau.
- *Dewwez weqt-u*	Il a fait son temps.
- *Herres/qtel el-weqt*	Tuer le temps.

PROVERBES MAGHRÉBINS

- *Elli dḫel l el-mdīna yerje' 'la dīn-ha*	Qui fait le choix d'habiter dans une ville, doit adopter sa religion (ses habitudes). **Français** : Quand tu seras à Rome, fais comme les Romains.
- *El -mḥāwla f el-keššīna tebni l-mdīna*	A faire des économies en cuisine, on bâtirait une ville. **Français** : Grandes maisons se font par petites cuisines.
- *Meḍṛūḅa w ṃeḍḷ ūṃa w bāyta līla f el-ḥebs*	Battue injustement et en plus, elle passe la nuit en prison. (Se dit quand les victimes passent pour des coupables).
- *En-nsa kul-hum nsa weḥda 'el-ḅerṃa gālsa, weḥda b el-ḫelḫāl nā'sa*	Toutes les femmes se valent, cependant les unes sont masseuses au hammam qui les grille, les autres sommeillent, les anneaux aux chevilles. (Allusion à l'injustice du sort).
- *Ḍṛeḅ-ni w bka sbeq-ni w ška*	Il m'a rossé de coups puis il a pleuré, ensuite, il a porté plainte. **Français** : Tel demande dommage qui doit le payer.

LA CAMPAGNE <=> *EL-'RŪBIYYA*

A

el-'ṛubiya (f), *el-bādiya* (f), *er-rīf* (m) (A) ....la campagne
el-fīrma (f) (empr. au fr.)....................la ferme
eṛ-ṛbī' (m), *el-ḥšīš* (m) ....l'herbe
el-flāḥa (f) ....l'agriculture
eṣ-ṣāḇa (f) (M)....................la bonne récolte
ej-jdeb (m) ....la mauvaise récolte
el-ġḇāṛ (m), *ez-zbel* (m)....................le fumier
ez-zebbāla (f), *ez-zūbiyya* (f) ....tas de fumier
blād el-ḇūṛ....................la terre en friche
blād el-ḥubūs............la terre de mainmorte
sqa....................irriguer
ḥṛet....................labourer
qleb....................retourner
zre'....................semer
ez-zerrī'a (f) ....la semence
ġres....................planter
el-ḥert (m) ....la culture, le labourage
eṛ-ṛe'ya (f) ....le pacage
el-māšiyya (f), *el-ksība* (f) ....le bétail
el-kseb (M), (f)....................l'élevage
es-sāqya (f)....................la rigole, le canal d'irrigation
el-qanawāt, *el-ḫlāqem* (m), (T)...les canaux
el-ḇaṛāj (m), (empr. au fr.), *es-sedd* (m) ....le barrage
es-sitirna (f) (empr. au fr.)................la citerne
el-ḇeṛwiṭa (f) (empr. au fr)............la brouette
el-bala (f)....................la pelle
el-qadūm (f)....................la binette
eṭ-ṭūḇ (m)....................les mottes
el-bhāyem (m), *ed-dwāb* (f) ....les bêtes
el-ġāba (f)....................la forêt
el-ḫḏuriya (f), *el-ḫḏāṛ* (T)...........la verdure
el-fūṛāj (m), (empr. au fr.) ....le fourrage
el-jafāf (m) ....la sécheresse
es-sāreḥ (m), *eṛ-ṛā'i* (m) ....le berger
el-ġīs (m) (M), *eṭ-ṭeḇ'a* (T), *el-ġerga*, *eṭ-ṭīn* (m) ....la boue
el-ḇūṭ (m)....................la botte

*A- F el-'ṛ**ubiyya** 'end-na l-aṛāḍi nta' el-ḇūṛ, el-aṛāḍi el-**mesqiyya** w el-**ġāba**. El-aṛāḍi el-**mesqiyya** te'tamed 'el es-**swāqi**, el-**qanawāt** w el-**baṛajāt**. Hād el-arāḍi tjīb eṣ-**ṣāḇa** maši bḥal arāḍī l-ḇūṛ elli te'tamed 'el eš-šta. El-**ġāba** tā' el-meḫzen, el-**ḥert** fī-ha memnū' walāyenni er-r**e'y** tā' el-**bhāyem** mesmūḥ fī-ha ši ṃeṛṛāt*

A- A la **campagne**, nous avons les terres en **friche**, les terres **irriguées** et la **forêt**. Les terres **irriguées** dépendent des **rigoles**, des **canaux** et des **barrages**. Ces terres produisent une **bonne récolte** ; ce n'est pas comme les terres en **friche** qui dépendent de la pluie. La **forêt** appartient à l'État, la **culture** y est interdite, mais la **pacage** du **bétail** y est toléré parfois.

B

Les arbres <=> Eš-šjeṛ

el-ḥṭeḅ (m)....................le bois de chauffage
el-ẖšeb (m), el-lūḥ (m)........................le bois
eš-šāqūṛ (m)....................................la hache
ez-zītūn (m).............les olives, les oliviers
argān (m) (empr. au ber.)... l'arganier, l'argan
eṛ-ṛemmāna (f)..... la grenade, le grenadier
*'eṛ'āṛ(m), (empr. au ber.), serwel(T)*le cyprès
el-qṣeḅ (m)..le roseau
el-lūza (f)..l'amandier
el-gergā'a (f), ez-zūza (f), (T)........ le noyer
tāyda (f) (empr. au ber.)......................le sapin
el-arz (m)..le cèdre
el-ḅeḷḷūṭ (m)....................................... le chêne
el-līmuna (f), burgdān, tšīna......l'oranger
el-rnej (m)...................................... la bigarade
es-sedra (f).....................................le jujubier
admām (m) (empr. au ber.)....l'aubépine (arbre épineux à fleurs odorantes utilisé pour les haies vives)
el-gendūl (m).......................................le genêt
eḍ-ḍṛu (m), eṭ-ṭṛu (m)................. le lentisque
ed-dūm (m), es-s'ef (m)....... le palmier nain
ej-jmeẖ, ej-juṃṃāṛ.......le cœur de palmier
et-teġẓāẓ (m).........................le micocoulier
el-ḥelfa (f)..l'alfa
en-neẖla (f)....................................le palmier
el-keṛṃa (m)......................................le figuier
ed-dālya (f)..la vigne
el-banana (f), (empr. au fr.) ....le bananier
el-hendi(yya) (f) ....les figues de barbarie
eṣ-ṣefṣāf (m)..................................le peuplier
eḍ-ḍeṛḍāṛ (m)..l'orme
el-lewwāya (f)......................................le lierre
*sālef madam,/el-'eḍṛa(f)*le saule pleureur

el-ẖeṛṛūḅ (m)..............................le caroubier
el-kalitūs (m) (empr. au fr.)......... l'eucalyptus

C

Les plantes et les céréales
En-nabātāt w eẓ-ẓṛe'

el-gemḥ (m)...................... le blé, le froment
el-qeṭniyya (f)...............les grains farineux
eḍ-ḍṛa (m), el-mestūra (f) (T)........... le maïs
el-ẖeṛṭāl (m), el-ẖeṛṭān (m)............l'avoine
es-sārẖes (m)..................................la fougère
el-berwāg (m)...............................l'asphodèle
eṣ-ṣeṃṃaṛ(m)..... le jonc, maréchal-ferrant
el-feṣṣa (f)..la luzerne
ḥeṛṛiqa (f) ....l'ortie
el-ẖerwā'.. le ricin
eš-š'īr (m)..l'orge
en-neẖẖāla (f) ....le son
ez-zwān (m)...........l'alpiste (graminée pour la nourriture des oiseaux)
el-qenneb (m)....le chanvre (plante textile)
sbāylu (m), sbāwlu....la ficelle en chanvre
eṛ-ṛūẓ (m)... le riz
el-ḥbūb (m)....................................... les grains
es-snābel (f)...les épis
el-lūbiyya (f)...............................les haricots
el-lūbiyya l-ẖeḍṛa......... les haricots verts
eṛ-ṛend (m).. le laurier
ed-defla (f)..............................le laurier-rose
el-ḥendel (m)........................... la coloquinte
el-ḥemmeṣ (m).................. les pois chiches
el-'des (m)...................................... les lentilles
ej-jelbāna (f) ....les petits pois
el-bḥāyer (f).........cucurbitacées, potagers
el-bettīẖ, el-feqqūs (A)..............les melons
ed-dellāḥ (m)............................ les pastèques
el-geṛ'a (f) ....les courges

*B- Eš-**šjeṛ** fī-h el-nwā' bezzāf. Kāyen eš-**šjeṛ** elli ye'ṭi l-**ġella** w kāyen eš-**šjeṛ** elli ye'ṭi l-**ẖšeb**, kāyen elli ye'ṭi ḍ-**ḍel**...*
*C- F el-bādiyya en-nās ye'ṭīw eš-**š'īr** w el-**ẖeṛṭāl** l el-bhāyem ; eḍ-**ḍṛa** w en-**neẖẖāla** l ed-djāj amma el-**gemḥ** yebqa l-mākelt-hum huma.*

B- Il y a beaucoup de types d'**arbres**. Il y a les **arbres** qui donnent des **fruits**, il y a les **arbres** qui donnent du **bois**, il y a les **arbres** qui donnent de l'**ombre**...
C- A la campagne, les gens donnent l'**orge** et l'**avoine** aux bêtes ; le **maïs** et le **son** aux poules, par contre le **blé** est pour leur nourriture propre.

D

Le travail aux champs
El-ẖedma f el-fdāden

ed-duzān (m) (M), *el-ālāt* (T)........ les outils, les instruments
el-ḥwāyej (m), (M), (empr. au fr.), *ed-dbeš* (m) (T)...................... les affaires, le matériel
el-mwā'en (m)...les ustensiles de ménage, les récipients, la vaisselle
el-fellāḥ (m)..................................le paysan
ḥṛet ....labourer
el-kessāb (m)..................................l'éleveur
el-feddān (m) (M)...........................le champ
el-ḥṣīḍa (f)................... le champ de chaume
el-ḥṣāḍ (m)..................................la moisson
el-ḥeṣṣāḍa (m), *eš-šewwāla* (m)................. .... les moissonneurs
ḥṣeḍ..moissonner
eṣ-ṣebbā'iyya (f)....................le doigtier de moissonneurs
el-ālāt (f), *el-makināt* (f)........les machines
el-makina (f) (empr. au fr.), (M)........................ ....la moissonneuse-batteuse
tbānta/tbānda (f), (empr. au ber)......le tablier d'artisan et du moissonneur
tādla (f) (empr. au ber.), *el-ḥezma*.......la botte la gerbe
es-senbula (f), *es-sbūla* (f).....................l'épi
en-nāder (m)............................l'aire à battre
ed-drās (m)...............................le dépiquage
el- meṭmūṛa (f)....................................le silo
el-geṛṭ (m)...le foin
et-tben (m)..la paille
el-ḅaḷa (f) (empr. au fr.)........la pelle, la balle de foin
el-menjel (m)................................la faucille
el-mnājel (m)...........................les faucilles
ḥešš...faucher
kra...louer
et-traktūr (m), (empr. au fr.).............le tracteur
eš-šāryu/eṛ-ṛmurka (f) (T) (empr. au fr.)....... ....le chariot
el-medra (f)......................................la fourche
eṛ-ṛāṭu (m) (empr. au fr.), *el-mešṭ* (m), (T).... le râteau
eṣ-ṣehḍ/el-ḥummān (m), *es-s͟hāna* (f), ...la chaleur

*D- El-**ẖedma** ntā' el-aṛḍ ṣ'ība bezzāf w b el-ẖuṣūṣ f weqt eṣ-**ṣehḍ**. El-**ḥṣāḍ** b el-**menjel** w ed-**drās** b el-bhāyem f en-**nāder** yeṭṭelleḅ eṣ-ṣḅeṛ ktīr. El-yūm be'ḍ el-**fellāha** 'end-hum teshīlāt f el-**ẖedma** tā' el-aṛḍ tā'-hum. Yemken l-hum yešrīw aw yekrīw be'ḍ el-alāt bḥāl et-**traktūr**, el-**makina**, eš-**šāryu**...*

D- Le **travail** de la terre est très difficile et en particulier en période de **chaleur**. La **moisson** à l'aide des **faucilles** et le **battage** à l'aide du bétail sur l'**aire à battre** demandent beaucoup d'endurance. Aujourd'hui certains **paysans** ont des facilités quant au travail de leur terre. Il leur est possible d'acheter ou de louer certaines machines comme le **tracteur**, la **moissonneuse-batteuse**, le **chariot**...

EXPRESSIONS ET LOCUTIONS IDIOMATIQUES

- *Qsem eṣ-ṣḅeṛ*	Couper la poire en deux.
- *Ḥešš l-u er-rejlīn*	Couper l'herbe sous les pieds.
- *Mūl eṛ-ṛeyy*	Le responsable, le chef, le décideur.

- *Šūf es-sūq šnu fī-h*	Tâter le terrain.
- *Ḍeṛḅ -u el-Lāh*	Perdre la tête.
Idīr ġīr elli f ṛāṣ-u	Il n'en fait qu'à sa tête.
- *'End-u ši ḥāja f eṛ-ṛāṣ*	Avoir une idée derrière la tête.

PROVERBES MAGHRÉBINS

- *El-'du ma yerje' ṣdīq w en-neẖẖāla ma terje' dqīq*	L'ennemi ne redevient pas ami comme le son ne redevient pas farine. (Se dit de ce qui est irréversible).
- *El-Lāh yej'el-na ġāba w en-nās ḥeṭṭāba*	Ayons la générosité de la forêt où l'on vient chercher du bois pour se réchauffer.
- *Eš-šeṛṭ f el-feddān w la el-'ṛāk f en-nāder*	La stipulation avant les labours plutôt que la dispute après les moissons sur l'aire à battre. (Allusion aux conditions que devraient éclaircir deux individus qui veulent s'associer pour une année de récolte) **Français** : Mieux vaut prévenir que guérir.
- *Et-tben le-qṛīḅ ẖīr men eš-š'īr le-b'īd*	La paille d'à côté vaut mieux que l'orge lointaine. Parole attribuée à l'âne. (La paix a bon goût quoiqu'au prix de quelques frustrations).
- *Ḥetta šbe' es-sāreḥ 'ād qāl māleḥ*	Ce n'est que quand le berger était repu qu'il a dit que le repas était trop salé.
- *El-geṛ'a tewled w eẓ-ẓeṛḅ yettebla*	La courge produit ses fruits et la haie est envahie. (En rampant, la courge finit par envahir, par son feuillage et ses fruits, la haie au pied de laquelle elle est souvent plantée. Se dit quand on est incommodé par ce qui ne nous appartient pas).

LE SPORT ET LE JEU
ER-RIYYĀḌA W EL-LE'B

A

er-riyyāḍa (f)......le sport
er-riyyāḍi (m)......le sportif
ḷaṛbīt (m) (empr. au fr.), el-ḥakam......l'arbitre
el-ferqa (f)......l'équipe
en-nādi (m)......le club
el-kās (m)......la coupe, le verre
el-muderrib (m)......l'entraîneur
ej-jehd (m), el-mejhūd (m)......l'effort
l'eb......jouer
el-le'b (m)......le jeu
el-m'ānda, el-mnāfsa (f)......la concurrence
el-munāfis (m)..l'adversaire, le concurrent
el-mutaferrijīn (m)......les spectateurs
el-kuṛa/el-ḅuḷiṭa (f), (T)..le ballon, la balle
qānūn el-le'b......les règles du jeu
ġleb, rbeḥ......vaincre
el-ġelba (f), er-rebḥa (f), el-fūz.la victoire
el-ḫsāra (f), el-hazīma (f)......la défaite
ḫseṛ......perdre
ed-difā' (m)......la défense
el-hujūm (m)......l'attaque
el-bīt (m), el-hadaf (m), el-iṣāba......lebut
en-nuqaṭ (f)......les points
sejjel, merki (empr. au fr.)......marquer
et-ta'ādul (m)......le match nul
eṛ-ṛūḥ er-riyyāḍiyya......l'esprit sportif

B

et-tūš (m) (empr. au fr.)......la touche
el-kūṛnīṛ (m) (empr. au fr.), eṛ-ṛekniyya (T)......le corner
el-lā'ib (m), el-mla'bi (m), (T)......le joueur
*el-le''āba (m), el-mlā'biyya (m)*les joueurs
el-gūl (m) (empr. à l'ang par le fr.), el-ḥāris (m)......le gardien
el-mel'eb, et-tirān (empr. au fr.), es-sṭāḍ empr. au fr.)......le stade
ḫaṭa' (m), ġalaṭ (m), fūṭ (m), (empr. au fr.), el-fālṭa (empr. à l'esp.)......la faute
el-kūfṛu (m) (empr. au fr.)......le coup franc
el-gāzūn (m) (empr. au fr.)......le gazon
eṛ-ṛāya (f)......le drapeau
eṣ-ṣeffāṛa (f)......le sifflet
ṣeffeṛ......siffler
dribli, ribl (T), (empr. au fr.)......dribbler
ḍṛeḅ......donner un coup
qdef, ḍṛeḅ, tiri/šūt (empr. à l'ang. par le fr.)......tirer
pinalti (m)(empr. à l'ang. par le fr.).un penalty

*A- Bāš nḥāfeḍu 'la **ṣeḥḥet**-na, lāzem ndīr-u r-**riyyāḍa** aw nenḫāṛṭu f ši **nādi**.
Er-**riyyāḍi** lāzm-u ye'ṛef **yeġleb**, **idāfe'** 'el el-**feṛqa** tā'-u w **imerki** n-**nuqaṭ** aw el-**byūt** walāyenni ila ma twesṣel-š lāzm-u ye'ṛef 'āwd **yeḫser** w yeqbel el-**ġelba** tā' el-**munāfis** tā'-u b **ṛūḥ** **riyyaḍiyya**.
B- Men bīn el-**aḫṭā'** tā' **kurat el-qadam**, 'end-na et-**tūš**, el-**kūṛnīr**, el-**kūfru**... Fāš ikūn **ḫaṭa' larbīt iṣeffe**r, ihez er-**rāya** tā'-u w yewqqef el-**le'b**.*

A- Pour que nous préservions notre **santé**, il faut que nous fassions du **sport** ou que nous adhérions à un **club**.
Le **sportif** doit savoir **gagner, défendre** son **équipe** et **marquer** des **points** ou des **buts**, mais s'il n'y arrive pas, il doit savoir aussi **perdre** et accepter la **victoire** de son **adversaire** avec un **esprit sportif**.
B- Parmi les **fautes** du **foot-ball**, nous avons la **touche**, le **corner**, le **coup franc**...Quand il y a une **faute**, l'**arbitre siffle**, lève son **drapeau** et arrête le **jeu**.

C

eš-šebka (f)..le filet
el-hūnḍ (empr. à l'all. par le fr.).....le handball
el-bаskīt (de l'ang. par le fr.) ...le basket-ball
es-sella (f)..le panier
el-vūli (m) (empr. au fr.)..........le volley-ball
er-rīgbi (m) (empr. au fr.)...................le rugby

D

Les sports individuels
EL-al'āb el-ferdiyya

el-bu'd (m), el-masāfa (m) ....la distance
en-nefs (f)..le souffle
el-'ūmān (m)..la nage
lapisīn (m)(empr. au fr.), mesbeḥ. .la piscine
eṣ-ṣehrīj (m)..le bassin
ġṭeṣ, d'eq (A)..plonger
et-tinīs (m) (empr. au fr.).................le tennis
eṛ-ṛakīt (f), el-miḍṛaḅ (m)..........la raquette
el-gūlf (m) (empr. au fr.).................le golf
es-ski (m), (empr. au fr.).........................le ski
zḥet, ẓḷeg..glisser
et-telj (m)..la neige
el-ḅūks (m), (empr. au fr.)...................la boxe
eḍ-ḍeṛḅa (f)..le coup
*el-būniya (f), ed-debza(f)*le coup de poing
eṛ-ṛūṣiyya (f).........................le coup de tête
el-kaṛaṭi (m) (empr. au fr.).................le karaté
er-rekla (f), el-kutbi (m), (A), (empr. au fr.) ...
....le coup de pied
ej-jīdu (m) (empr. au fr.)......................le judo

E

La chasse <=> Eṣ-ṣyāḍa

eṣ-ṣyāḍa (f)..la chasse
eṣ-ṣeyyāḍ (m)..chasseur
el-ḥayawānāt (m).......................les animaux
el-kḷāṭa (f) (empr. au fr.), el-mkeḥla (f), el-megṛūna (f), (T)..........................le fusil
ez-zwija (f)...................le fusil à deux coups
buḥebba (f) (M).......le fusil à compression
el-kaṛabila (f) (empr. au fr.), karbūša (f)(T)...
....la carabine
el-qeṛṭās (m) (empr. au fr.) .....les cartouches
eṛ-ṛṣāṣ (m)...................le plomb, les balles
*el-ḅāṛūḍ (m), el-kusksi (T)*la poudre à tirer
ḍār el-ḅāṛūḍ................................la poudrerie
el-'ṃāṛa(f), eṭ-ṭeṛšiqa (f)(T).la détonation
ej-je'ba (f)..le canon
ed-duḫḫān (m).....................................la fumée
niyyeš...viser
'eṃṃ eṛ..charger
el-ṃuzīṭ (m) (M), (empr. au fr.).......la musette, la gibecière
jreḥ...blesser
ḫta, zgel, ṛaṭa (empr. au fr.), (A)..... manquer
es-slūgi (m).......................................le sloughi
el-kelb (m), el-qāne' (m).................le chien
šeyyeš, ḥeyyeḥ................. faire une battue
eš-šeyyāša (m), el-ḥeyyāḥa (m)...................
....les rabatteurs
ej-jerra (f)..la trace
el-ġār (m)..........................l'antre, le terrier
el-weḥš..le fauve

*C- El-**hūnḍ** 'end-u eš-**šebka**, er-**rīgbi** ma 'end-ū š, el-**baṣkīṭ** 'end-u es-**sella***
*D- El-**ḅūks** riyyāḍa ḫaṭīṛa. Teqder teddi l el-mūt 'la beġta. Es-**sibāḥa** riyyāḍa zwīna bezzāf 'la ḫāṭer kāmla.*
*E- 'Emm-ī kān iṭleb men-ī nemši m'ā-h l eṣ-**ṣyāḍa** fāš kunt ṣġīr. Eṣ-ṣḅāḥ bekri, kunna nemšīw m'a bezzāf d en-nās hāzzīn el-**kḷāyet**, el-**qeṛṭās** w el-**mwāẓet** fī-hum eš-**šeyyāša** fī-hum eṣ-**ṣeyyāḍa** m'a-hum es-**slūgiyyin**.*

C- Le **handball** a un **filet**, le **rugby** n'en a pas, le **basketball** a un **panier**.
D- La **boxe** est un sport dangereux, parce qu'elle peut entraîner la mort subitement. La **natation** est un très bon sport parce qu'il est complet.
E- Mon oncle me demandait de partir avec lui à la **chasse** quand j'étais petit. Le matin de bonne heure, nous partions avec plusieurs personnes portant des **fusils**, des **cartouches** et des **gibecières**. Il y avait des **rabatteurs** et des **chasseurs** accompagnés de **sloughis**.

F

La pêche
Eṣ-ṣyāḍa tā' el-ḥūt

el-ḥūta (f)........ le poisson
el-ḥūt (m)........ les poissons
el-ḥewwāt (m).. le pêcheur, le poissonnier
ṣeyyeḍ el-ḥūt........ pêcher
eṣ-ṣennāṛa (f)........ l'hameçon
eṭ-ṭe'm (m)........ l'appât
ed-dūda (f)........ le ver
feršiya (f), ḥeffa (A), fernān (T)..... le liège
eš-šebka (f)........ le filet
'eḍḍ........ mordre
lāḥ, ṛma, lewweḥ, qāṣ........ jeter
el-wād (m)........ la rivière
el-gelta (f)........ l'étang
el-bḥeṛ (m)........ la mer
'āyen, tsenna, qāṛe' (A)........ attendre

G

La fantasia <=> Et-tbūṛiḍa

et-tbūriḍa (f) (M)........ la fantasia
el-ḫiyyāla, el-fursān........ les cavaliers
el-'ewd, el-ḥṣān........ le cheval
el-ḫīl (m)........ les chevaux
es-serj (m)........ la selle
er-rkāb (m)........ les étriers
eṣ-ṣeff (m)........ la rangée
eṣ-ṣeṛba (f)(M)........ la troupe de cavaliers
mel'eb el-ḫīl........ le carrousel
el-'āfya (f), en-nāṛ (f)........ le feu
er-rīḥa tā' el-bāṛūḍ........ l'odeur de plomb
el-fṛāja (f), el-feṛja (f) (T)........ le spectacle

H

Jeux divers <=> Al'āb meḫtālfa

el-kāṛṭa (f) (empr. au fr.)...... le jeu de cartes
el-beṛṭiya (empr. au fr.), eṭ-ṭerḥ..... la partie
eṛ-ṛāmi (m), (empr. au fr.)........ le rami
eḍ-ḍama (f) (empr. au fr.)........ le jeu de dames
eš-šeṭṛenj (m)........ les échecs
el-ḫṭāṛ (m)........ le pari, la gageure
eṛ-ṛhen...... le pari, le gage, l'hypothèque
el-luṭu (m) (empr. au fr.)........ le loto
el-biyyāṛ (m) (empr. au fr.)........ le billard
el-mrīb'a (f), el-k'āb........ le jeu d'osselets
el-bīyy (m) (empr. au fr.)........ les billes
šeṛṛīṭa (f)........ la marelle
et-trinbu (m), (empr. au fr.), eẓ-ẓerbuṭ (m)........ la toupie

*F- Eṣ-**ṣeyāḍa tā' el-ḥūt** hiwāya laḥeqqāš tṭelleb el-**ḫāṭeṛ**. Ḫū-ya yebġi bezzāf eṣ-**ṣyāḍa tā' el-ḥūt**. Kull ḥed iwejjed eṣ-**ṣennāṛa**, eṭ-**ṭe'm**, ed-**dwīdāt**... w yemši l el-**wād ilūḥ** eṣ-**ṣennāṛa** tā'-u w **yetsenna** ḥetta wāḥed el-**ḥūta t'eḍ** fī-ha. El-'šiyya yeṛje' l eḍ-ḍāṛ w huwwa feṛḥān waḫḫa ma **ṣeyyeḍ** wālu.*
*G- Fāš tkūn et-**tbūriḍa**, el-**ḫiyyāla** ijīw men kull bḷāṣa bāš yejrīw. El-**'awd** lāzem ikūn mlīḥ w mderreb bāš idīr el-**fṛāja** mezyān. El-luwwel w et-tāli tā' ej-jri muhim : el-nṭil āq w el-'**ṃāṛa** lāzem ikūnu f nefs el-weqt m'a el-**ḫeyyāla** lūḫrīn.*
*H- Eš-**šeṭṛenj** yeṭṭelleb et-tefkīr w eṣ-ṣbeṛ. Ye'jeb-ni bezzāf. hād el-le'b Fāš nkūn f 'uṭla nle'b dāymen eš-**šeṭṛenj** m'a ṣāḥb-ī wella m'a ḫū-ya.*

F- La **pêche** est une passion, car elle exige de la patience. Mon frère aime beaucoup la **pêche**. Chaque dimanche, il prépare son **hameçon**, ses **appâts**, ses **vermisseaux**... et s'en va à la **rivière jeter** son **hameçon** et **attendre** qu'un **poisson** y **morde**. Le soir, il revient à la maison en étant très content même sans avoir rien **pêché**.
G- Quand la **fantasia** est organisée, les **cavaliers** viennent de tous bords pour courir. Le **cheval** doit être bon et entraîné pour faire du bon **spectacle** : le début et la fin de la course sont importants : il faut que le départ et la **détonation** s'effectuent en même temps que les autres **cavaliers**.
H- Les **échecs** demandent de la réflexion et de la patience. J'aime beaucoup ce jeu. Quand je suis en vacances, je joue toujours **aux échecs** avec mon ami ou mon frère.

EXPRESSIONS ET LOCUTIONS IDIOMATIQUES

- *Yeṛmi ṛāṣ-u f el-'āfya 'lī-h*	Il se jetterait au feu pour lui.
- *Yemši yel'eb*	Envoyer balader/paître/promener.
- *Yel'eb b el-'āfya*	Jouer avec le feu.
- *Dīr tābehla*	Faire le fou.
- *Elli lī-ha lī-ha*	Jouer/risquer le tout pour le tout.
- *Herres f ḫbezt-u*	Mettre de l'eau dans son vin. (Faire des concessions).
- *Qṭe' el-ma w eḍ-ḍu 'la ši wāḥed*	Couper les vivres à quelqu'un.
- *Yeḥḍi-h bḥāl el-ḥlīb 'el el-'āfya*	Surveiller de très près.
- *Reḍḍ l-eṭ-ṭerf*	Mettre au ban de, marginaliser.

PROVERBES MAGHRÉBINS

- *'Ānd la teḥsed*	Sois un concurrent, non un jaloux.
- *Myāt ḫeṃṃāṛ w ḫeṃṃāṛ wa la wāḥed el-qeṃṃāṛ*	Plutôt avoir affaire à cent un ivrognes plutôt qu'à un joueur. (Allusion aux jeux du hasard qui ont des conséquences autrement plus graves que l'ivrognerie).
- *'Ūm f el-qedd*	Nage là où tu as pied. (Ne soyons pas téméraires).
- *Ḥūta weḥda tḫennez eš-šwāri*	Un seul poisson pourri corrompt un bissac de poissons. **Français** : Sac à charbonnier, l'un gâte l'autre .
- *Ma yerje' fārs ḥetta yetherres*	On ne devient un bon cavalier qu'après s'être brisé. (Il faut souffrir pour être le meilleur).

- *H̱ūd el-bnāt 'el el-ummāt w ẖūd el-ẖīl 'el eṣ-ṣīfāt*	Juge les filles d'après leurs mères et les chevaux d'après leur tempérament. **Français** : Telle mère, telle fille.
- *Tbārek el-Lāh 'la sīdi Burejla zād f ej-jeṭrenj beġla*	Que soit loué monsieur Bourejla, il a augmenté le jeu d'échecs d'un pion : la mule. (Se dit par ironie à l'adresse de celui qui croit avoir inventé ou découvert une chose importante alors qu'il n'en est rien).
- *Fūla weḥda ma tdīr bīṣāṛ w fārs wāḥed ma inewweḍ ġbāṛ*	Une seule fève ne peut faire une purée et un seul cavalier ne peut faire une fantasia. (C'est uni qu'on a du sens).
- *Fāš tewjed eṣ-ṣyāda yemši es-slūgi ibūl*	Quand le gibier est là, le sloughi va uriner. **Français** : Pendant que le chien pisse, le lièvre s'en va.
- *Rẖi eš-Ffār iduz en-nhār*	Pour faire passer la journée, mieux vaut rabattre les paupières. (C'est le conseil d'un paresseux).

L'ART <=> *EL-FENN*

Le cinéma <=> Es-sinima

el-fenn (m)..l'art
el-fennān (m).......................................l'artiste
es-sinima (empr. au fr.) .... le cinéma
el-fīlm (m) (empr. au fr.) ....le film
eš-šāša (f)...l'écran
eḍ-ḍewṛ (m).. le rôle
el-'eṛḍ (m).................................la projection
el-menḍeṛ (m)............. le spectacle, la vue, la scène
el-manāḍiṛ (m)..............les vues, les scènes
eṛ-ṛuṣūm el-mutaḥerrika..........les dessins animés
et-tṣāweṛ (f)................................ les images
et-tesjīl (m)......................l'enregistrement
sejjel..enregistrer
ḫerrej..réaliser
el-muḫrij (m)...............le metteur en scène, le réalisateur
el-muntij (m)............................le producteur
el-mūnṭāj (m) (empr. au fr.) ....le montage
el-qā'a (f).. la salle
eḍ-ḍu (m), eḍ-ḍaw (m)..................... la lumière
el-ḃūla (f) (empr. au fr.) l'ampoule, le volant
ḷamḃa (f) (empr. au fr.)........................la lampe
el-muṣewwiṛ (m)..................le photographe
tfeṛṛej........................regarder un spectacle
el-mutaferrijīn (m)............. les spectateurs
ed-deḫla (f)...l'entrée
el-kamiṛa (f) (empr. au fr.) .... la caméra
el-mīkru (m) (empr. au fr.) .... le micro
el-ḃlaṣa (f) (empr. au fr.) ....la place
el-biyyi (m) (empr. au fr.), el-werqa le billet
et-taman (m), es-sūm (m).................. le prix

***A**- El-**fenn** 'end-u bezzāf ntā' el-m'āni. P. Valiġi iqūl : "kāyen fenn bāš temši, fenn bāš tneffes w kāyen ḥetta fenn bāš tesket." Distūš iqūl : "en-neqd sāhel walākin el-**fenn** ṣ'īḃ." W f el-aḫīr Balzac iqūl : el-muhimma tā' el-**fenn** maši hiyya bāš **tenqel** eṭ-**ṭabī'a**, walākin bāš **t'eḃḃeṛ** 'lī-ha."*
*Es-**sinima** tetsemma el-**fenn** es-sābe'. Es-sinima ṭarīqa tesmeḥ b tesjīl w teṣwīr **manāḍiṛ** tetḥerrek. El **'erḍ** tā' hād el-**manāḍir** w hād et-**tṣāweṛ** ikūn 'la **šāša** kbīra f **qā'a** tā' es-**sinima** qeddām el-**mutaferrijīn**. Hād el-**mutaferrijīn**, bāš išūfu el-**fīlm**, iḫeleṣu wāḥed et-**taman** bāš išedu l-**biyyi** tā' ed-**deḫla**.*

A- L'**art** a plusieurs acceptions : P. Valéry dit qu'"il y a un **art** de marcher, un art de respirer : il y a même un art de se taire".
Destouches dit : "la critique est facile, mais l'**art** est difficile".
Et enfin, Balzac dit : "La mission de l'**art** n'est pas de **copier** la nature, mais de l'**exprimer**".
Le **cinéma** s'appelle le septième **art**. Le **cinéma** est un procédé permettant d'enregistrer et de photographier des **vues** animées. La **projection** de ces **vues** et de ces **images** se fait sur un grand **écran** dans une **salle** de **cinéma** devant des **spectateurs**. Ces **spectateurs**, pour voir le **film**, payent un **prix** pour prendre un **billet** d'**entrée**.

B

Le théâtre <=> El-meṣṛeḥ

el-meṣṛaḥiyya (f), *et-temtīliyya* (f) la pièce de théâtre
mettel............... jouer au théâtre, au cinéma
l'eb............... jouer
eḍ-ḍikūṛ (m) (empr. au fr.)............... le décor
er-rīdu (m), (empr. au fr.)............... le rideau
hez er-rīdu............... lever le rideau
el-jemhūṛ (m)............... le public
el-ḥiwāṛ (m)............... le dialogue
el-makyāj (m) (empr. au fr.)....le maquillage
en-naṣṣ (m)............... le texte
el-ḥfāḍa (f)......... l'apprentissage (par cœur)
ḥfeḍ............... apprendre (par cœur)
el-i'āda (f)............... la répétition
'āwed............... répéter
ṣeffeq, *ḍṛeb eṛ-ṛeš*............... applaudir
et-teṣfīq (m)............... l'applaudissement
eḍ-ḍeḥk (m)............... le rire
tawzī' el-aḍwāṛ... la distribution des rôles
et-teqdīm (m)............... la présentation
feṛṛeq............... distribuer
el-mumettilīn (m)............... les acteurs, les comédiens
eḍ-ḍawṛ (m)............... le rôle
eṣ-ṣināṛyu (m) (empr. au fr.)....... le scénario
kātib es-sināṛyu............... le scénariste

C

La musique <=> El-musīqa

el-musīqa (f), *eṭ-ṭarab* (m)............ la musique
eṛ-ṛenna (f)............... l'air de musique
en-neġma (f)............... la mélodie
eṣ-ṣulfīj (m)............... le solfège
el-muġenni (m), *el-meddāḥ* (m), (A)............... le chanteur
el-musīqi (m)............... le musicien
tṣennet l-el-musiqa...... écouter la musique
el-āla (f)............... l'instrument
el-ġna (m)............... le chant
el-uġniyya/el-ġennāya (f)......... la chanson
eṣ-ṣawt (m)............... la voix
el-īqā' (m), *el-mīzān* (m) (A)........ le rythme
el-kalimāt (f)............... les paroles, le texte
el-qṣīḍa (f)............... le poème
el-mulehhin (m)............... le compositeur
el-jawq (m)............... l'orchestre
ed-dīsk (m) (empr. au fr.)............... le disque
el-kaṣīṭa (f) (empr. au fr.)............... la cassette
uġniya dīniyya.... une chanson religieuse
el-musīqa eš-še'biyya............... la musique populaire
el-musīqa el-klāsīkiyya............ la musique classique
el-musīqa el-'askariyya............. la musique militaire

B- Bāš ***ttel'eb*** *wāḥed el-****meṣṛaḥiyya****, lābed men* ***sināṛyu****. Men be'd el-aḍwāṛ* ***yetfeṛqu*** *'el el-****mumettilīn*** *w* ***yetḥefḍu****. Nhāṛ et-****teqdim****,* ***yethez er-ridu 'la dikūṛ ḥāṣṣ w*** *el-****masṛaḥiyya*** *tebda.*
*C- F wāḥed el-****jawq*** *nelqāw bezzāf tā' el-****musīqiyyīn****, kull wāḥed w el-****āla*** *tā'-ū. El-****musiqiyyin*** *w el-****muġenni lābed*** *iteb'u nefs el-****iqā'****.*
*El-****kalimāt*** *teqder tkūn tā' el-****muġenni*** *w teqder tkūn tā' wāḥed aḥūr. El-****leḥn*** *yeqder 'āwd ikūn maši tā'-u. El-****muġenni*** *yeqder ma ye'ṭi ġī eṣ-****ṣewt*** *tā'-u ila kān mlīḥ.*

B- Pour qu'une **pièce de théâtre** soit **jouée**, il faut un **scénario**. Ensuite, les rôles sont **distribués** aux **comédiens** et **appris par cœur**. Le jour de la **représentation**, le **rideau** se **lève** et la **pièce** commence.
C- Dans un **orchestre**, nous trouvons plusieurs **musiciens**, chacun a son **instrument**. Les **musiciens** et le **chanteur doivent** suivre le même **rythme**.
Les **paroles** peuvent être l'œuvre du **chanteur** comme elles peuvent être celles de quelqu'un d'autre. La **composition** peut aussi ne pas être de lui. Le **chanteur** peut ne donner que sa **voix** si elle est belle.

D

el-kamanja (f), *el-kamān* (m) ......le violon
el-ḫyūṭ (m)..les cordes
el-qews (m)..l'archet
er-rjīna (f)...............................la colophane
el-pyanu (m) (empr. au fr.) ....le piano
el-geṣḇa (f), *el-līra* (f)........................la flûte
en-nāy (m).........................la flûte de roseau caractéristique du folklore arabe bédouin d'abord, urbain ensuite.
el-urg (m) (empr. au fr.) ....l'orgue
el-giṭāṛ (m) (empr. au fr.) ....la guitare
el-bānju (m) (empr. au fr.) ....le banjo
er-rbāb (m)...le rebec (mandoline allongée à 3 cordes et archet)
el-'ūd (m)..le luth
el-qānūn (m)..................................le *kanoun* (instrument de musique à 72 cordes s'apparentant à la harpe, mais disposé horizontalement)
el-wtāṛ (m)...le*wtar* (instrument amazighe à trois cordes)
el-gnebri (m)...................................le *gunbri* (instrument des Gnawas au Maroc à trois cordes)
es-snitra (f).......................................*la snitra* (harpe à forme de trapèze)
el-mqes (m)...................................les ciseaux
el-qrāqeb, ez-znūj (f).........les castagnettes
el-ġīṭa (f)...la *ghaïta* (instrument à vent à sept trous s'apparentant à la trompette).
ġeyyāṭ (m)....................le sonneur de *ghaïta*
ez-zummāṛa (f)......................... la *zoummaṛa* (clarinette double tunisienne)
eṭ-ṭḇeḷ (m)....................................le tambour
ṭeḇḇāl (m)....................le batteur de tambour
el-bendīr (m), *ed-deff* (m)........le tambourin
et-te'rija (f)..la *taarija*

E

La peinture <=> *Eṛ-ṛasm*

el-funūn el-jamīla...............les beaux-arts
el-funūn et-teškīliyya..les arts plastiques
eṛ-ṛasm b-ez-zīt.........la peinture à l'huile
ṛsem...peindre
'el le-ḫšeb..sur bois
'el le-ḥrīr...sur soie
el-mdād, el-ḥḇāṛ (T)...........................l'encre
er-ressām (m)................................le peintre
el-lewḥa (f)......................la toile, le tableau
el-lewḥāt (f)............les toiles, les tableaux
'ṛeḍ..exposer
qeddem...présenter
el-me'ṛiḍ (m)............................l'exposition
el-metḥef (m)...................................le musée
el-lūn (m)..la couleur
eš-šīta (f), *er-rīša* (f).....................le pinceau
et-teṣwīra (f)..l'image
el-madda (f)...................................la matière
el-mawhiba (f)..............la vocation, le don

*D- Men bīn el-ālāt el-musīqiyya lli tmeyyez el-fulklūr el-Meġribi, 'end-na l-**wtāṛ** 'end el-Amaziġ aw el-**bendīr**, et-**te'rija**, eṭ-ṭḇeḷ. 'End-na 'āwed el-**gnebri** el-kamanja...*
*E- Eṛ-ṛ**essām** lāzem tkūn 'end-u **mawhiba** tā' eṛ-ṛ**asm**. Eṛ-ṛ**essām** yeste'mel be'ḍ el-adawāt w be'ḍ el-**mawād** bḥāl eṣ-**ṣḇāġa**, **eš-šīta**, el-**ḥrīr**... Fāš isāli eṛ-ṛ**essām** el-ḫedma tā'-u, yeqder **ye'ṛeḍ** el-**lewḥāt** tā'-u f ši **m'ṛiḍ** matalan bāš išūfu-hum en-nās w yetdewqu-hum.*

D- Parmi les instruments de musique qui caractérisent le folklore maghrébin, nous avons le "**wtar**" chez les Amazighes ou le **tambourin**, la **derbouka**, le **tambour**, du moins tels qu'ils sont connus au Maghreb. Nous avons aussi le "gunbri", le violon...
E- Le **peintre** doit avoir une **vocation** de **peinture**. Le **peintre** utilise certains outils et certaines **matières** comme la **peinture**, le **pinceau**, la **soie**...Lorsque le **peintre** achève son travail, il peut **présenter** ses **toiles** dans une **exposition,** par exemple, pour que le gens les regardent et les apprécient.

F

La sculpture <=> En-neḥt

en-neḥt (m) .... la sculpture
en-neqš (m) .... la gravure
neḥḥāt (m) .... sculpteur
et-timtāl (m) .... la statue
el-mṭeṛqa (f) .... le marteau
er-rzāma (f) .... le maillet
eẓ-ẓeḅṛa (f) .... l'enclume
eẓ-ẓīyyāṛ (m) .... l'étau
el-ṃeṛfū', el-bīrān (empr. au fr.) .... le burin
el-ṃeḅṛeḍ (m) .... la lime
er-rḫām (m), *el-ṃeṛṃ eṛ* (m) .... le marbre
el-ḫšeb (m), *el-'ūd* (m) .... le bois
el-ḥejṛa (f) .... la pierre
el-mādda (f) .... la matière
eš-šakl (m) .... la forme
el-geḅṣ (m) .... le plâtre
'jen .... pétrir
el-'jīn (m) .... la pâte
el-meṭḅa'a (f) .... l'imprimerie
et-timtāl (m) .... la statue
el-qāleb (m) .... le moule
el-ṃūḍīl (empr. au fr.) .... le modèle
qūleb .... modeler, mouler
dewweb .... fondre
melles .... polir

F- *En-**neḥt** huwwa t-te'bīr 'la wāḥed el-ḥāja b wāḥed el-**mādda** lli ne'ṭīw-ha wāḥed eš-**škel** m'eyyen b hadaf jamāli.*

F- La **sculpture** est la représentation d'un objet, au moyen d'une **matière** à laquelle on donne une **forme** déterminée, dans un but esthétique.

EXPRESSIONS ET LOCUTIONS IDIOMATIQUES

- *'End-u l-ḥejṛa f eṣ-ṣeḅḅ āṭ*	Etre gêné dans ses bottes.
- *Beddel ed-dīsk*	Changer de disque.
- *Ḫīr-i b ḫīr-ek*	Un service en appelle un autre.
- *Mša m'a l-wād*	Il est tombé à l'eau.
- *Ma 'end-u/fī-h qelb*	Il n'a pas de cœur, il manque de fierté.
- *Yedd weḥda ma tṣeffeq*	Une seule main ne peut applaudir, l'union fait la force.
- *Yešṛeḅ bḥāl el-gerba*	Il boit comme un trou.

PROVERBES MAGHRÉBINS

- *Ṣāḥb-ek huwwa jīb-ek*

Ton ami, c'est ta poche.
Français : Qui a assez d'argent a assez de parents.

- *El-mūt setra men ed-dheb*

La mort est un abri en or.
Français : C'est un bonheur de mourir avant d'invoquer le secours de la mort.

- *El-līl b wdīnt-u w en-hāṛ b 'wīnt-u*

La nuit a des oreilles, le jour a des yeux.

- *El-ġṛāḅ ja idīr el-mešya tā' el-ḥejla, ṣḍeq la tā'-u la tā'-ha*

Le corbeau voulait imiter la marche de la perdrix, mais il ne parvint ni à l'imiter ni à garder la sienne.
(depuis cette mésaventure, le corbeau, dit-on, s'est résigné à trotter).

- *Aš ddā-k l en-nḥel ḥetta tewḥel*

Qui touche aux abeilles doit craindre les piqûres.
Français : Il ne faut pas irriter les frelons.

- *Mšāt tjīb ṛāḅ'a ġābt jem'a*

Elle s'en va faire une course, elle s'absente une semaine.

- *Ḫdā-ha b frank w bġa-ha tewled l-u qāyed*

Il l'a épousée pour un franc de dot et il exige d'elle qu'elle accouche d'un futur maire.
(Quand on investit de petits moyens, il ne faut pas s'attendre à des résultats mirobolants).

- *Eẓ-ẓeḷṭ w et-tfer'īn bḥāl debbān ez-zebbāla*

La misère et l'arrogance telles les mouches d'un fumier.
(Beaucoup de bruits pour des ordures).

- *Qeyyel tesker w bāt tfekkeṛ*

Qui passe la journée à s'enivrer, passe la nuit à réfléchir.
(Allusion à l'imprévoyance).

EMPRUNT AUX AUTRES LANGUES

admām (empr. au ber.) ... *admam*

argān (empr. au ber.) ... *argan*

ḅaṭeṛwi (empr. au fr.) (M) ... patrouille

ḅaṭima (empr. au fr.) ... bâtiment

ḅāṭu (empr. au fr.) ... bateau

ḅaṭwāṛ (empr. au fr.) ... abattoir

bagāj (empr. au fr.) ... bagage

baju (empr. au fr.) ... pageot

ḅaḷ a (empr. au fr.) ... pelle

ḅāḷṭūf (empr. au fr.) ... pantoufle

baliza (empr. au fr.) ... valise

ḅālkūn (empr. au fr.) ... balcon

banan (empr. au fr.) ... banane

bānju (empr. au fr.) ... banjo

ḅāṛ (empr. au fr.) ... bar

ḅaṛāj (empr. au fr.) ... barrage

ḅaṛaṣyūn (empr. au fr.) ... opération

bāša (empr. au turc) ... *bacha*

ḅaṣkīṭ (empr. à l'ang. par le fr.) ... basket-ball

baskūla (T) (empr. au fr.) ... bascule

ḅāṣḅūṛ (empr. au fr.) ... passeport

ḅaṭaṭa (empr. à l'esp.) ... *patata*

ḅayāṣ (empr. au fr.) ... paillasse

berdi (empr. au fr.) ... perdre (pneu)

bermīl (empr. au fr.) ... baril

ḅeṛṭiyya (empr. au fr.) ... partie

bermesyūn (empr. au fr.) ... permission

ḅeṛwīṭa (empr. au fr.) ... brouette

ḅeṣṭīla (empr. à l'esp.) ... *pastilla*

bidūn/bidūza (empr. au fr.) ... bidon

bīkūb (de l'ang. par le fr.) ... pick-up

bikūra (empr. au fr.) ... piqûre

birān (empr. au fr.) ... burin

bīrmi (empr. au fr.) ... permis

bīru (empr. au fr.) ... bureau

biṭṛav (empr. au fr.) ... betterave

biyyi (empr. au fr.) ... billet

bijama (empr. au fr.) ... pyjama

bišeklīṭ (empr. au fr.) ... bicyclette

ḅḷāka (empr. au fr.) ... plaque

ḅḷān (empr. au fr.) ... plan

ḅḷaṣa (empr. au fr.) ... place

buzellūf (empr. au ber.) ... *azellif*

blūza (empr. au fr.) ... blouse

ḅṛem (empr. au ber.) ... *bṛem*

brīk (empr. au fr.) ... brique

ḅṛiyya (empr. au ber.) ... *tabrat*

ḅṛūṣi (empr. au fr.) ... procès

biṭūn (empr. au fr.) ... béton

ḅuṭuna (empr. au fr.) ... bouton

būks (empr. au fr.) ... boxe

ḅūlānji (empr. au fr.) ... boulanger

būlīs (empr. au fr.) ... police

ḅumaḍa (empr. au fr.) ... pommade

ḅūmba (empr. au fr.) ... pompe

būniyya (A) (empr. au fr.) ... poing

būrniyya (M) (empr. au fr.) ... borne

ḅuṣṭa (empr. au fr.) ... poste

bušūn (empr. au fr.) ... bouchon

ḅuṭ (empr. au fr.) ... bottes

byāsa (empr. au fr.) ... pièce

caḷaṃāṛ (empr. au fr.) ... calamar

cūrda (empr. au fr.) ... corde

derksyūn (empr. au fr.) ... direction

dīfu (empr. au fr.) ... défaut

dikulṭi (empr. au fr.) ... décolleté

dīkūr (empr. au fr.) ... décor

dīplūm (empr. au fr.) ... diplôme

dīsīr (empr. au fr.) ... dessert

dīsk (empr. au fr.) ... disque

diṣamḅeṛ (empr. au fr.) ... décembre

djīn (de l'ang. par le fr.) ... *blue-jean*

drībli (empr. à l'ang. par le fr.) ... *dribbler*

ḍuḷāṛ (empr. à l'ang.) ... dollar

dūbel (empr. au fr.) ... doubler

dūnṭīl (empr. au fr.) ... dentelle

ḍaḷa (empr. au fr.) ... dalle

ḍaṃa (empr. au fr.) ... dame

ḍūḅḷ (empr. au fr.) ... doubler

ḍūḅḷāj (empr. au fr.) ... doublage

ḍūṣi (empr. au fr.) ... dossier

ḍyamānd (empr. au fr.) ... diamant

fagu (empr. au fr.) ... wagon

fāktūr (empr. au fr.) ... facteur

faktūra (empr. au fr.) ... facture

faḷṭa (empr. à l'esp.) ... *falta*

famila (empr. au fr.) ... famille

fāṛ (empr. au fr.) ... phare

faṣma (empr. au fr.) ... pansement

fenyān (empr. au fr.) ... fainéant

fekrūn (empr. au ber.) ... *afekrun*
fermasyān (empr. au fr.) ... pharmacie
feršita (empr. au fr.) ... fourchette
fiṭamīn (empr. au fr.) ... vitamine
film (empr. au fr.) ... film
fiṛāj (empr. au fr.) ... virage
fista (empr. au fr.) ... veste
fitās (empr. au fr.) ... vitesse
frān (empr. au fr.) ... frein
frāni (empr. au fr.) ... freiner
frank (empr. au fr.) ... franc
fremliyya (empr. au fr.) ... infirmière
fṛīẓ (emp. au fr.) ... fraise
funaṛa (empr. au fr.) ... foulard
fūṛāj (empr. au fr.) ... fourrage
fūryān (empr. au fr.) ... fourrière
gamila (M) (empr. au fr.) ... gamelle
gaṛānṭi (empr. au fr.) ... garantie
gāṭu (empr. au fr.) ... gâteau
gaẓūn (empr. au fr.) ... gazon
geṛḍ (empr. au fr.) ... garde forestier
geṛmīṭ (empr. au fr.) ... gourmette
geṛṣūn (M) ... caleçon
gezzān (empr. au ber) ... *agezzan*
gṭāṛ (empr. au fr.) ... hectare
gidūn (empr. au fr.) ... guidon
giṭaṛ (empr. au fr.) ... guitare
giši (empr. au fr.) ... guichet
gṛām (empr. au fr.) ... gramme
gṛāvīṭ (empr. au fr.) ... gravier
grīsūn (empr. au fr.) ... graisseur
gruwwa (empr. au fr.) ... grue
gūl (empr. à l'ang. par le fr.) ... *goal*
gulf (empr. au fr.) ... golf
gūma (empr. au fr.) ... gomme
guḍṛūn (empr. au fr.) ... goudron
guši (empr. au fr.) ... gaucher
gwanduwwāt (T) (empr. au fr.) ... gants
jakiṭa (empr. au fr.) ... jaquette
jānfi (empr. au fr.) ... janvier
jānṭa (empr. au fr.) ... jante
jaḍaṛmi (empr. au fr.) ... gendarme
jeṛḍa (empr. au fr.) ... jardin
jidu (empr. au fr.) ... judo
jiṛẓi (empr. au fr.) ... jersey
jūṛnān (empr. au fr.) ... journal
jwa (empr. au fr.) ... juin
jwān (A) (empr. au fr.) ... joint
hūnd (empr. de l'all. par le fr.) ... handball
kabina (empr. au fr.) ... cabine
kāškūl (empr. au fr.) ... cache-col
kālṣu (A) (empr. au fr.) ... caleçon
kamiṛa (empr. au fr.) ... caméra
kāmyu (empr. au fr.) ... camion
kāpu (empr. au fr.) ... capot
kāṛ (empr. au fr.) ... car
kaṛati (empr. au fr.) ... karaté
kāṛṭa (empr. au fr.) ... carte
kāṛni (empr. au fr.) ... carnet
kāryān (empr. au fr.) ... carrière
kaskita (empr. au fr.) ... casquette
kāskṛūṭ (empr. au fr.) ... casse-croûte
kaṣīṭa (empr. au fr.) ... cassette
ke''āla (empr. au ber.) ... *ake''al*
kelyān (empr. au fr.) ... client
ḥeṛṭānī (empr. au ber.) ... *aḥerḍan*
kerwāzma (empr. au fr.) ... croisement
kīna (empr. au fr.) ... quinine
klākṣūn (empr. au fr.) ... klaxon
klinīk (empr. au fr.) ... clinique
kalitūs (empr. au fr.) ... eucalyptus
kuskūs (empr. au ber.) ... *aseksu*
kref (A) (empr. au ber.) ... *kref, šref*
krīdi (empr. au fr.) ... crédit
kriyyu (empr. au fr.) ... crayon
krūvi (empr. au fr.) ... crever
kruvīt (empr. au fr) ... crevette
kṣīḍa (empr. au fr.) ... accident
ksiratūr (empr. au fr.) ... accélérateur
kūd (empr. au fr.) ... code
kufitūr (empr. au fr.) ... confiture
kūfṛ (empr. au fr.) ... coffre
kūfṛu (empr. au fr.) ... coup franc
kūlīk (empr. au fr.) ... colique
kūliṛa (empr. au fr.) ... choléra
kumisiriyya (empr. au fr.) commissariat
kumisyu (empr. au fr.) ... commissions
kunṭṛa (empr. au fr.) ... contrat
kuntrulūr (empr. au fr.) ... contrôleur
kuntūr (empr. au fr.) ... compteur
kunṭwāṛ (empr. au fr.) ... comptoir
kūnji (empr. au fr.) ... congé
kūnṣīṛ (empr. au fr.) ... cancer
kūri (empr. au fr.) ... écurie
kūṛnīṛ (empr. à l'ang. par le fr.) ... corner
kusṭa (empr. au fr.) ... constat
kūstīm (empr. au fr.) ... costume
kuzina (empr. au fr.) ... cuisine
kwāffūr (empr. au fr.) ... coiffeur
labilānṣ (empr. au fr.) ... ambulance
labūrs (empr. au fr.) ... bourse
ladrisa (empr. au fr.) ... adresse

laḍṛūg (empr. au fr.)........................drogue
ḷ afiṛāy (empr. au fr.) ....ferraille
lafizīt (empr. au fr.) ....visite
lafūt, (empr. au fr.) ....faute
ḷagāṛ (empr. au fr.) ....gare
lagūš (empr. au fr.) ....gauche
lakāb (empr. au fr.) .... cave
lakabīn (empr. au fr.) .... cabine
lakāṛṭ (empr. au fr.) ....carte
ḷāṃḅa (empr. au fr.) .... lampe
laminyu (empr. au fr.) ....aluminium
lamitwal (empr. au fr.)................mutuelle
lānṭīṛ (empr. au fr.) ....antenne
lāntrīt (empr. au fr.) ....retraite
ḷānkīṭ (empr. au fr.) ....enquête
lapisīn (empr. au fr.) ....piscine
ḷaṛāf (empr. au fr.) ....rafle
larbīt (empr. au fr.) .... arbitre
laṛṃi (empr. au fr.) ....armée
laṣuṛāns (empr. au fr.) ....assurance
latrūs (empr. au fr.) ....trousse
lajenyūṛ (empr. au fr.) ....ingénieur
laḍṛwaṭ (empr. au fr.) ....droite
lāndwi (empr. au fr.) ....enduit
laṣyān (empr. au fr.) ....ancien
liṣānṣ (empr. au fr.) .... essence
lūla (empr. au ber.)..................................lula
ḷūṭīḷ (empr. au fr.) ....hôtel
ḷuṭu (empr. au fr.) ....loto
magaza (empr. au fr.) ....magasin
makṛu (empr. au fr.) .... maquereaux
makyāj (empr. au fr.) ....maquillage
ṃanḍa (empr. au fr.) .... mandat
ṃaṛka (empr. au fr.) ....marque
ṃaṛṣ (empr. au fr.) ....mars
maršaryān (empr. au fr.) ..marche arrière
ṃāṛši (empr. au fr.) .... marché
ṃāṭ (empr. au fr.) ....mathématiques
māstīk (empr. au fr.) ....mastic
māyyu (empr. au fr.) ....mai
ṃāyyu (empr. au fr.) ....maillot
ṃāṣṣu (empr. au fr.) ....maçon
mašīna (empr. au fr.) ....machine
ṃāẓūṭ (empr. au fr.) .... mazout
meblīsi (empr. au fr.) ....blessé
ṃennek (empr. au fr.) .... manquer
ṃeṛki (empr. au fr.) .... marquer
ṃeṛṃīṭa (empr. au fr.) .... marmite
ṃikṛu (empr. au fr.) ....micro
mikṛūḅ (empr. au fr.) ....microbe
mirla (empr. au fr.) .... merlan
mrigla (empr. au fr.) ....réglée
mūbel (M) (empr. au fr.) ....immeuble
munaḍa (empr. au fr.) ....limonade
mūnṭāj (empr. au fr.) ....montage
mūstāš (empr. au fr.) ....moustache
mutūr (empr. au fr.) .... moteur
ṃūḍa (empr. au fr.) ....mode
ṃūḍīḷ (empr. au fr.) ....modèle
ṃūšwāṛ (empr. au fr.) ....mouchoir
nemra (empr. au fr.) ....numéro
nser (empr. au ber.)............................... *nser*
nīlu (empr. à l'amér. par le fr.)............nylon
nīmru (empr. au fr.) .... numéro
nufamber (empr. au fr.) ....novembre
pamūr (empr. au fr.) ....point mort
parkīn (empr. à l'ang. par le fr.) .... parking
pinalti (empr. à l'ang. par le fr.) ....penalty
pīpa (empr. au fr.) ....pipe
pīsri (empr. au fr.) ....épicerie
plāstīk (A) (empr. au fr.) ....plastique
playa (empr. à l'esp.), (M) ....*playa*
pyanu (empr. au fr.) .... piano
qefṭān (empr. au turc)..........................*qaftan*
qniyya/qnīna (empr. au ber.) ....*agnin*
qubb (empr. au ber.) ....*taqebbut*
ṛaḍāṛ (empr. à l'ang. par le fr.)..............*radio*
radyatūr (empr. au fr.) .... radiateur
ṛāḍyu (empr. au fr.) ....radio
rāṭu (empr. au fr.) ....râteau
ṛāmi (empr. au fr.) ....rami
rāndifu (empr. au fr.) ....rendez-vous
rasalima (empr. au fr.) ... renseignement
rāyyu (empr. au fr.) .... rayon
rīdu (empr. au fr.) .... rideau
rīgbi (empr. au fr.) .... rugby
risibu (empr. au fr.) ....reçu
risṭuṛa (empr. au fr.) ....restaurant
rijīm (empr. au fr.) .... régime
ruṭār (empr. au fr.) ....retard
rukumāndi (empr. au fr.) .....recommandé
rūmatīz (empr. au fr.) ....rhumatisme
sāc (empr. au fr.) .... sac
satīna (empr. au fr.) ....satin
sekwila (empr. à l'esp.) ....*escuela*
senṭīḥa (empr. au ber.)......................*anṭuḥ*
sentūra (empr. au fr.) ....ceinture
senyatūr (empr. au fr.) ....signature
senyi (empr. au fr.) ....signer

serbi (empr. au fr.) .... servir
serbīs (empr. au fr.) .... service
serbisa (M) (empr. à l'esp.) .... *servesa*
serbita (empr. au fr.) .... serviette
serdīn (empr. au fr.) .... sardine
ṣṭāḍ (empr. au fr.) .... stade
ṣṭalaṣyūn (empr. au fr.) .... installation
sigār (empr. au fr.) .... cigare
sigūn (empr. au fr.) .... seconde
silūn (empr. au fr.) .... cellule
sima (empr. au fr.) .... ciment
simana (empr. au fr.) .... semaine
sināṛyu (empr. au fr.) .... scénario
sinima (empr. au fr.) .... cinéma
sinyāl (empr. au fr.) .... signal
sīru (empr. au fr.) .... sirop
sitirna (empr. au fr.) .... citerne
ski (empr. au norvég. par le fr.) .... ski
slīp (empr. à l'ang. par le fr.) .... slip
spagiti (empr. à l'it. par le fr.) ... *spaghetti*
stilu (empr. au fr.) .... stylo
ṣṭūp (empr. à l'ang. par le fr.) .... stop
sufitma (empr. au fr.) ...... sous-vêtement
sukūr (empr. au fr.) .... secours
sutyanāt (empr. au fr.) ..... soutien-gorge
ṣaḷa (empr. au fr) .... salon
ṣḅiṭāṛ (empr. au fr.) .... hôpital
ṣeḅḅāṭ (empr. au fr.) .... sabot
ṣenḍaḷa (empr. au fr.) .... sandale
ṣīfeṭ (empr. au ber) .... *ṣifṭ*
ṣūḷ (empr. au fr.) .... sole
ṣunīṭ (empr. au fr.) .... sonnette
šāf (empr. au fr.) .... le chef
šānṭi (empr. au fr.) .... chantier
šāṛyu (empr. au fr.) .... chariot
šemḅṛa/šāmri (empr. au fr.) ..... chambre
šerjma (empr. au fr.) .... chargement
šīfūṛ (empr. au fr.) .... chauffeur
šīk/šāk (empr. au fr.) .... chèque
šimini (empr. au fr.) .... cheminée
šḷaḍa (empr. au fr.) .... salade
šumūr (empr. au fr.) .... chômeur
šūṛṭ (empr. de l'ang. par le fr.) .... short
tādla (empr. au ber.) .... *tadla*
ṭājra (empr. au fr.) .... étagère
tamara (empr. au ber.) .... *tamara*
taraza (empr. au ber.) .... *taraza*
ṭarīf (empr. au fr.) .... tarif
tāyda (empr. au ber.) .... *tayda*
tbanta/tbānda (empr. au ber.) .... *tbanta*

ṭeḅḷa (empr. au fr.) .... table
tenber (empr. au fr.) .... timbre
tiflillest (empr. au ber.) .... *tiflillest*
tīfūs (empr. au fr.) .... typhus
tilifūn (empr. au fr.) .... téléphone
tinīs (empr. au fr.) .... tennis
tirān (empr. au fr.) .... terrain
tirgāl (empr. au fr.) .... tergal
tiri (empr. au fr.) .... tirer
traktūr (empr. au fr.) .... tracteur
triku (empr. au fr.) .... tricot
trizasyu (empr. au fr.) .... autorisation
tū'īf (M), (empr. au ber.) .... *atwe''ef*
tūš (empr. au fr.) .... touche
twīza (empr. au ber.) .... *twiza*
ṭaḅ a (empr. à l'esp. par le fr.) .... *tabacco*
ṭabliyya (empr. au fr.) .... tablier
ṭāksi (empr. au fr.) .... taxi
ṭāj (empr. au fr.) .... étage
ṭūn (empr. au fr.) .... thon
ut (empr. au fr.) .... août
villa (empr. au fr.) .... villa
vūli (empr. au fr.) .... volley-ball
wiski (empr. au fr.) .... whisky
wrez (empr. au ber.) .... *inirz*
yebṛāyeṛ (empr. au fr.) .... février
zūfri (empr. au fr.) .... ouvrier
ẓeṛḅ (empr. au ber.) .... *tazribt*
zriba (empr. au ber.) .... *tazribt*
ẓeḷṭ (empr. au ber.) .... *ameẓluṭ*

***

BIBLIOGRAPHIE SÉLECTIVE

Abou, S., 1981, *L'identité culturelle, Relations interethniques et problèmes d'acculturation*, Paris, Éditions Anthropos.

Adam, A. 1968, *Essai sur la transformation de la société marocaine au contact de l'Occident*, 2 vol., Paris, Éditions du CNRS.

Attia, A., 1966, "Différents registres de l'emploi de l'arabe en Tunisie", *Revue Tunisienne des Sciences Sociales*, n° 8, Tunis.

Ayache, A., 1964, *Histoire ancienne de l'Afrique du nord*, Paris, Éditions Sociales.

Baccouche, T., & Skik, H., 1976, "Aperçu sur l'histoire des contacts linguistiques en Tunisie", *Actes du IIème congrès international d'études des cultures de la Méditerranée occidentale*, Alger, SNED.

Beaussier, M., 1958, *Dictionnaire pratique arabe-français*, La maison des livres, Alger.

Boucherit, A. & Lentin, J., 1989, "Les dialectes féminins dans le monde arabe, des dialectes minoritaires et leur évolution", in *Genre et langage*, E. Kostas et D. Leeman éds., Linx n° 21, Paris X-Nanterre.

Bouhjar, A., 1994, *Compétence langagière en langue maternelle et migration. Le cas de jeunes filles marocaines à Bruxelles*, Mémoire de D.E.S. non publié, Rabat, Faculté des Lettres.

Boukous, A., 1977, *Langage et culture populaires au Maroc*, Casablanca, Imprimerie Dâr Al Kitâb.

Boukous, A., 1979, "La situation linguistique au Maroc: compétition symbolique et acculturation", *Europe* , n° 602-603.

Boukous, A., 1989, "Les études de dialectologie berbère au Maroc, en Algérie et en Tunisie", in *Langue et société au Maghreb*, Rabat, Publications de la faculté des lettres.

Boukous, A., 1995, *Société, langues et cultures au Maroc, enjeux symboliques*, Rabat, Publications faculté des lettres.

Bourdieu, P., 1972, *Esquisse d'une théorie de la pratique*, Paris, Droz.

Boyer, H., 1991, *Éléments de sociolinguistique*, Paris, Dunod.

Brunot, L., 1950, *Introduction à l'arabe marocain*, Maisonneuve, Paris.

Cadi, K., 1991, "Le passage à l'écrit: de l'identité culturelle à l'enjeu social", in *Identité culturelle au Maghreb*, Rabat, Publications de la Faculté des Lettres.

Calvet, L.-J., 1974, *Linguistique et colonialisme*, Paris, Payot.

Calvet, L.-J., 1981, *Les langues véhiculaires*, Paris, P.U.F., Que Sais-Je?, n° 1916.

Calvet, L.-J., 1984, *La tradition orale*, Paris, P.U.F., Que sais-je?, n° 2122.

Calvet, L.-J., 1987, *La guerre des langues*, Paris, Payot.

Camps, G., 1987, *Les Berbères. Mémoire et identité*, Paris, Éditions Errance.

Caubet, D., 1993, *L'arabe marocain. Syntaxe et catégories grammaticales*, Tome I, Paris-Louvain, Éditions Peeters.

Caubet, D., 1993, *L'arabe marocain. Phonologie et syntaxe*, Tome II, Paris-Louvain, Éditions Peeters.

Chaker, S., 1989, *Berbères aujourd'hui*, Paris, L'Harmattan.

Chami, M., 1987, *L'enseignement du français au Maroc*, Casablanca, Najah El Jadida.

Clanet, C., 1985, *L'interculturel en éducation et en sciences humaines*, 2 tomes, Université de Toulouse le-Mirail.

Cohen, D., "Koïné, langues communes et dialectes arabes", in *Arabica* 9, 1962.

Cohen, D., 1968, Les langues chamito-sémitiques. in Martinet (Dir.), *Le langage.*

Colin, G., 1966, "Quelques calques syntaxiques et sémantiques sur le berbère dans les parlers arabes du Maghreb", *GLECS*, n° 10.

Dabène, L., 1994, *Repères linguistiques pour l'enseignement des langues*, Paris, Hachette.

Dziri, L., 1970, *L'arabe parlé algérien par l'image*, (3 vol), Paris Maisonneuve.

Elgherbi, E-M., 1993, *Aménagement linguistique et enseignement du français au Maroc*, Meknès, Imprimrie La Voix de Meknès.

Elmoujahid, E., 1991, "L'expression de l'identité dans la poésie berbère moderne", in *Identité culturelle moderne*, Rabat, Publications de la faculté des lettres.

Ennaji, M., 1991, "Aspects of Multilingualism in the Maghreb", *International journal of Sociology of Language n°* 87.

Fanny Colonna (dir.), 1996, *Monde arabe : Maghreb-Machrek*, n° 154.

Fishman, J.-A., 1971, *Sociolinguistique*, Paris, Labor et Nathan.

Fishman, J.-A., 1972, *Language in Sociocultural Change*, Stanford, Stanford University Press.

Fitouri, Ch., 1983, *Biculturalisme, bilinguisme et éducation*, Paris, Éditions Neuchâtel.

Gallissot, R., 1986, "Les limites de la culture nationale", In *Henry*. J-R. et al.

Garmadi, S., 1966, "Quelques faits de contact franco-arabe en Tunisie", *Revue Tunisienne des Sciences Sociales*, 3/8.

Garmadi, S., 1973, "Bilinguisme et sociétés bilingues", in *Ethnies* n° 3.

Gobard, H., 1976, *L'aliénation linguistique*, Paris, Flammarion.

Grandguillaume, G., 1983, *Arabisation et politique linguistique au Maghreb*, Paris, Maisonneuve et Larose.

Grandguillaume, G., 1991, "Arabisation et langues maternelles dans le contexte national au Maghreb", *International Journal of Sociology of Language* n° 87.

Grand-Henry, J., 1972, *Le parler arabe de Cherchell* (Algérie), Institut Orientaliste de Louvain, Louvain la Neuve.

Harrell Richard Slade, *A short reference grammar of moroccan arabic*, Georgetown University Press, 1962.

Harrell Richard Slade, *A dictionary of moroccan arabic : Moroccan-English*, Georgetown University Press, 1966.

Heath J., 1987, Ablaut and ambiguity, phonology of a maroccan arabic dialect, *SUNY* (State University of New York Press)

Jodelet, D., 1989 (Dir.), *Les représentations sociales*, Paris, PUF.
Khatibi, A., 1990, "Le métissage culturel: Manifeste", in *Cheng et al.*, 1993, *Penser le Maghreb*, Rabat, SMER.
Kouloughli, D., "Observations sur l'ordre des mots en arabe maghrébin", in *Revue de l'association française des arabisants*, Paris, 1985.
Labov, W., 1976, *Sociolinguistique*, Paris, Minuit.
Laroussi, F., (dir.), 1997, *Plurilinguisme et identités au Maghreb*, Rouen, Publication de l'Université de Rouen n° 233.
Lasnel, C., 1991, "Identité et interculturalité : expériences pédagogiques", in *Identité culturelle au Maghreb*, Rabat, Publications de la Faculté des Lettres.
Laroui, A., 1977, *Les origines culturelles du nationalisme marocain*, Paris, F. Maspéro.
Mammeri, M., 1991, *Culture savante, culture vécue*, Alger, Éditions Tala.
Marçais, G., 1946, *La Berbérie musulmane et l'orient au Moyen-Age*, Paris, Aubier.
Marçais, Ph., 1957, "Les parlers arabes" in *Initiation à l'Algérie*, Paris, Imprimerie Nationale.
Marçais, Ph., 1977, *Esquisse grammaticale de l'arabe maghrébin*, Paris, Maisonneuve.
Marcellesi, J.B., 1981, "Bilinguisme, diglossie, hégémonie : problèmes et tâches", *Langages* n° 61.
Memmès, A., 1992, *Littérature maghrébine de langue française, Signifiance et interculturalité*, Rabat, Éditions Okad.
Mimouni, R., 1992, *De la barbarie en général et de l'intégrisme en particulier*, Paris, Le Pré aux Clercs.
Moâtassime, A., 1974, "Le bilinguisme sauvage : blocage linguistique, sous-développement et coopération hypothétique, l'exemple maghrébin, cas du Maroc", in *Tiers-Monde, Éducation et développement*, Tome XV.
Moirand, S., 1982, "Enseigner à communiquer dans une langue étrangère", *Le français dans le monde*, recherche/application, Paris, Hachette.
Quitout, M., 1998, "Les langues du Maghreb : trilinguisme et triglossie", *Mélanges pour le 25ème anniversaire des études arabes à l'Université de Toulouse le-Mirail*, Toulouse, AMAM.
Rabinov, P., 1988, *Un ethnologue au Maroc, réflexions sur une enquête de terrain*, Paris, Hachette.
Roth, A., 1986, "Langue dominée, langue dominante : à propos de deux scénarios d'extinction ou d'expansion de l'arabe", in *Hérodote* n° 42, 1986.
Saïdi, KH., 1991, *Le contact des langues à l'école marocaine*, Casablanca, Imprimerie Tissir.
Sayah, M., 1998, *Bilinguisme et enseignement du français en Tunisie*, AMAM, Toulouse.
Weber, E., 1989, *Maghreb arabe et Occident français*, Paris, Publisud.
Youssi A., 1991, "Un trilinguisme complexe", in *l'Etat du Maghreb*, Éditions Le Fennec, Rabat, 1991.
Zarate, G., 1986, *Enseigner une langue étrangère*, Hachette, Paris.

INDEX

D

Q, R

***

TABLE DES MATIÈRES

642465 - Février 2016
Achevé d'imprimer par